www.ingramcontent.com/pod-product-compliance
Lightning Source LLC
Chambersburg PA
CBHW060605120726
48002CB00010B/2827

ספר
עֵץ חַיִּים
לרבינו
חַיִּים וִיטַאל ז״ל
שֶׁקִיבֵּל מִמָרָן הָאֲרִ״י זלה״ה
שַׁעַר הָעֲקוּדִים
שַׁעַר ו' פרק ב'
דכ״ב ע״ד – דכ״ג ע״ג
תש״פ
SimchatChaim.com
בהוצאת
שִׂמְחַת חַיִּים

בס"ד

הקדמה

ירפא **ה**מאציל **ו**יושיע **ה**בורא את כל חולי בני ישראל, וישלח להם רפואה שלימה, רפואת הנפש ורפואת הגוף, בכל אבריהם ובכל גידיהם לעבודתו יתברך.

בי"ב במנחם אב תשס"ה, הובהלתי לבית החולים, הרופאים לא נתנו לי סיכוי לחיות יותר מכמה שעות בגלל מספר תסבוכות. עם כל זאת בזכות התפילות של בני ישראל הקדושים, ברחמיו הרבים, ריחם עלי הקדוש ברוך הוא, ונשארתי בחיים.

עם כל זאת, הובחנה אצלי מחלה קשה בכליות, ונאמר לי שהצטרך למכונת דיאליזה. בשבילי זה היה שוק!!! אף פעם לא הייתי אצל רופא, או בבית חולים. כך בעל כרחי התחברתי למכונת דיאליזה, ומכונה זאת הייתה[1] קשורה בי ככלב במשך שמונים חודשים בדיוק, כמניין **יסוד**, במשך 10-12 שעות ביום.

בשבת פרשת **ויחי יעקב** י"ב טבת תשע"ב, בזכות בני ישראל, שכולם אהובים כולם ברורים כולם גיבורים כולם קדושים... וכולם פותחים את פיהם באהבה שלוש פעמים ביום, ואומרים - **ברוך אתה... רופא חולי עמו ישראל**, וכללותם כל האברכים, תלמידי הישיבות, רבנים וחכמים, חסידים, מקובלים עם תינוקות של בית רבן, זקנים עם נערים, בחורים וגם בתולות, בארץ הקודש ובעולם. ומצד שני בנות ישראל היקרות מפז, שהתפללו וקבלו עליהם כל מיני קבלות, מהפרשת חלה עד צניעות וכיסוי הראש, עם הרבנים, המנהלים, המורים, המורות **והתלמידות של בית יעקב** דטורונטו שכל יום התפללו, וכללו בתפילתם שבקעה את כל הרקיעים אותי, ונושעתי אני הקטן. הושתלה בי כליה. והתנתקתי ממכונת הדיאליזה.

אמר המלך דוד - לולי[2] תורתך שעשעי אז אבדתי בעניי. מה שנתן לי חיות היא התורה הקדושה, בשעות הרבות שהייתי מחובר למכונת הדיאליזה (כ12 שעות ביום), ערכתי סדרתי וכתבתי במחשב את הקונטרסים שלמדתי במשך שנים. וקונטרסים אלו הפכו לחיבור, ואחרי התלבטויות ובקשות מבני גילי, החלטתי בעזרתו יתברך להדפיס קונטרסים אלו.

ידוע הוא כי כל דברי האר"י זלל"ה ותלמידו נאמן ביתו, רבינו חיים ויטאל הם סתומים וחתומים באלפי שרשראות ומנעולים, והרב ז"ל גלה טפח וכיסה אלפים אמה, עם כל זאת העוסק במשל פועל בעלמות העליונים בנמשל. לכן צריך זהירות גדולה לא להגשים את המשלים, בסוד המבואר בספר הזוהר הקדוש - **ועלייהו אתמר** ועליהם נאמר - **ארור האיש אשר יעשה פסל ומסכה וגומר, ושם בסתר, מאי בסתר** מהו בסתר - **בסתרו דעלמא** בסתר העולם. **ובגין דא אמר קודשא בריך הוא לא תעשון אתי** ומפני זה אמר הקדוש ברוך הוא לא תעשון אתי **אלה"י כסף ואלה"י זהב, והכי אוקמוה חבריא לא תעשון אתי כדמות שמשי שמשמשין אותי** וכך העמידוהו החברים לא תעשון אתי כדמות שמשי שמשמשים אותי **במרום, לצייירא בסתר דילי שום ציור או דמיון** לצייר בסתר שלי שום ציור או דמיון, **דכל מאן דצייר לעיל לקודשא בריך הוא** שכל מי שמצייר למעלה לקדוש ברוך הוא, בסתר הוא, (**דאיהי שכינתיה, כלילא מעשר**

<hr>

גמרא סוטה ד"ג ע"ב - גמרא סוטה ד"ג ע"ב – רבי אלעזר אומר, **קשורה בו ככלב**, שנאמר - ולא שמע אליה לשכב אצלה להיות. עמה לשכב אצלה בעולם הזה. להיות עמה לעולם הבא.

תהלים קי"ט צ"ב

ספיראן שהיא שכינתו, כלולה מעשר ספירות(, **שום ציור, וצלם, ודמות, כגוונא דמצייירין בשמשין דיליה** שמצייירים בשמשים שלו, **נשמתיה אתלבשא בההוא צלמא** נשמתו מתלבשת באותו צלם....

וכן הוא בסוף ענף ד' דשער א' בספר עץ חיים שער ההקדמות, וז"ל הטהור - ואמנם דבר גלוי הוא כי אין למעלה גוף ולא כח גוף חלילה. וכל הדמיונות והציורים אלו לא מפני שהם כך חס ושלום. אמנם **לשכך את האוזן** לכשיוכל האדם להבין הדברים העליונים, הרוחניים, בלתי נתפסים, ונרשמים בשכל האנושי. לכן ניתן רשות לדבר בבחינת ציורים ודמיונים, כאשר הוא פשוט בכל ספרי הזוהר. וגם בפסוקי התורה עצמה כולם כאחד עונים ואומרים בדבר הזה, כמו שאמר הכתוב עיני הוי"ה המה משוטטים בכל הארץ. עיני הוי"ה אל צדיקים. וישמע הוי"ה. וירח הוי"ה. וידבר הוי"ה. וכאלה רבות. וגדולה מכולם מה שאמר הכתוב - ויברא אלהי"ם את האדם בצלמו בצלם אלהי"ם ברא אותו זכר ונקבה וגו'. **ואם התורה עצמה דברה כך** אנחנו נוכל לדבר כלשון הזה, עם היות שפשוטו הוא למעלה שם שאין אלא אורות דקים בתכלית הרוחניות, בלתי נתפשים שם כלל, וכמו שאמר הכתוב - כי לא ראיתם כל תמונה, וכאלה רבות. ואמנם יש עוד דרך אחרת כדי להמשיך ולצייר בה הדברים העליונים, והם בחינת כתיבת צורת אותיות, כי כל אות ואות מורה על אור פרטי עליון, וגם תמונת זו דבר פשוט הוא כי אין למעלה לא אות ולא נקודה, **וגם זה דרך משל וציור לשכך את האוזן** כנזכר.....

ולכן כל המבואר כאן בחיבור זה הוא כדי **לשכך את האוזן.** והתרשימים שבסוף החיבור הם כדי **לשבר את העין,** לכן אין שום ביאור והסבר שלם, ואין שום תרשים שלם בתכלית השלמות.

ידוע כי[3] דברי תורה עניים במקומן ועשירים במקום אחר, **ועל אחת כמה וכמה** בדברי הרב ז"ל, שכל סוגיה חסרה[4] במקומה, וחלקיה מפוזרים במקומות אחרים. **זאת ועוד** הרב ז"ל מערבב בדרוש אחד כמה וכמה סוגיות, כאשר בפשטות דבריו נראה שכל הדרוש הוא דרוש אחד, ולא מחולק לסוגיות שונות, ושמועות שונות, **ביאור** דברי הרב ז"ל כאן הם **בעומק, והוא בעצם ליקוט** עד איפה שידי הקצרה הגיעה, מכל חלקי ספר עץ חיים, ושמונה השערים המצויינים לרב ז"ל, מבוא שערים ושאר ספרי הרב ז"ל, והוא גם על פי הקדמת רחובות הנהר למרן הרש"ש, דרושי פנימיות וחיצוניות, דרוש הדעת, סוגיות ערכין, סוגיות דכללות והתכללות, פרטות וכללות, וסוגיות עובי ואורך, ועל פי ביאור גדולי רבותינו חכמי המקובלים לדורותם זלה"ה זי"ע.

ידוע כי[5] אין בר בלי תבן, כך אין ספר בלי טעויות, ועוד יודע אני כי דל ועני אני, **ואין**[6] **עני אלא בדעה.** לכן מבקש אני בכל לשון של בקשה אם יש לכל אחד שאלות, הערות, הארות, תיקונים, נא לשלוח ל - book@simchatchaim.com והשתדל לענות, ולתקן את הצריך תיקון.

בברכה והצלחה בלימוד התורה הקדושה

ובעיקר בפנימיות התורה, תורת האר"י הח"י.

ורפואה שלימה לכל חולי ישראל.

אח"י

גמרא ירושלמי, ראש השנה פ"ג הלכה ה' די"ז ע"א – דברי תורה עניים במקומן, ועשירים במקום אחר.

[4]

תורת חכם דע"ב ע"ב – חסר לשון הוא, כמו שיראה המעיין.

[5]

גמרא ברכות נ"ה א' – מה לתבן את הבר נאם ה', וכי מה ענין בר ותבן אצל חלום, אלא אמר ר' יוחנן משום ר' שמעון בן יוחאי ,כשם שאי אפשר לבר בלא תבן, כך אי אפשר לחלום בלא דברים בטלים.

[6]

גמרא נדרים מ"א ע"א – אין עני אלא בדעה .

ב"ה

הקדמה קצרה לחיוב לימוד תורת הקבלה

ישמחו ה**שמים ו**תגל ה**ארץ** ירעם הים ומלאו. שזכינו בדור שלנו שפנימיות התורה, שהיא היא תורת הקבלה, מתפשטת לכל, וכל מקום בעולם היום לומדים בתורת הח"ן. הדור שלנו יש הרבה התעוררות ללמוד סתרי התורה הקדושה, הנקראת חכמת הקבלה. בירושלים של המאה ה18 בישיבת **בית אל** היו בקושי מנין של מקובלים, והיום תורת הקבלה מופצת בכל מקום בארץ ובעולם. לעניות דעתי אחת הסיבות העיקריות לשינוי זה הוא רצונם של בני התורה, החוזרים בתשובה ועמך לדעת את סוד החיים. למה ברא הקדוש ברוך הוא את העולם, ואת טעמי המצות, ר"ל אי אפשר היום בדור שלנו, להסביר על פי הפשט את הסיבה מדוע אסור לאכול בשר וחלב, מדוע צריך להניח תפילין, למה לשמור דווקא שבת ולא יום שלישי, אי אפשר להגיד כל הזמן **זאת גזרת הכתוב, כך רוצה הקדוש ברוך הוא**, האנשים מחפשים הסברים למצות, לסיפורי התנ"ך, לגלגולי נשמות, ועוד. ורק על ידי עסק בפנימיות התורה, אדם מסיג את ההסברים לקושיות שיש לו. **זאת ועוד** חיים אנחנו בדור של חומריות, והאנשים מחפשים את רוחניות שבחיים, אז מה עושים, נוסעים למזרח, להודו, סין, תאילנד למצוא רוחניות, ולא יודעים **שהשורש כל הרוחניות בעולם נמצאת בתורה הקדושה**, עם כל זאת כאשר הלומד את פשט התורה, **הוא לא מכיר** את הקדוש ברוך הוא, והוא בלי יראת שמים ושמחה אמתית. כותב הרב המקובל האלוה"י רבינו יהודה פתייה בפרושו הנפלא על עץ חיים - כי לימוד עץ חיים הוא עמוק מאד מאד, כי הוא **מים שאין להם סוף**, והוא קשה מאד גם לחכמים ההוגים בו תמיד, וכל שכן למתחילים. כי הוא חזק מצור, וקשה מברזל, שאי אפשר לחצוב ממנו מאומה, אם לא על ידי כלי מחצב חזקים כציפורן שמיר. וכל המתחיל בלימוד עץ חיים, אם לא יהיה לו רב, או לפחות איזה מפרש המפרש לו כוונת הפרק ההוא לפי פשטו, נבול יבול, ואינו יכול לעמוד על הפרק כי אם לאחר יגיעה רבה, ושקידה עצומה, וכולי האי ואולי. כי הרבה פעמים יסבור המעיין שהבין הענין ההוא כראוי, ואחר שילמוד עוד איזה פרקים אחרים, ירגיש כעצמו שלא הבין את פרקים הקודמים, והניסיון יעיד על זה, עד כאן דברי קודשו. עם כל זאת חייב כל אדם לעסוק בתורת ה**חיים**.

צדיק אתה הוי"ה וישר משפטיך. כתב הרב רבינו חיים ויטאל ז"ל בהקדמה לשער ההקדמות - והנה מה שכתב בתחילת דבריו, ואפילו כל אינון דמשתדלי באורייתא כל חסד דעבדי לגרמייהו וכו', עם היות שפשטו מבואר ובפרט בזמנינו זה, בעוונותינו היום אשר התורה נעשית קרדום לחתוך בה אצל קצת בעלי תורה, אשר עסקם בתורה על מנת לקבל פרס, והספקות יתירות, וגם להיותם מכלל ראשי ישיבות, ודיני סנהדראות, להיות שמם וריחם נודף בכל הארץ, **ודומים במעשיהם לאנשי דור הפלגה הבונים מגדל וראשו בשמים**, ועיקר סיבת מעשיהם היא מה שנאמר אחר כך הכתוב - **ונעשה לנו שם**... והנה על הכת הזאת אמרו בגמרא כל העוסק בתורה שלא לשמה, נוח לו שנהפכה שליתו על פניו, ולא יצא לאויר העולם. ואמנם האנשים האלה מראים תימה וענוה באמרם כי כל עסקם בתורה הוא לשמה. והנה החכם הגדול התנא רבי מאיר ע"ה העיד עליהם שלא כך הוא, באומרו לשון כללות - כל העוסק בתורה לשמה זוכה לדברים הרבה וכו', **ומגלים לו רזי תורה, ונעשה כנהר שאינו פוסק**, והולך

וכמעיין המתגבר מאליו, בלתי הצטרכו לטרוח ולעיין בה, ולהוציא טיפין טיפין של מימי התורה מן הסלע, הנה זה יורה שאינו עוסק בתורה לשמה כהלכתה, ומי זה האיש אשר לא יזלו עיניו דמעות בראותו המשנה הזאת, **ורואה חסרונו ופחיתותו**, עד כאן לשונו. לכן כל אחד צריך לטעום מעץ החיים.

חצות לילה אקום להודות לך על משפטי צדקך. כתב רבינו אליהו מני זצ"ל רבו של הרי"ח הטוב, בספרו הקדוש כסא אליהו שער ד' וז"ל - ואם זיכך הוי"ה ללמוד בחכמת האמת, הנה עצה היעוצה היא שכל סדר הלימוד בנגלה תתנהג בו ביום דווקא. **אבל בלילה תלמוד בחכמת האמת, והעיקר הלימוד אחר חצות**, כי זה הלימוד צריך ישוב דעת הרבה, וכשיקוץ האדם אז דעתו מיושבת עליו יותר. גם גה הלימוד צריך הסתר והצנע, **וכל דבר שיהיה בלילה ובפרט אחר חצות יהיה נסתר יותר מן היום**. ותעשה ועד עם החברים בבית המדרש אם הוא צנוע, **או בביתך ותלמדו בכל לילה**, עד כאן לשונו. וישב ללמוד האדם בלילה תחת עץ החיים.

קראתי בכל לב עניני הוי"ה חקיך אצרה. בהקדמה[7] לשער ההקדמות מבאר הרב ז"ל - ואמנם אל יאמר אדם אלכה לי ואעסוק בחכמת הקבלה, מקודם שיעסוק בתורה במשנה ובתלמוד, כי כבר אמרו רבינו ז"ל - אל יכנס אדם לפרדס **אלא אם כן מלא כריסו בבשר ויין**, והרי זה דומה לנשמה בלתי גוף, שאין לה שכר ומעשה וחשבון, עד היותה מתקשרת בתוך הגוף, בהיותו שלם מתוקן במצות התורה בתרי"ג מצות. **וכן בהפך** בהיותו עוסק בחכמת המשנה והתלמוד בבלי, ולא ייתן חלק גם אל סודות התורה וסתריה, כי **הרי זה דומה לגוף היושב בחושך**, בלתי נשמת אדם נר הוי"ה המאירה בתוכה, **באופן שהגוף יבש בלתי שואף ממקור חיים**, אשר זהו ענין אומרו במקום אחר ההוא הנזכר לעיל וז"ל - דאילין אינון דעבדי לאורייתא יבשה, ולא בעאן לאשתדלא בחכמת הקבלה וכו'. באופן כי התלמידי חכמים העוסקים בתורה לשמה, ולא לשמו, לעשות לו שם. צריך שיעסוק בתחילה בחכמת המקרא, והמשנה, והתלמוד, כפי מה שיוכל שכלו לסבול. ואחר כך יעסוק לדעת את קונו בחכמת האמת, וכמו שציוה דוד המלך ע"ה את שלמה בנו - דע את אלה"י אביך ועבדהו. ואם האיש הזה יהיה כבד וקשה בענין העיון בתלמוד, מוטב לו שיניח את ידו ממנו, אחר שבכן מזלו בחכמה זאת, ויעסוק בחכמת האמת. וזה שמבואר כל תלמיד חכם שאינו רואה סימן יפה בתלמוד בחמשה שנים, שוב אינו רואה, עד כאן דברי קודשו. ומזה כל אחד ואחד חייב להדבק במקור החיים.

חסדך הוי"ה מלאה הארץ חקיך למדני. בשער הגלגולים, בקדמה ט"ז כתב הרב ז"ל - עוד צריך שתדע, כי האדם צריך לקיים כל התרי"ג מצות, במעשה, ובדבור, ובמחשבה. וכמו שאמרו ז"ל על פסוק - זאת התורה לעולה ולמנחה וכו', כל העוסק בפרשת עולה, כאלו הקריב עולה וכו'. וכוונו בזה שהאדם מחוייב לקיים כל התרי"ג מצות בדבור, וכן על דרך זה במחשבה. ואם לא קיים כל התרי"ג בשלשה בחינות הנזכרות, מחוייב להתגלגל עד שישלים אותם. **עוד דע**, כי האדם מחוייב לעסוק בתורה בארבעה מדרגות, **שסימנם פרד"ס**, והם, פשט, רמז, דרוש, סוד וצריך שיתגלגל עד שישלים אותם. ובהקדמה י"ז כותב הרב ז"ל, וז"ל - שהאדם **מחוייב לעסוק בתורה בארבעה מדרגות שבה**, והיא זאת, דע, כי כללות כל הנשמות

ע"ח ד"א ע"ד.

הם ששים רבוא ולא יותר. והנה התורה היא שרש נשמות ישראל, כי ממנה חוצבו, ובה נשרשו. ולכן יש בתורה ששים רבוא פירושים, וכלם כפי הפשט. וששים רבוא ברמז. וששים רבוא בדרש. **וששים רבוא בסוד.** ונמצא, כי מכל פירוש מן הששים רבוא פרושים, ממנו נתהווה נשמה אחת של ישראל, ולעתיד לבא כל אחד ואחד מישראל, ישיג לדעת כל התורה כפי אותו הפירוש המכוון עם שרש נשמתו, אשר על ידי הפרוש ההוא נברא ונתהווה כנזכר. וכן בגן עדן אחר פטירת האדם, ישיג כל זה. וכן בכל לילה כאשר האדם ישן, ומפקיד נשמתו ויוצאה ועולה למעלה, הנה מי שזוכה לעלות למעלה, מלמדים לו שם אותו הפירוש, שבו תלוי שרש נשמתו. ואמנם הכל כפי מעשיו ביום ההוא, כך באותה הלילה ילמדוהו, פסוק אחד, או פרשה פלונית, כי אז מאיר בו יותר פסוק ההוא משאר הימים. ובלילה האחרת יאיר בנשמתו פסוק אחר, כפי מעשיו של אותו היום, וכולם על דרך הפירוש ההוא אשר תלויה בו שרש נשמתו כנזכר, עד כאן דברי קודשו. ור"ל שכל יהודי ויהודי חייב להשיג את שורש נשמתו, וללמוד את סוד החיים.

יבאוני רחמיך ואחיה כי תורתך שעשעי. מבואר במדרש משלי - אמר רבי ישמעאל, בוא וראה כמה קשה יום הדין שעתיד הקדוש ברוך הוא לדון את כל העולם כולו בעמק יהושפט. בזמן שתלמידי חכמים באים לפניו, אומר לכל אחד מהם - כלום עסקת בתורה, אמר לו הן, אומר לו הקדוש ברוך הוא הואיל והודית, אמור לפני מה שקרית, ומה ששנית בישיבה, ומה ששמעת בישיבה. מכאן אמרו - כל מה שקרא אדם יהא תפוש בידו, ומה ששנה כמו כן, שלא תשיגהו בושה ליום הדין. מכאן היה רבי ישמעאל אומר - אוי הלה לאותה בושה, אוי לה לאותה כלימה, ועל זה ביקש דוד מלך ישראל בתפילה ובתחנונים לפני המקום ואמר - הוי"ה בוקר תשמע קולי בוקר אערך לך ואצפה. בא לפניו מי שיש בידו מקרא ואין בידו משנה, הקדוש ברוך הוא הופך את פניו ממנו, ושרי גיהנם מתגברים בו כזאבי ערב, ונוטלין אותו ומשליכין אותו לתוכה. בא לפניו מי שיש בידו שני סדרים או שלושה, אז הקדוש ברוך הוא אומר לו - בני, כל ההלכות למה לא שנית אותם, ואם אומר הקדוש ברוך הוא הניחוהו, מוטב, ואם לאו עושין לו כמידת הראשון. בא לפניו מי שיש בידו הלכות, הקדוש ברוך הוא אומר לו - בני, תורת כהנים למה לא שנית, שיש בה טומאה וטהרה, וטומאת שרצים וטהרת שרצים, טומאת נגעים וטהרת נגעים, טומאת נתקים ובתים וטהרת נתקים ובתים, טומאת זבים ולידה וטהרת זבים ולידה, טומאת מצורע וטהרתו, סדר ווידוי יום הכיפורים, וגזירות שוות, ודיני ערכים, וכל דין שדנו ישראל לא דנו אלא מתוכו. בא לפניו מי שיש בידו תורת כהנים, אומר לו הקדוש ברוך הוא - בני, חמישה חומשי תורה למה לא שנית, שיש בהם קריאת שמע, ותפילין, ומזוזה. בא לפניו מי שיש בידו חמישה חומשי תורה, אומר לו - בני, למה לא למדת הגדה, ולא שנית, שבשעה שחכם יושב ודורש, אני מוחל ומכפר עוונותיהם של ישראל, ולא עוד אלא בשעה שעונין אמן יהא שמיה רבה מברך, אפילו נחתם גזר דינם אני מוחל ומכפר להם עוונותיהם. בא לפניו מי שיש בידו הגדה, אומר לו הקדוש ברוך הוא - בני, תלמוד למה לא שנית, שנאמר - כל הנחלים הולכים אל הים והים איננו מלא, זה התלמוד, שיש בו חכמות הרבה. בא מי שיש בידו תלמוד, הקדוש ברוך הוא אומר לו - בני, הואיל ונתעסקת בתלמוד, **צפית במרכבה, צפית בגאוה,** שאין הניה בעולמי, אלא בשעה שתלמידי חכמים יושבים ועוסקים בתורה, מציצין ומביטין ורואין והוגין המון התלמוד הזה - **כסא כבודי היאך הוא עומד. רגל הראשונה במה היא משמשת, שניה במה היא משמשת, שלישית במה היא משמשת, רביעית במה היא משמשת, חשמל היאך הוא עומד, ובכמה פנים הוא מתהפך בשעה**

אחת, לאי זה רוח הוא משמש, הברק היאך הוא עומד, כמה פנים של זוהר נראין בין כתפיו, לאיזה רוח משמש, כרוב היאך הוא עומד, לאי זה רוח הוא משמש. גדולה מכולם עיון כיסא הכבוד, היאך הוא עומד, עגול הוא כמין מלבן, ומתוקן הוא, כמה גשרים יש בו, כמה הפסק בין גשר לגשר, וכשאני עובר באיזה גשר אני עובר, ובאי זה גשר האופנים עוברים, ובאיזה גשר הגלגלים עוברים. גדולה מכולם מצפורני ועד קודקודי, היאך אני עומד, כמה שיעור בפיסת ידי, וכמה שיעור אצבעות רגלי. גדולה מכולם כיסא כבודי, היאך הוא עומד, לאיזה רוח הוא משמש, באחד בשבת לאיזה רוח הוא משמש, בשני בשבת לאיזה רוח הוא משמש, בשלישי בשבת לאיזה רוח הוא משמש, ברביעי בשבת, בחמישי בשבת, בשישי בשבת לאיזה רוח משמשין, וכי לא זהו הדרי, זהו גדולתי, זהו הדר יופי, שבניי מכירין את כבודי במידה הזאת. ועליו אמר דוד - מה רבו מעשיך הוי"ה, כולם בחכמה עשית, מלאה הארץ קנינך. עד כאן לשון המדרש. ממדרש זה לומדים על חובת כל אחד ואחד מישראל את לימוד כל חלקי הפרד"ס, ובעיקר את בחינת הסוד שבתורה, הנקרא[8] מעשה מרכבה, ובמעשה בראשית. ומבאר הרב בית לחם יהודה על השינוי שיש בפסוקים במעמד הר סיני, בפסוק אחד כתוב - ויחן שם **ישראל** תחת ההר. ומספר פסוקים יותר מאוחר כתוב וירא **העם** וינועו מרחק. וידוע כי כאשר כתוב בתורה **ישראל**, מדובר **בבני ישראל**, וכאשר כתוב **העם**, מדובר על **הערב רב**. וז"ל הרב בית לחם יהודה - ובזוהר בהעלותך דף קנ"ב ע"ב קרי להעוסקים בחכמת האמת, אינון דהוי קיימי בטורא דסיני. וז"ל - חכימין עבדי דמלכא עלאה אינון דקיימו בטורא דסיני, לא מסתכלי אלא בנשמתא, דאיהי עיקרא דכלא אורייתא ממש וכו'. ונראה בעיני אם מותר, משמע אותן שאינן יודעים סודות התורה לא עמדו על הר סיני, עד כאן לשונו. ונראה לי בביאור כוונתו כי בתחילה כשיצאו ישראל לקראת האלהי"ם, היו מתייצבים בתחתית ההר, ואחר כך נאמר וירא העם וינועו ויעמדו מרחוק, כי היו יראים פן תאכלם האש הגדולה הזאת וימיתו. והיה מקצת מהעם שהיו ששים ושמחים לקראת השכינה, ולא רצו לזוז ממקומם הראשון, ולעמוד מרחוק, אפילו אם ימיתו ממש. ועליהם הוא מה שכתב בזוהר הנזכר - אינון דקיימו בטורא דסיני, כלומר ולא נעו ועמדו מרחוק, אלא עמדו בטורא דסיני מתחילה ועד סוף, ולכן הם זוכים לחכמת האמת. ואותם הנשמות אשר נעו עם העם ועמדו מרחוק, כן הם עושים גם עתה, שנסים ועומדים מרחוק לחכמת האמת מיראתם, פן תאכלם האש הגדולה הזאת. ולכן על כל אחד ואחד מבני ישראל הקדושים מחויב לעמוד תחת עץ החיים.

יראיך יראוני וישמחו כי לדברך יחלתי. בספר הזוהר הקדוש מבואר מדוע התפילות של בני ישראל לא נענות, וז"ל תיקוני הזוהר תיקון מ"ג - **בראשית תמן את"ר יב"ש** במלת בראשית יש אותיות את"ר יב"ש, **ודא איהו ונהר יחרב ויבש** היסוד הנקרא נהר יחרב ויבש ממי השפע, ואין לו מה להשפיע למלכות, **בההוא זמנא דאיהו יבש** באותו הזמן שהיסוד הוא יבש, **ואיהי יבשה** המלכות הנקראת יבשה, היא יבשה כי לא מקבלת שפע מהיסוד, אז כאשר **צווחין בניך לתתא** מתפללים וצועקים בני ישראל, **ביחודא ואמרין** וביחוד שאומרים בני ישראל **שמע ישראל** שיבא ז"א הנקרא ישראל להתיחד עם נוקבא בשעת התפילה דעמידה, עם כל זאת **ואין קול** של התפילה או הקריאת שמע שעוזרים לזיווג דזו"ן **ואין עונה** ואין מי

שיענה וימלא את הבקשות בתפילתם. **הדא הוא דכתיב** וזהו שכתוב - **אז** בני ישראל **יקראונני** בני ישראל בעת צרתם בקריאת שמע ובתפילה, **ולא אענה** ואני לא אענה אותם בתפלתם, מפני שלא לומדים ומתעסקים בפנימיות התורה. **והכי מאן דגרים דאסתלק** וכל מי שגורם הסלקות פנימיות תורת הקבלה **וחכמתא מאורייתא דבעל פה ומאורייתא דבכתב** מהתורה שבעל פה והתורה שבכתב, **וגרים דלא ישתדלון בהון** וגורמים גם לאחרים שלא יתעסקו וילמדו את חכמת הקבלה, **ואמרין דלא אית אלא פשט באורייתא ובתלמודא** ואומרים שאין בתורה ובתלמוד אלא פשט התורה, בלי פנימיות הסוד, **בודאי כאלו הוא יסלק נביעו מההוא נהר** בודאי נחשב לו כאילו הוא מסתלק את נביעת שפע החכמה והבינה מן היסוד, **ומההוא גן** ומן הנוקבא הנקראת גן, **ווי ליה** לאותו יהודי **טב ליה דלא אתברי בעלמא** טוב לו שלא היה נברא, **ולא יוליף ההיא אורייתא דבכתב ואורייתא דבעל פה** ולא היה לומד תורה שבכתב ותורה שבעל פה, כי דינו כעם הארץ שלא למד כלל, ועוד **דאתחשב ליה כאילו אחזר עלמא לתהו ובהו** שנחשב לו כאילו החזיר את העולם לתהו ובהו, ר"ל לסוד שבירת הכלים לפי שמגביר הקליפות כאשר הנהר והגן יבשים, **וגרים עניותא בעלמא ואוריך גלותא** וגורם עניות בעולם ומאריך את הגלות השכינה וביאת המשיח. עד כאן דברי הזוהר הקדוש. וכותב רב חיים ויטאל זלה"ה בהקדמה וז"ל - אמנם שעשועות של הקדוש ברוך הוא בתורה, והיותו בורא בה את העולמו, היתה בהיותו עוסק בתורה בבחינת הנשמה הפנימית שבה, הנקרא - רזי תורה, הנקרא מעשה מרכבה, **היא חכמת הקבלה** כנודע אל היודעים, וטעם הדבר הוא להיותו עולם האצילות העליון מאד, טוב ולא רע, דלא יכיל להתערבא עמיה קליפה, ועליה אתמר - וכבודי לאחר לא אתן, כנזכר בספר התיקונין דף ס"ו תיקון י"ח, וכן בספר הזוהר בפרשת בראשית דף כ"ח ע"א עיין שם. ולכן גם התורה אשר שם]**אח**[**י** - בעולם האצילות] אינה רק מופשטת מכל לבושי הגופנים, מה שאין כן למטה בעולם היצירה, עולם דמטטרו"ן, הנקרא עבד טוב, והוא הנקרא עץ הדעת טוב מסטרא, ומסטרא דסמא"ל שהוא קליפין דיליה, **נקרא עבד רע**, כי התורה אשר שם, הם שית סדרי משנה **הנקראים שפחה** כנזכר לעיל, וכנזכר בפרשת בראשית שם דף כ"ז ע"א. ולכן נקראת משנה, לפי ששם יש שינויים הפוכים **טוב מסטרא דעבד טוב**, היתר, כשר, טהור. **רע מסטרא דעבד רע**, איסור, טמא, פסול. גם הוא מלשון כי מרדכי היהודי משנה למלך, שהיה שפחה הנקרא עבד מלך, מלך גם נקרא מלשון שינה, כנזכר בפרשת פינחס דף רמ"ד ע"ב - קם זמנא תנינא ואמר, מארי מתניתין נשמתין ורוחין ונפשין דילכון אתערו כען ואעברו שינתא מניכון דאיהו, ודאי משנה אורח פשט, דהאי עלמא ואנא לא אתערנא בכו, אלא ברזין עילאין דעלמא דאתי דאתון בהון, לא ינום ולא ישן. וזה יובן במה שמבואר יותר למעלה שם - **ורבנן דמתניתין ואמוראי, כל תלמודא דלהון על רזין דאורייתא סדרו ליה.** ונמצא כי המשנה והש"ס הם הנקרא גופי תורה. והנה דבריהם כחולם בלי פתרון, **ורזייה וסתריה הפנימים הנקרא נשמת התורה, הם הם פתרון החלום הנפתר בהקיץ**, בסוד - אני ישנה ולבי ער, וכמו[9] שאמרו חכמים ז"ל - **במחשכים הושיבני כמתי עולם, זה תלמוד בבלי**, אשר איננו מאיר אלא על ידי ספר הזוהר, **הם הם רזי תורה וסתריה** אשר עליהם נאמר - ותורה אור. ואין ספק כי כמו שהיוצר נקראת עבד ושפחה בערך האצילות, ונקרא קליפין ולבושין דחול, כנזכר בהקדמת ספר התיקונין ד"ג ע"ב וז"ל - וביומי דחול לביש עשר כתות דמלאכיא דמשמשי לעשר ספירות דבריאה. ואם כן אין לתמוה כי התורה אשר שם

סנהדרין דכ"ד ע"א.

שהיא המשנה, תהיה נקרא שפחה וקליפין דתורה דאצילות, וזה סוד כל הבשר חציר הנזכר
לעיל במאמר הראשון, כי כמו שהחטה שהיא בגימטריא כמנין כ"ב אותיות התורה, הגנוזה תוך
כמה קליפין ולבושין שהם הסובין והמורסן והתבן והקש והעשב, הנקרא חציר, כן המשנה אצל
סודות התורה נקרא חציר, וזה נרמז בספר הזוהר פרשת כי תצא ברעיא מהמנא דף רע"ה ע"ב
- **אצל רבנן ווי לאינון דאכלין תבן דאורייתא, ולא ידעי בסתרי אורייתא, אלא קלין
וחמורין דאורייתא, קלין אינון תבן דאורייתא, וחמורין אינון חטה דאורייתא, ח"ט ה'
אלנא דטוב ורע וכו'.** ואלו באתי להרחיב דרוש זה לא יספיקו מאה קונטרסין בלי ספק בלי
שום גוזמא, האמנם החכם החכם עיניו בראשו כי דברי אמת אני אומר, ואל יתמה האדם בראותו ספר
הזוהר איך קורא אל המשנה שפחה וקליפין, כי עסק המשנה כפי פשטיה, **אין ספק שהם
לבושין וקליפין חיצונים בתכלית אצל סודות התורה הנגנזים**, ונרמזים בפנימיותה כי כל
פשטיה הם בעולם הזה בדברים חומרים תחתונים..... על כן על כל בני ישראל לאכול מעץ
החיים.

מה אהבתי תורתך כל היום היא שיחתי. ומבאר הרב ז"ל בהקדמה לשער המצות, כי עסק
לימוד פנימיות התורה הוא חלק בלתי נפרד מתלמוד תורה, וז"ל - גם בענין עסק התורה שהיא
אחת מרמ"ח מצות עשה, אם לא השלים אותה, **שהוא ענין עסקו בפרד"ס התורה**, שהוא
ראשי תיבות **פשט רמז דרש סוד**, בכל בחינה מהם כפי אשר יוכל להשיג, **עד מקום שידו
מגעת**, לטרוח ולעשות לו רב שילמדנו. ואם לא עשה כן, הרי חסר מצוה אחת של תלמוד
תורה, שהיא גדולה ושקולה ככל המצות, וצריך **להתגלגל** עד שיטרח הארבעה בחינות של
פרד"ס כנזכר. וכן מבאר הרב בית לחם יהודה בהקדמתו הקדושה, וז"ל - ומה מאד נמלצו
[**אח**]**"י** - מלשון מליצה] בזה דברי הנביא ירמיה)סימן כ"ב(באומרו - אל תבכו למת וכו'.
שהוא מדבר עם הציבור המתקבצים להספיד על איזה צדיק הנפטר רח"ל, על שנחסר צדיק
אחד מהדור שהיה מנין בזכותו עליהם. וקאמר להו הנביא אל תבכו וכו', **לפי שרובם של
צדיקים אינם זוכים לעסוק בכל ארבעה חלקי הפרד"ס, ואם כן מוכרחים הם לחזור ולבוא
בגלגול כדי להשלים לימודם בארבעה חלקים**, כי אפילו הוא עסק בשלוש חלקי הפרד"ס, לא
יצא ידי חובתו, ועליו נאמר הן כל אלה יפעל א"ל פעמים שלש עם גבר, להחזירו בגלגול. ואם
כן הויא פסידא דהדרא. ואפשר שבו ביום שנפטר הוא חוזר ומתגלגל, כנזכר בזוהר ריש פרשת
אמור, יעו"ש. ואם כן אין לכם פסידא כל כך. אמנם בכו בכו להלך, לאותו צדיק שכבר עסק
בארבעה חלקי הפרד"ס. כי תיבת להלך היא חסר ו', ואם תחשוב תיבת להלך ארבעה פעמים
עם ארבעה הכוללים, שהם כנגד ארבעה חלקי הפרד"ס, הם בגימטריא פרד"ס. **שזה הצדיק
לא ישוב עוד וראה את ארץ מולדתו, כי על ארבעה לא אשיבנו.** שזהו פסידא דלא הדרא
באמת, ונחסר לגמרי מן העולם הזה, עד כאן לשונו. ולכן חובה על כל אדם לעסוק בכל חלקי
הפרד"ס, ובפרט בחלק הסוד, הנקרא פנימיות התורה, כמבואר בזוהר הקדוש כמובא בזוהר
הקדוש פרשת נשא דף קכ"ד - **בהאי חבורא דילך דאיהו ספר הזוהר יפקון ביה מן גלותא
ברחמי**, בזכות הלימוד בספר הזוהר הקדוש, יצאו בני ישראל מהגלות **ברחמים**. ועוד כל מי
שחשקה נפשו ללמוד, אסור למנוע זאת ממנו, בסוד הפסוק[10] - אל תמנע טוב מבעליו, ועל כל
אדם להיכנס לפרד"ס החיים.

10

משלי ג' כ"ז — אל תמנע טוב מבעליו בהיות לאל ידך לעשות.

אשרי האיש אשר לא הלך בעצת רשעים ובדרך חטאים לא עמד ובמושב לצים לא ישב. דע כי יהיו הרבה אנשים רשעים, שינסו למנוע מבני ישראל הקדושים ללמוד בכללות תורה, ובפרט את תורת הקבלה, מכל מיני סיבות ומניעות, והשטן מדבר מגרונם של אלו הרשעים. ואלו דברי קודשו של בעל שבט מוסר רבינו אליהו הכהן האתמרי זצלה"ה - ובהביטך בן אדם מה שעבר על אחרים למה תרדוף אתה אחר כל אלה הדברים הזרים, להשביע נפש מרורים ולמוסרה ביד צרים המה המקטרגים הצוררים, ולמה לא תחמול על נפשך ועל נועם תבנית צלם גופך למוסרו בידן ולהשליכו בתוך גחלי רתמים בטיט היון של גיהנם, להשחירו ולהתיכו כאשר ניתך הזפת בפני האש, אשר על כן תן עצה אתה בנפשך **לברור בדרך החיים בעסק התורה והמצות**, וגם להצטער עצמך זמן קצוב הם חיי עולם הזה, כדי שתתענג זמן רב בלתי סוף ותכלית, ואל יעלה על דעתך כאשר עלה בדעת הרבה שנאבדו בידם באומרם כיון שמכיר אני בעצמי שאין בדעתי להבין ולהשכיל, איני עוסק בתורה, טועה הוא בדבר, שהרי הוא מחוייב לעשות מה שנצטוה לעשות, ואם יבין יבין, **שהרי והגית בו יומם ולילה כתיב** ולא כתיב ותבין בו, וכן תמצא בדברי התנא אם למדת תורה הרבה נותנין לך שכר הרבה, ואינו אומר אם הבנת הרבה, אלא למדת אמרו, ותשתדל להבין ואם תבין תבין, ואם לא שכר לימודך בידך, וכמאמר התנא לפום צערא אגרא, ומה גם שאמרו האדם איני לומד מפני שאיני מבין, **הוא פיתוי היצר**, יתמיד בלימודו וסוף הבינה לבא, שבראות קדוש ברוך הוא **חשקו בתורתו** ודבקותו בה, **פותח לו מעייני החכמה**, דכתיב - כי הוי"ה יתן חכמה מפיו דעת ותבונה. והנני מוסר לך דבר אשר תרדוף אחריה, ויהיה חיים לנפשך ועונקים לגרגרותיך, **לעולם יהיה עיקר לימודך בדבר של תורה שליבך חפץ יותר**, אם בגמרא גמרא, ואם בדרוש דרוש, ואם ברמז רמז, **ואם בקבלה קבלה**, ורמז לדבר כי אם בתורת הוי"ה חפצו, כלומר תורת הוי"ה תלויה בדבר שלבו חפץ לעסוק, וכמו שמבאר האר"י זלה"ה בספר דרושי הנשמות והגלגולים פרק שלישי, וז"ל - יש בני אדם שכל חפצם ועסקם בפשטי התורה, ויש שעוסקם בדרוש, ויש ברמז, ויש גם כן בגימטריות, **ויש בדרך האמת**, הכל כפי מה שעליו נתגלגל בפעם ההוא, כיון שהשלים פעם אחרת בשאר הענינים, אין צורך לו שבכל גלגול יעסוק בכולם, עד כאן לשונו. **ואל תביט ותשגיח לדברי המתנגדים על מה שחשקת לעסוק בתורה** בגמרא או בפשט או בדרוש וכו', באומרם לך למה אתה מוציא כל ימיך בפרט זה של תורה ולא בפרט זה, משום שעל מה שחשקת ללמוד, על דבר זה באת לעולם, ואם תשים דעתך לדבריהם, יכריחוך להתגלגל בזה העולם פעם אחרת ולעבור נפשך בחרב חדה של מלאך המות ולטעום טעם מיתה, ולכן לא תשמע לדברי המשחית נפשך, **כי דע שהשטן מתלבש באלו האנשים לדאוג ולהצטער ולהכאיב נפש הלומד ועוסק בתורה**, בחלק שאֶתָּה נפשו לעסוק, כדי להבדילו משם שלא ישלים נפשו, על מה שבא להשלימה, ולהכריחו גלגולים אחרים, וכשם שבדבר שחושק יותר האדם ללמוד, משם יבין שעל דבר זה נתגלגל להשלים, כך צריך האדם שידע שורש נשמתו ומהיכן נמשך ועל מה בא לתקן ולהשלים, כמו שאמר בזוהר שיר השירים על הגידה לי את שאהבה נפשי וכו'. **וכדי שיבין יראה באיזה מצוה תקיף יצרו יותר לבטלה יתחזק בה לקיימה, כי בוודאי על מצוה זו נתגלגל**, וכדי שלא ישלים חוקו מנגדו יצרו לבטלה להוציאו מן העולם בידיים ריקניות... ולכן לא תשמע לדברי רשעים אלו, אלא תשמע לדברי חיים.

חבר אני לכל אשר יראוך ולשמרי פקודיך. בסוף[11] עץ חיים מובא מספר כללים למהרח"ו, וז"ל - להאר"י זלה"ה. הרמב"ן וחבריו ודברי ראשונים כמו רבי נחוניא בן הקנה לא הזכירו רק עשר ספירות, ולא גילו עניני פרצוף כלל. **ודע שהרמב"ן והראשונים היו יודעים בפרצוף**, אלא שדברו בהעלם גדול, לרוב הגלות שלא ניתן רשות לגלות, ולהתפשט האורות הגדולים, מאחר שגברו הקליפות, וכל זר לא יאכל קדש. **אמנם בעקבות משיחא כמו בדורינו זה התחילו האורות להתפשט להיות כבראשונה**, כמו שהיה בזמן העולם מתוקן ולהתתקן מעט. ומתחלה היו האורות סתומים, היה העולם מקולקל, וכל מה שנתקלקל נסתם בגלות, ולא היו משיגין אלא עשר ספירות בסתום, בסוד הנקודות, כל אחד כלול מעשר, ובענין הפרצופים לא נתגלה להם כלל, לפי שמצאו בדברי הראשונים סתומים, ולא ידעו עומק הדברים, וחשבו שכך הוא ודברו בעשר ספירות כל אחד כלול מעשר ובחינות הרבה, ולפי שראיתי מי שחולק על דברים אלו לאמור שלא מצינו אלא עשר ספירות, ומהיכן יש לשלוט כח לאמור כמה פרצופים שנמצא יותר מעשר ספירות, ומספר רב והלא הראשונים כתבו בספר יצירה - עשר ולא תשע, עשר ולא י"א, לזה באתי לפתוח לך כחודא דמחטא, אולי תזכה להבין מקצת, וכולו לא תשורנו עין, וזהו. ובהקדמתו[12] הקדושה כותב הרב ז"ל - והנה אין בכל דור ודור שלא נמצאו בו אנשים יחידי סגולה ששרתה עליהם רוח הקודש, והיה אליהו הנביא ז"ל נגלה עליהם, **ומלמד אותם סתרי החכמה הזאת**, וכמו שנמצא כתוב בספרי המקובלים, גם בעל ספר הרקנטי כתב בפרשת נשא בפרשת ברכת כהנים...... ואנשי לבב שמעו לי, אל יהרסו אל הוי"ה, **לראות בספרי האחרונים הבנויים על פי השכל האנושי**, ושומע לי ישכון בטח ושאנן מפחד רעה. ולכן אני הכותב הצעיר חיים וויטאל, רציתי לזכות את הרבים **בהעלם נמרץ והמשכילים יבינו**, וקראתי שם החבור הזה על שמי **ספר עץ חיים**, וגם על שם החכמה הזאת העצומה, חכמת הזוהר, הנקרא עץ חיים, ולא עץ הדעת כנזכר לעיל, בעבור כי בחכמה הזאת טועמיה חיים זכו, ויזכו לארצות החיים הנצחיים, **ומעץ החיים הזה ממנו תאכל, ואכל וחי לעולם**. ואשכילך ואורך דרך זו תלך דע מן היום אשר מורי זלה"ה החל לגלות זאת החכמה, **לא זזה ידי מתוך ידו אפילו רגע אחד**, וכל אשר תמצא כתוב באיזה קונטריסים על שמו ז"ל, ויהיה מנגד מה שכתבתי בספר הזה, **טעות גמור הוא, כי לא הבינו דבריו, ואם יש בהם איזה תוספות שאינו חולק עם ספרינו זה, אל תשית לבך בקבע אליו, כי שום אחד מהשומעים את דברי קדשו, לא ירדו לעומק דבריו וכוונתו, ולא הבינום**, בלי שום ספק. ואם יעלה בדעתך לחשוב שתוכל לברור הטוב ולהניח הרע, אל בינתך אל תשען, כי אין הדברים האלו מסורים אל לב האדם כפי שכל אנושי, והסברא בהם סכנה עצומה, ויחשב בכלל קוצץ בנטיעות חס ושלום, לכן הזהרתיך ואל תסתכל בשום קונטרסים הנכתבים בשם מורי זלה"ה, זולתי במה שכתבנו לך בספר הזה, **ודי לך בהתראה זאת**, אלו הם דברי קודשו. ועלינו ללמוד אך ורק בתורת מורינו חיים.

11

ע"ח ח"ב דקי"ט ע"א.
12

ע"ח ד"ד ע"ב.

אני קראתיך כי תעניני אל הט אזנך לי שמע אמרתי. עוד כתב הרב ז"ל בהקדמתו תנאים כדי לזכות לחכמה הקדושה הזאת, וז"ל - אני הכותב משביע בשמו הגדול יתברך, לכל מי שיפלו הקונרטסים אלו לידו, שיקרא הקדמה זאת, ואם אותה נפשו לבוא בחדרת החכמה זאת, יקבל עליו לגמור ולקיים כל מה שאכתוב ויעיד עליו יוצר בראשית, שלא יבוא אליו היזק בגופו ונפשו, ובכל אשר לו, ולא לאחרים. תחת רודפו טוב והבא לטהר ולקרב. **ראשית הכל יראת הוי"ה, להשיג יראת העונש, כי יראת הרוממות, שהוא יראה הפנימית, לא ישיגוהו רק מתוך גדלות החכמה**, ועיקר מגמתו בידיעה הזה יהיה לבער קוצים מן הכרם, כי לכן נקראים העוסקים בחכמה הזאת מחצדי חקלא. **ובודאי שיתעוררו הקליפות נגדו לפתותו ולהחטיאו, לכן יזהר שלא לבוא לידי חטא אפילו שוגג**, שלא יהיה להם שייכות בו, לכן צריך ליזהר מהקלות, כי הקדוש ברוך הוא מדרדק עם הצדיקים כחוט השערה, לכן צריך לפרוש עצמו מבשר ויין כל ימות השבוע, **וצריך הזהרת סור מרע ועשה טוב**, ובקש שלום. בקש שלום צריך להיות רודף שלום, ולא להקפיד בביתו על דבר קטן וגדול, וכל שכן שלא יכעוס ח"ו.

<u>וצריך להתרחק בתכלית הריחוק סור מרע.</u>

א. ליזהר בכל דקדוקי מצות, ואפילו בדברי חכמים, שהם בכלל לא תסור.

ב. לתקן המעוות קודם שיבא לעולם הבא.

ג. יזהר מהכעס, אפילו בשעה שמוכיח את בניו, לא יכעוס כלל ועיקר.

ד. גם צריך ליזהר מהגאוה, ובפרט בענין הלכה, כי גדול כחה והגאוה, בזה עון פלילי.

ה. בכל צער שיבא לו, יפשפש במעשיו וישוב אל הוי"ה.

ו. גם יטבול בעת הצורך לו.

ז. גם יקדש את עצמו בתשמיש המטה שלא יהנה.

ח. שלא יעבור כל לילה ויחשוב בכל לילה מה שעשה ביום, ויתודה.

ט. גם ימעט בעסקיו ואם אין לו פרנסה כי אם על ידי משא ומתן, יכין יום שלישי ויום רביעי, מחצי היום ואילך, ובכוונה שהוא לעבודת קונו.

י. כל דבור שאינו של מצוה והכרחי, יהיה זהיר ממנו, ואפילו דבר מצוה ימנע בשעת התפלה.

<u>ועשה טוב</u>

א. לקום בחצי הלילה, ולעשות הסדר בשק ואפר ובכי גדול, ובכוונה כל אשר יוציא בשפתיו. ואחר כך יעסוק בתורה כל זמן שיוכל להיות בלי שינה, ובלבד שחצי שעה קודם עלות השחר יתעורר לעסוק בתורה.

ב. ילך לבית הכנסת קודם עלות השחר, קודם חיוב טלית ותפילין, להיזהר שיהיה מעשרה ראשונים.

ג. קודם שיכנס, ישים אל לבו מצות עשה ואהבת לרעך כמוך, ואחר כך יכנס.

ד. להשלים רמז צדיק בכל יום. שהוא צ' אמנים, ד' קדושות, י' קדישים, ק' ברכות.

ה. שלא להסיח דעתו מהתפילין בעת התפילה, זולת בעת העמידה ועסק התורה.

ו. צריך שיהיה עוסק בתורה, מעוטף בטלית ותפילין.

ז. לכוין בתפלה הכוונות, כמו שנבאר בע"ה.

ח. שישים תמיד נגד עיניו שם בן ארבעה אותיות הוי"ה, ויזדעזע ממנו, כמו שכתוב - שויתי הוי"ה לנגדי תמיד.

ט. שיכוין בכל הברכות, בפרט בברכת הנהנין.

י. צריך שיהיה עמל בתורה פרד"ס, שנאמר או יחזיק במעוזי, ואל יחשוב שיגלו לו רזי התורה בהיותו ריק, כדכתיב - יהב חכמתא לחכימין, וצריך ליזהר שלא יוציא בשפתיו בחכמה זו, מה שלא שמע מאדם שראוי לסמוך עליו, וכאזהרת רשב"י וחבריו. השגת החכמה תנאי הראשון, צריך למעט דבורו, ולשתוק, כל מה שיוכל כדי שלא להוציא שיחה בטילה, כמאמר רז"ל - סייג לחכמה שתיקה. גם תנאי אחר, על כל דבר תורה שלא תבינהו, תבכה עליו כל מה שתוכל. גם עלית הנשמה בלילה לעולם העליון, שלא תשוט בהבלי העולם, תלוי שתישן בבכיה. ומרת עצבות מגונה עד מאוד, ובפרט להשיג חכמה, והשגה אין לך דבר מונע השגה יותר מזה. גם בענין השגת האדם, אין לך דבר שמועיל כמו הטהרה והטבילה, שיהיה האדם טהור, וכל עת ומורי זלה"ה עם היות שהיה לו חולי השבר שהקור מזיק לו, עם כל זה לא היה מונע מלטבול בכל עת, עד כאן דברי קודשו. ועלינו לקיים את בקשת הרב ז"ל את הבחינות של[13] סור מרע ועשה טוב, כדי לטפס בעץ החיים.

מרן הרש"ש מעיד[14] על עצמו, וז"ל - וראיתי מה שכתבו מעלת כבוד תורתם, על ענין עבודת הוי"ה שקצרתי במקום שהיה ראוי להרחיב מעט הדיבור, אמת הוא כי לכתחילה קצרתי בו, **יען ראיתי כמה מהנזק יצא ממה שכתבו בזה המקובלים שקדמו, כי רבים חללים הפילו, וחלול כבוד הוי"ה, וכבוד התורה. הוי"ה יכפר בעדם, כי כל דבריהם לא על פי התורה הם, ואינם מיוסדים על האמת, ומהם יצאו אבות, ומאבות תולדות הריסת יסודי התורה ח"ו,** הוי"ה יכפר. **וכל זה לא שלמדתי בדבריהם ח"ו,** אלא שפעם אחת הוכרחתי בעל כרחי לעיין בדף אחד שכתוב בו קצור מה שכתבו בענין זה, **וכמעט שקרעתי בגדי לראות דברים אשר לא כן על הוי"ה.** הוי"ה יכפר, וכבר מילתי אמורה להם, **כי עידי בשמים כי כל עסקי ולמודי, אינו רק בדברי האר"י זלה"ה, ותלמידו מהרח"ו ז"ל לבדם, ובלעדם אין לי עסק בשום ספר מספרי המקובלים ראשונים ואחרונים, ואפילו בדברי שאר תלמידי האר"י ז"ל לא למדתי, וכשיזדמן לפני דבר מדבריהם, אני מדלגו.** כי על כן איני כמזהיר, אלא כמזכיר, למען הוי"ה אל יהי לכם מגע יד בדבריהם, ובפרט בענין זה, השמרו לכם פן יפתה לבבכם, **אלא כל לימודם לא יהיה אלא בעץ חיים ובספר מבוא שערים ובשמונה שערים המפורסמים,** שכולם דברי אלהי"ם חיים. ואני קצרתי בענין זה כל מה שאפשר, כי יראתי פן יפלו דפים אלו ביד מי שעדיין לא למד דברי האר"י ז"ל כראוי, **ויחשידני שלמדתי בספרים אחרים, ולא כן הוא כאמור,** ולכן קצרתי בו, ופיזרתי בהקדמה, עד כאן דברי קודשו של מרן הרש"ש. ואנחנו תפילה שיתגלה משיח צדיקנו במהרה בימינו, ומלאה[15] הארץ דעה את הוי"ה כמים לים מכסים, דעת תורת החיים.

13

תהלים ל"ד ט"ו – סור מרע ועשה טוב בקש שלום ורדפהו.

14

נהר שלום דף ל"ד ע"א.

15

כתב רבינו גאון הקבלה רבי אליהו מני, רבו של הרי"ח הטוב, רבי יוסף חיים בעל הספר "בן איש חי", בספרו הקדוש **כסא אליהו** כי על הלומד ללמוד כל מאמר ומאמר ארבעה חמשה פעמים בלי המפרשים, וינסה להבין את המאמר בעצמו. ואחר כך ילך לראות אם כיוון לדעת המפרשים.

וכן אני הקטן מבקש בכל לשון של בקשה, ללמוד את הדרוש כמו שהוא מובא בספר עץ חיים, ארבעה חמישה פעמים, כדי לנסות להבין את הדרוש. וכל דרוש מובא בתחילת הספר במלואו.

אחר כך יכנס ללמוד את הדרוש עם ביאור הדברים, עוד ארבעה חמישה פעמים, ואחר כך יראה את המקורות להגהות, ודברי רבותינו הקדושים, עם התרשימים וטבלאות.

ואז יעלה ויצליח בלימוד תורת האר"י הח"י.

כתב רבינו **השד"ה** רבי שאול דוויק הכהן, בהקדמת ספרו איפה שלימה, על אוצרות חיים וז"ל - וכדי שיוכל לעלות לימודו למעלה, ריח ניחוח לה'. קודם כל לימוד ימסור עצמו על קדושת ה', כי זה מועיל מאוד, כמו שכתוב בשער הכוונות דף כ"ד ע"ב, כי עתה בזמנינו בעוונותינו הרבים אין יכולת לעשות זווג כתיקונו למעלה, ולסיבה זו הקץ מתארך וכו'. אמנם עם כל זה יש קצת תיקון במה שנמסור נפשינו על קידוש ה' בכל הלב, כי על ידי כן אפילו אין בנו שום מעשים טובים, והרשענו עד להפליא. הנה על ידי מסירת נפשינו להריגה, מתכפרים עוונותינו כולם, ויש בנו יכולת לעלות עד אימא עילאה, כמו שאמרו חז"ל - גדולה תשובה שמגעת עד כסא הכבוד, שנאמר - שובה ישראל עד ה' וכו', עד כאן דבריו.

וזה הסדר

יקבל עליו ארבע מיתות בית דין, מארבעה אותיות הוי"ה וארבעה אותיות אדנ"י, וליחדם על ידי ארבעה אותיות אהי"ה ועל ידי עסמ"ב

סקילה י **א** וליחדם על ידי **א**		יוד הֹי וֹיוֹ הֹי
שרפה ה ד וליחדם על ידי ה		יוד הֹי וֹאוֹ הֹי
הרג ו גֹ וליחדם על ידי י		יוד הֹא וֹאוֹ הֹא
וחנק ה י וליחדם על ידי ה		יוד הֹהֹ וֹו הֹהֹ

ישעיהו י"א ט' – לא ירעו ולא ישחיתו בכל הר קדשי כי מלאה הארץ דעה את הוי"ה כמים לים מכסים.

לְשֵׁם יִחוּד
קֻדְשָׁא בְּרִיךְ הוּא וּשְׁכִינְתֵּהּ

יאהדונהי

בְּדְחִילוּ וּרְחִימוּ   וּרְחִימוּ וּדְחִילוּ

יאההויהה   איההיוהה

לְיַחֲדָא אוֹתִיּוֹת י"ה בּו"ה, בְּיִחוּדָא שְׁלִים

יהו"ה

בְּשֵׁם כָּל יִשְׂרָאֵל, לַאֲקָמָא שְׁכִינְתָּא מֵעַפְרָא, הָרֵינִי לוֹמֵד בַּסֵּפֶר קַבָּלָה פְּלוֹנִי שֶׁהוּא כְּנֶגֶד תִּפְאֶרֶת דז"א בְּעוֹלָם הָאֲצִילוּת שֶׁבּוֹ שֵׁם מ"ה כָּזֶה יו"ד ה"א וָא"ו ה"א לַעֲשׂוֹת מֶרְכָּבָה. וִיהִי רָצוֹן מִלְּפָנֶיךָ ה' אֱלֹהֵינוּ וֵאלֹהֵי אֲבוֹתֵינוּ שֶׁתּוֹצֵךְ רוּחֵנוּ וּנְפָשֵׁינוּ שֶׁיְּהִי רְאוּיִם לְעוֹרֵר מַיִן תַּתָּאִין עַל יְדֵי קְרִיאַת סֵפֶר הַקַּבָּלָה הַזֹּאת. וִיהִי נֹעַם יְהֹוָה אֱלֹהֵינוּ עָלֵינוּ וּמַעֲשֵׂה יָדֵינוּ כּוֹנְנָה עָלֵינוּ וּמַעֲשֵׂה יָדֵינוּ כּוֹנְנֵהוּ.

בָּרוּךְ ה' לְעוֹלָם אָמֵן וְאָמֵן, נֶצַח, סֶלָה, וָעֶד.

שער ו' פרק ב'

הנה אותן הד' אלפין שצ"ירנו לעיל בחותם הם נכנסין בפה ונעשים שם ד' הבלים והנה ד"פ הבל גימ' קמ"ח כי ע"י השינים שבתוך הפה נטחנים אותן הד' הבלים ונעשים קמח ונגמרת פעולתן ואל יקשה בעיניך מ"ש לעיל כי מן אור הנכנס בפה נעשה ממנו חיצוניות הכלי ומן נקב חוטם שמאל נעשה פנימיות הכלי ועם היות כי אור מקיף גדול ומעולה מאור פנימי עם כל זה פנימיות הכלי גדול מחיצוניות הכלי כנראה בחוש העין מה שאין כן בחינת האורות כי אור הגדול שלא יוכל הכלי להגביל ולקבל בתוכו מאיר מבחוץ בסוד אור מקיף ואור המועט נשאר בפנים משא"כ בכלים שא"כ אין שהוא עליון יהיה חיצוניות הכלי ומן החוטם שהוא יותר תחתון תהיה פנימיות הכלי. התשובה בזה דע כי האור כולו הוא שוה בהשוואה א' וכאשר רצה לכנוס ולהיות מוגבל תוך הכלי אז האור ההוא שאינו יכול לישא' בכלי נשאר מבחוץ בבחי' מקיף ואו"פ הוא מאיר מבפנים בכלי ועובר האור עד חצי עובי דופני הכלי מצד פנימיותו ואור המקיף הוא מאיר מבחוץ לכלי ועובר עד חצי עובי הכלי מצד חיצוניותו וע"י ב' אורות אלו מאיר הכלי ומזדכך. והנה אנו צריכין שחצי הכלי שבחוץ יאיר מחמת אור המקיף והנה או"מ גדול מאד ולא היה עובר הארתו להיות נבלע ומאיר תוך הדופן של הכלי כי יש הרחק והפרש והבדל גדול ביניהם ולכן הוצרך שפנימיות הכלי הגרוע ישתווה עם או"פ הגרוע ויאיר ויאיר זה בזה וכן חיצוניות הכלי המעולה יאיר בו או"מ המעולה דאל"כ נשאר חיצוניות הכלי בלי הארה. גם יש סיבה אחרת היא קרובה אל סיבה הראשונה ממש והוא כי הנה או"ה"מ חשקו ורצונו הוא להתחבר עם או"פ ולכן אם חצי הדופן של הכלי מצדו החיצון לא היה זך יותר לא היה עובר בו אור המקיף והיה או"מ חסר מלקבל בו או"ה"מ אמנם בהיות חצי הכלי של הדופן החיצון זך אז יש יכולת באור המקיף לעבור עד חצי עובי הפנימי של הדופן ואז מאיר זה בזה אע"פ שחציו הפנימי של הדופן לא יהיה זך אין בזה חשש כי האור פנימי עובר)נ"א עבה(ומאיר בו עד חצי עוביו הפנימי אע"פ שאינו זך יותר. וא"ת כי עדיין יש להקשות ולומר שהרי בחוש הראיה אנו רואין שפנימיות הכלי זך יותר מחיצוניות. התשובה בזה הוא כך כי אע"פ שאו"פ קטן מאו"מ עכ"ז להיותו מוגבל תוך הכלי לכן הכלי מקבל הארה שלמה ממנו אבל או"ה"מ אע"פ שהוא אור גדול עכ"ז כיון שאינו דבוק ומצומצם עם הכלי אינו מאיר כ"כ בחיצוניות הכלי כמו שמאיר הפנימי בפנימיות הכלי ובזה יבא הכל על נכון.

מ"ב דע כי אין לך שום בחי' פרצופים שבעולם שאין לו ה' חלקים נרנח"י והם כפולים כי הם ה' בחי' פנימים וה' בחי' מקיפין. וכ"א מאלו יש לו ב' בחי' א' אורות פנים וגדולים ב' בחי' אורות אחוריים ומתמעטים. וכ"ז הוא באורות, וכעד"ז הם בכלים. כי יש בחי' כלים דפנים, ויש בחי' כלים דאחוריים)והכלים ג"כ פנימי וחיצון(. ודע כי כל הנ"ל הוא הן בכללות העולמות הן בפרטותיהן בכל פרצופים בפ"ע. ואמנם ענין הכללות גם הוא נחלק לכמה בחי' אם כללות כללי ואם כללות פרטי ועד"ז מדרגות רבות פי' כי הנה היחידה לעולם אינה נכנסת בחשבון הפרצוף כי הוא נמנה אליו לבחינה עליונה ונפרדת ממנו יען הוא סוף המדרגה עליונה וראש המדרגה

התחתונה דוגמת מל' דאצילות שנעשית מל' אל אצילות ועתיק אל הבריאה והבן זה ולכן נמצא עתה ד' בחי' דרך כללות ונאמר כי הנה ע"ב טעמים בכתר, וס"ג נקודות בחכמה, ומ"ה תגין בבינה, וב"ן אותיות בת"ת)נ"א בז"ת(וכבר ביארנו כי ע"ב הוא בכתר יש בו אריך ונוקבא, וכן ס"ג בחכמה או"א, וכן מ"ה ישסו"ת וכן ב"ן זו"ן, כי הם הבנים וישסו"ת מ"ה גימ' אד' כי הם האבות של הבנים דב"ן ועד"ז פרטות כל א' מאלו יש לו ד' בחי' הנ"ל. אמנם דע כי כ"ז בהשלמתן אך להיות שהעולמות אינם לגמרי בשלימות עד שיושלם הבירור ותיקון של המלכים לכן אינם שלמים אמנם יש זמן שנשלמים הו"ק אך לא לגמרי כנ"ל.

ודע כי העולמות העליוני' כל מה שהם יותר תחתונים במדרגה זה מזה הם יותר מחוסרי השלימות זה מזה לכן תמצא עד עולם העקודים היו ה' בחי' או"פ ומקיפים נגלים אלא שהשינויים ביניהם הוא כי באלו היו מתקרבים המקיפים עם הפנימים ובאלו יותר מתרחקים ואמנם מעולם העקודים ולמטה עד סוף העולמו' היה חסרון א' שלא נתגלה להם)נ"א בהם(בכל פרטיהם יותר מה' אורות פנימים וב' מקיפים שהם מקיף ליחידה ומקיף לחיה אך לשאר הג' פנימית לא יש להם בחי' מקיפים מבחי' נר"ן רק מבחי' יחידה וחיה אשר מקיף כולם ולא מפאת עצמן אמנם יש בהם שינוים וגירעונות עוד אחרות כפי סדר הפצופים והעולם אך הכלל שבהם כי אי אפשר להיות פחות)נ"א יותר(מה' פנימים וב' מקיפים עליונים.

ודע כי כאשר לא יש בפרצוף בחי' חיה פנימים שהוא בחי' הטעמים שנקרא מוחין כי כל המוחין בסוד חכמה הוא שם ע"ב א"א להזדווג ועדיין שאר האורות שיש לו שהם נר"ן פנימית נקרא אורות אחורים ואז עומדין אב"א והטעם כי כאשר אין לו בחי' הנ"ל עדיין הם דינין ונקראו נקודות שהוא ס"ג שהוא הנשמה דינין ולכן כדי שלא יהיה בהם אחיזה אל החיצונים הם מוכרחים להיות אחוריים היותר חיצונים שהם בחי' אותיות ותגין שהם נפש ורוח להיות דבוקים יחד ואינם נגלין רק או"פ שהם נשמה בינה, אך בבא חיה פנימי שהם המוחין אז אין הקליפות יכולין להתאחז כלל אפילו באחוריים כי אור החיה מאיר עד שם אך בעוד שאין בה אלא נשמה בינה, אמת הוא שאין כח בקלי' לאחוז בנשמה עצמה שהוא בפנים אך באחוריים שולטין לכך עומדין אז אב"א ובבוא חיה אין יכולין אז לאחוז החצונים אפי' באחוריים מרוב האור שמאיר החיה באחוריים ונגדלים יותר ואז חוזרת פב"פ ומזדווגים ביחד. וביאור הענין זה יותר הוא כי בעוד שאין בו אלא נשמה עדיין יש פחד מהחיצונים שלא יתאחזו באורות האחוריים שהוא נפש לבד כיון שצריכין שמירה לכן צריכין להיות אב"א, אך יש עדיין פחד שמא יכנסו החיצונים בין הדבקים בין אחור לאחור וינקו משם. ולכן בעוד שעדיין אין בהם רק בחי' נשמה לבד עשה המאציל סדר א' שגם אורות של הנקבה לא ימשכו רק ע"י הזכר ואז הזכר יקח ב' בחי' שלו ושלה ויצאו אורות ממנו אליה דרך נקב אל אחוריו ושם תדבק ותתקשר עמו הנקבה לגמרי בכותל א' לבד ואין שם מקום פנוי בין הדבקים לכנוס שם זרים. והבן ותראה כי כן כיוצא בזה בהיות האדם התחתון בסוד נפש דבוק אז הוא דבוק ונאחז עם היצה"ר שהוא הקליפות בסוד ונפש כי תחטא ובהיותו בסוד רוח אינו כ"כ חוטא בסוד לב טהור ורוח

נכון וגו' ובהיותו בסוד נשמה הוא רחוק מן החטא אך צריך שמירה מן האחוריים ובהיות נשמה לנשמה אז אינו חוטא כלל ועיקר ודי בזה.

ונחזור לענין כי בהיות זו"ן בסוד נפש לבד הוצרכו להיות שם בסוד עיבור במעי האם שלא יאחזו בהם זרים ואפי' שם עומדים אב"א ובצאתם בזמן שבא להם הרוח בזמן היניקה ואז האם רובצת עליהם בסוד על גוזליו ירחף ועכ"ז הם אב"א ואח"כ בגדלות בא להם הנשמה דגדלות והם מוחין מצד אמא ועדיין חסר להם המוחין מצד אבא שהוא חכמה הנקרא חיה להכנס בהם אבל עכ"ז כבר הם פב"פ ומזדווגים ועדיין הוא חסרון אמנם אח"כ בבוא להם גם החיה ויחידה ואח"כ מקיף חיה ואח"כ מקיף יחידה אז הם שלימים ואין זה אלא בעלותם בדיקנא דא"א ודי בזה)נ"א אח"כ יבא להם גם החיה ויחידה פנימי ומקיף חיה ואח"כ מקיף יחידה ואז הם שלמים ואין זה וכו'(.

[דכ"ב ע"ד 48]

פרק ב' מ"ת

דרוש זה מקורו מספר אוצרות חיים וצריך לכתוב מ"ת בראש הדרוש.

דרוש זה הוא המשך לפרק הקודם. בפרק הקודם הרב ביאר כי האורות שנכנסו לפה דא"ק הם ב' הבלים וב' דיבורים, כאן הרב מבאר כי ד' בחינות אלו הם בעצם ד' הבלים, ופשוט הוא שמדובר בארבעה ההבלים שנכנסים לפה דא"ק שהם בחינת השורשים לבחינות ההבלים והדיבורים היוצאים מפה דא"ק ולחוץ[16], רק שבפרק הקודם הרב קרא להם דיבורים על לשון העתיד, כאשר הם יוצאים מהפה ולחוץ. עוד צריך לדעת כי בכל דרושי עולם העקודים ודרושי מטי ולא מטי, המלכות דעולם העקודים היא עטרת היסוד דעקודים. עוד[17] צריך לדעת כי כל עולם העקודים הוא רק בחינת כלי אחד, כלי הכתר, שבוא מתלבשים עשרה אורות, ואפילו שהרב ז"ל מבאר שיש עשר כלים בעקודים, הכוונה שהיא עשר כלים הפרטים של הכתר דעקודים, וזכור זה ואל תשכח.

הנה אותן הארבעה אלפי"ן שציירנו לעיל בזוותם שהם ב' אלפי"ן בציור יו"י, וב' אלפי"ן בציור יו"ד, הם נכנסין בפה ונעשים שם ארבעה[18] הבלים בכח, וכאשר הם

16

שם משמעון ש"ו פ"א די"א ע"ב – כי הנה בפה יש בחינת הבל ובחינת דיבור וכו', ואם תאמר היאך דבתוך בפה יש בחינת דיבור, והלא הדיבור הוא בחינת חיתוך אותיות, וזה אי אפשר להיות אלא חוץ לפה כמו שכתוב לעיל בשער אח"ן פרק א' וז"ל – והוא כי בהיות הבל זה בגרון הוא סוד קול, וכשיוצא מחוץ לפה הוא סוד דיבור בחינת חיתוך אותיות, ויש לומר דהא דקמאר הכא דבתוך הפה יש בחינת דיבור, היינו שורש הדיבור. והענין הוא כי בעודם בתוך הפה הם סוד הבל, אבל ב' שמאליים הם שורש הדיבור, וב' ימניים הם שורש הקול, אבל כשיוצאים לחוץ הם נעשים קול ודיבור ממש, וקל למבין.

17

ע"ח ש"ז פ"א מ"ק ד"ל ע"א – הנה קודם מציאות העקודים לא היה האור העליון יכול להתלבש בשום כלי, כי לא היה יכולת בכלים לסובלו, ושם היה האור בלתי מתלבש בכלי. עד שהגיע התפשטות האור הגדול ההוא אל בחינת העקודים. ושם נעשה מציאות כלי אחד אל האור הגדול ההוא, ואז התחיל האצילות להיות בו איזה מציאות הגבלת האור, מה שלא היה יכול להיות הדבר עד עתה. אמנם תחלה היה האור כולו של החלקים המגיעים לאצילות כולם, נעלמים תוך כלי אחד לבד, ואותו הכלי היה בו בחינת כלי של כתר העליון. אחר כך נתפשט האור יותר למטה מבחינה הנזכרת לכל, הנקרא עקודים, ואז נעשית עשר כלים, אך כולם עדיין בסוד בחינת כלים דכתר.

18

הגהות וביאורים)ט(– נראה לעניות דעתי דפה חוטם פה גימטריא קמח, שעיקר גילוי האור הד' הוא מן החוטם ופה, אבל באוזן היה נעלם. גם ד' הבלים גימטריא צ"ב ע"ה, כנגד ד' ציורים של ב' אלפי"ן. גם נראה לעניות דעתי שזה סוד אם אין קמח אין תורה, ר"ל אם אין ד' הבלים נטחנים על ידי שיניים לקמח, אי אפשר להתגלות הכ"ב אתוון שהוא תורה, שעל ידי פתיחת הפה יוצאין ה' מוצאות הפה, שהם הכ"ב אתוון. אם אין תורה אין קמח, ר"ל אם אין הכ"ב אתוון כדי לעשות מהם כלי, אין קמח, ר"ל אי אפשר שיוכלו להתגלות הד' הבלים מהחוץ לפה. כי באמצעות הכלי שהם הכ"ב אתוון, מתגלים הד' הבלים, שהם העשר ספירות, לכן אין קיום זה בלא זה, וזה בלא זה. מאוצרות חיים.)עיין דב"ש דל"ג מה שהקשה לפי מה שכתוב לעיל סוף פ"א(.

19

יוצאים מפה לחוץ, הם נעשים הבל ודיבור בפועל, **וְהִנֵּה אַרְבָּעָה פְּעָמִים הֶבֶל גִּימַטְרִיָּא קמ"ח[19].**

הרב ז"ל נכנס בקצרה לסוגיא עמוקה מאוד שלא קשורה לדרוש זה, אלא קשורה לשורש כוונות האכילה[20] **כִּי עַל יְדֵי** ל"ב **הַשִּׁנַּיִם שֶׁבְּתוֹךְ הַפֶּה, נִטְוֹחֲנִים** ר"ל מזדווגים **אוֹתָן הָאַרְבָּעָה הַבְּלִים** שהם

---

[19]

הבל בגימטריא ל"ז, וארבע פעמים ל"ז גימטריא קמ"ח.
תרשים ב – א.

[20]

כוונות האכילה מובאים בדברי הרב ז"ל בשער הכוונות, שהם כוונות עליונות, בסוד והוא עומד עליהם תחת העץ ויאכלו. ובשער המצות מובאים כוונות האכילה יותר תחתונות, שהם בחו"ב דז"א דאצילות, בסוד מנוח עם הארץ היה, ומבאר הרב ז"ל שמנוח היה יודע רק את הכוונות התחתונות של **מ"ו נ"ח**, שנרמזו בשמו. וכל הכוונות האלו הם בעולם האצילות. מרן הרש"ש עלה יותר גבוהה בכוונות האכילה לאח"כ דא"ק וסידר כוונות נוראות בסידורו הטהור, והם השורשים של כוונות האכילה.

תרשים ב – ב.)שלמות כוונות האכילה מסידור רבינו הרש"ש בסוף התרשימים דפרק זה(.

שער המצות, פרשת עקב – ונחזור לכוונת האכילה, הנה נתבאר לעיל ב' בחינות בענין האכילה. האחד היא בירור המאכל בעצמו, הטוב שבו מן הסיגים המעורבים בו על ידי חטא אדם הראשון, וגם מה שהיה מעורב בהם מתחלת בריייתן משת ימי בראשית כנ"ל. והשני היא ענין תיקון נפשות המגולגלים הנמצאות במאכל ומשקה. ונבאר כוונת בחינה הראשונה, כי השנייה לא קבלתיה ממורי ז"ל. הנה טרם שיאכל האדם צריך שיכוין לבירור הטוב אשר במאכל ההוא, מן הרע המעורב בו, על ידי כוונה זו שנבאר עתה. **ודע כי יש כוונת אחרות גדולות מזו בענין בירור האכילה**, והנה מנוח היה אוכל בכוונה זו שנתבאר עתה, וזה שאמר הכתוב שם וירא פלא, אותיות אל"ף, כי כל כוונתו היתה בסוד אות האל"ף, אשר היא בחכמה כמו שיתבאר, ולכן נגלה לו בבחינת פלא, ולהיות כוונה זו **בלתי עליונה מאד**, לכן אמרו רז"ל - מנוח עם הארץ היה, כי החכם יש לו **כוונה גדולה מכל זה**, ולכן אמר לו המלאך לא תעצרני אם אוכל בלחמך, לפי שאין כוונתך זו כל כך גדולה, אבל באברהם נאמר ויאכלו, אוכלין ממש, כמו שאמרו רז"ל]מד"ר פ"ו[. וגם בזה תבין שם מנוח, כי היא מלת מורכבת מ"ו נ"ח, והיא כללות הכוונות שנבאר עתה שעולים מ"ו ונ"ח, ולהיותו מכין בזה ועושה בירור האכילה תמיד כל ימיו, לכן נקרא על שם זה מנוח. וזה ביארנו, הנה נודע כי כל בחינת שבעה המלכים לא נתבררו אלא על ידי החכמה הנקרא מחשבה, כנזכר בזוהר פקודי דרנ"ד סוף ע"ב, ובריר פסולת מגו מחשבה וכו', ובמחשבה אתברירו כלא. **גם** נודע מה שכתוב בפרשת ויקרא דף ד' אכלו רעים לעילא דא או"א דתמן אכילה, ולכן צריך לכוין בעת האכילה אל אות אל"ף שהיא בינה כנודע, בסוד מה שכתוב]שבת ק"ד[פרק הבונה, אל"ף בי"ת, אלף בינה, ותכוון בציורה אל החכמה כמו שיתבאר, ואמנם אם תוכל לכוין כוונות אלו בהמשך כל זמן אכילתך הוא דבר גדול, ולפחות תכוין כוונה זו כשאתה אוכל אותה הפרוסה של כזית דהמוציא אשר ברכת עליו. ותחלה תכוין כוונה קצרה דרך כלל, וזו היא, כי הנה ענין הבירור על ידי ל"ב שינים, שהם כנגד ל"ב נתיבות חכמה המבררין הכל, כנזכר דבמחשבה אתברר כלא, והם הטוחנין ומפררין את המאכל, ועל ידי כך מתברר האוכל מתוך הפסולת, כדרך הרחים הטוחנות התבואה, ואחר כך מתפררין הסובין והמורסן שהם הקליפות מן הקמה שהוא האוכל, מה שאין כן קודם שנטחן, שהיו דבוקים יחד בתכלית. והנה ש"ן בגימטריא אחוריים דהוי"ה דיודי"ן דע"ב שבחכמה, שהם גימטריא קפ"ד, ואחוריים דהוי"ה דס"ג שבבינה, שהם גימטריא קס"ו, וקפ"ד וקס"ו גימטריא ש"ן, כי השן טוחנת בחיבור או"א. גם תכוון כי ל"ב שינים אלו הם רמוזים בציור אות **א' שצורתה יו"י**, יו"ד לעילא, יו"ד לתתא, וא"ו באמצעיתא, וכבר נתבאר בתיקונים סוף תיקון כי אות **א'** בציור יו"י היא בחכמה, וזו הוא' שבאמצע צריך לחלקה לאורכה ותהיה שני ווי"ן זו על גבי זו כזה **יוו"י**, ואז נמצאו יו"ד עלאה עם וא"ו עלאה, הם יו"ד שינים העליונים, ויו"ד וא"ו התחתונים הם יו"ד שינים התחתונים. ואחר כך כוונות פרטיות זו אחר זו, והם ה' כוונות, והם מ"ו, ונ"ח, ולח"ם, ود"ק, ופ"ד, וזה ענינם. תחלה תכוין כי הנה שני הלחיים הם הלועסין המאכל, והם סוד או"א שבהם ענין האכילה, בסוד אכלו רעים לעילא

כנזכר, לחי העליון אבא, לחי התתתון אימא, ותכוין כי בלחי העליון יש **א'** וציורה הוי"ה היא בגימטריא יו"י, ובלחי התתתון יש אל"ף תתאה וציורה יו"ד, והיא רומזת באימא שהיא **ד'** נוקבא, ותכוין כי שתי אלפי"ן אלו יו"י ויו"ד הם בגימטריא **מ"ו**, שהוא מלוי ההוי"ה דע"ב דיודי"ן, לרמוז שאף על פי שהם שני אלפי"ן אחד באבא ואחד באימא, הכל הוא באבא לבדו, אלא שהוא בסוד חו"ב שבו בעצמו, ולכן שתיהם נרמזים במלוי ע"ב אשר באבא, כי הנה המחשבה לבד היא המבררת כנזכר. **כוונה ב'**, תכוין ששורש מציאות האכילה תהיה רמוזה באלו הלחיים, כדי שיהיה בהם מציאות לטחון את האכילה. וזה כוונת ששתי אלפי"ן הנזכרים לצייירם בציור הנ"ל, שתתלק אות **ו'** שבאמצעיתה לשני ווי"ן, ואז תהיה ציור אל"ף הראשונה בציור **יו"י**, וציור אל"ף השניה **יו"ד**, ומנין אל"ף הראשונה בגימטריא ל"ב נתיבות חכמה, ומנין אל"ף השניה גימטריא הוי"ה, וחיבור שניהם יחד גימטריא **א"ל הוי"ה**, עם הכולל שהוא גימטריא **אוכל**. והרי נתבאר איך בלחיים נרמז מציאות האוכ"ל. ותכוין כי הנה כל אל"ף מאלו נחלקת לשני חלקים, כנ"ל שהוא י' עם ו' עילאה, יו"ד עם ו' תתאה. וכן אל"ף השניה היא י' עם וא"ו י' עילאה, ד' עם ו' תתאה, ותכוין לכלול חצי התתתונה של האל"ף הראשונה בחצי התתתון של אל"ף השניה, וחצי העליון של אל"ף העליונה, בחצי העליון של אל"ף השניה. וזה סוד הבן בחכמה וחכם בבינה. כי שני אלפי"ן אלו הם בחו"ב, וחוזרין ונכללין יחד. **כוונה ג'**, תכוין באוכל הנזכר שיהיה לחם מתוקן ונגמר, והוא על ידי שתכוין אחר כך לחבר שני ציורי שני אלפי"ן הנזכרים שהם בגימטריא **נ"ח**, עם הציור הראשון שצייירנו באות אל"ף השניה שציורה יו"ד, ואז יהיה הכל גימטריא **לח"ם**, שהם ג' הויו"ת הנ"ל בביאור המוציא לחם מן הארץ. **כוונה ד'**, תכוין לטחון הלחם הנזכר על ידי ל"ב שינים, ועל כך יתברר האוכל והקדושה מתוך הפסולת והקליפה, כדמיון השמן שאינו יוצא מן הזית אלא על ידי הטחינה, וכן אין הסובין והמורסן נפרדין מן הקמח אלא על ידי הטחינה. ונמצא כי הכוונה היא להדק הלחם ולכתוש אותו, ולעשותו דק, וזה על ידי שתתחבר שתי הכוונות **מ"ו ונ"ח** ביחד, שהם הראשונה והשניה, ושניהם גימטריא **ד"ק**. והנה אם תחבר כוונת **לח"ם** וכוונת **ד"ק** יהיו בגימטריא יעקב, ואם תחבר כוונת **מ"ו ונ"ח וד"ק**, יהיו גימטריא יצחק, ועל דרך זו כוונות אחרות שמעתי ממורי ז"ל ושכחתים. **כוונה חמישית**, תכוין לבליעת המאכל אחר שנטחן, כי שם בהצטומכא הוא גמר הבירור, כי אז מתעכל המאכל, והטוב שבו מתהפך לדם, והמזון הולך אל הכבד, ומתפשט בכל העורקים והאיברים כנודע, והרע שבו יורד דרך בני מעים, ויוצא לחוץ. וזה על ידי שתכוין לחבר הכוונה השנית שמספרה **נ"ח** עם ציור האל"ף הראשונה שבכוונה הראשונה של חשבון **מ"ו**, כי ציורה גימטריא כ"ו, והנה נ"ח וכ"ו הם גימטריא **פ"ד**, והוא סוד אותיות אהה"ע שבגרון בבית הבליעה, שמספרם פ"ד, ונודע כי הם באימא. ונמצא כי החיך שהוא חכמה, דוחה המאכל שהוא אימא, ולכן לא חיברנו עם אותיות אהה"ע שבגרון רק ציור אל"ף עליונה, שהיא באבא, ולא האל"ף התתתונה שהיא באימא. גם תכוין כי **פ"ד** היא בגימטריא חנוך, והוא סוד **מטטרו"ן** שהוא עולם היצירה, ובו ענין האוכל הנזכר, שהוא בגימטריא **א"ל הוי"ה** שביצירה, כמבואר אצלינו בדרוש השבתות, ויום טוב, וחול המועד, כי אוכל נפש הוא ביצירה, וכמו כן בתחלת הדרוש הזה, וכמו שיתבאר עתה בע"ה. **אחר כך** תכוין לחבר כל הכוונות הנז"ל יחד, שהם **מ"ו, נ"ח, לח"ם, ד"ק, פ"ד** שכולם הם בגימטריא **ש"ע** נהורין, וגם זה הוא רמוז במלת אוכל שהוא א"ל הוי"ה, והנה אם תמלא שם א"ל במלוי, יעלה קפ"ה, וב' פעמים קפ"ה הם בגימטריא ש"ע נהורין. וטעם היותם ב' שמות א"ל שמעתי, ושכחתי, ואיני יודע מב' איזה אלה הפירושים היא מה ששמעתי, והיא אם הם א"ל הוי"ה שביצירה, הנקרא אוכל, וא"ל אדנ"י שהוא בעשייה, הנקרא אכילה כמו שנבאר, או אם נאמר ששניהם ביצירה, והוא כי א"ל בגימטריא קפ"ה כנזכר, והוא שם הוי"ה ביודי"ן האחוריים שלו הם קפ"ד, ובכולל קפ"ה, ושניהם הוא ש"ע.

שער הכוונות, דרושי יום הכיפורים, דרוש ג' – אכילה, הנה בדברינו אלה יתבאר מאמר הסבא פרשת משפטים, בפרוש שארה כסותה ועונתה כו', דע כי באימא עילאה יש בה הוי"ה אחת בנקוד אלהי"ם הכולל את כולה, כזה **יֱהוּ"ה**, ויוצאים ממנו ד' שמות של אהי"ה באופן זה, אהי"ה דיודי"ן ביו"ד, ואהי"ה דיודי"ן בה"א ראשונה, ואהי"ה דאלפי"ן בוא"ו, ואהי"ה דההי"ן בה"א אחרונה. ואמנם האכילה דז"א כבר נתבאר לעיל שנמשכת ממוח אימא עצמה, ונמצא כי מן יו"ד של ההוי"ה הנזכר אשר בראשה, אשר שם הוא אהי"ה דיודי"ן, משם יוצא אהי"ה דיודי"ן בה"א הרמוז באות ה' ראשונה, והוא המתפשט למטה עד החסד, שם נעשה בחינת אכילה כמו שיתבאר. והנה נתבאר בשער הדרושים כי אי אפשר שיתפשט ויתלבש אור הא"ס בשום אחד מהעשר ספירות אלא עד שיתלבש אור החכמה בהם, ואז אור א"ס מתלבש בתוך החכמה, ומתפשט בתוך הספירות. וזה סוד כולם בחכמה עשית. וכן על דרך זה אין שום אחד מהו"ק, חג"ת נה"י יכול

להתלבש בו אור הא"ס, אם לא שיתלבש בהם בתחילה אור החסד. וזה סוד יומם יצוה הוי"ה חסדו, כי החסד נקרא יומא, יומא דכליל כולהו, שיתא יומין שהם ו"ק. ונמצא שבתחילה מתפשט אור החסד בתוך ו' ספירות תחתונות דאצילות ובתוך החסד מתלבש אור החכמה, ובתוך החכמה מתלבש אור א"ס, אבל הבינה אין מתלבש בתוכה א"ס אלא על ידי אור החכמה בלבד, והרי זה דרך כללות העשר ספירות דאצילות, וכן על דרך זה הוא בכל הפרטים. ונמצא כי החסד שבאבא הוא מתלבש ומתפשט בכל י' ספירות דאימא, ועל ידו מתפשט השפע בכולה, והחסד דאימא מתפשט בכל י' ספירות דז"א, ובאמצעות מתפשט השפע בכולו. והחסד דז"א מתפשט בכל הי' ספירות דנוקבא על דרך הנזכר. וטעם הדבר הוא לפי שכל מיני שפע ברדתם למטה הם משתנים, מה שאין כן החסד, שהוא נקרא אור קדמאה, שהוא מאיר מסוף העולם ועד סופו, ואינו ניתח כחו, ואיננו מתעבה ומשתנה, וכל כך אורו גדול למטה כמו בהיותו למעלה, ולכן אין שום שפע יורד למטה עד שיתלבש בו בחסד, ואז יורד למטה. ונבאר עתה החסד דאבא המתפשט באימא, הנה החסד של אבא הוא הוי"ה דע"ב דיודי"ן, שהוא בגימטריא חסד, ושם אהי"ה דמילוי יודי"ן הב' היוצא מאות ה' ראשונה דהוי"ה שבאימא כנ"ל, הנה הוא מתלבש בזה החסד דאבא, ואז שניהם יורדים למטה להשפיע בחינת האכילה כמו שכתוב. ואל תתמה איך שם אהי"ה דאימא מתלבש תוך החסד דאבא, כי הנה שם אהי"ה זה הוא למעלה בריש דאימא, אבל החסד דאבא הוא אחד מו"ק תחתונים שבו. והנה או"א שוין כחדא נפקין, וכחדא שריין, ולא מתפרשין לעלמין, ואם כן ודאי שיותר יהיה מעולה שם אהי"ה הב' הזה, מן הויה דע"ב דהחסד דאבא, ולכן הוא מתלבש בתוכו. והוא סוד מה שכתוב באברהם **והוא עומד עליהם תחת העץ ויאכלו**, כי אברהם הוא החסד הנזכר שבאבא, והנה הע"ץ הוא אהי"ה הב' דיודי"ן דאימא, שהוא בגימטריא ע"ץ, ואברהם הנזכר הוא למטה מבחינת אהי"ה, וזהו תחת העץ, כי לכן אהי"ה מתבלבלש תוך החסד הנזכר, ובהיותם מלובשים כך אז נמשכת האכילה והשפע למטה, וזהו מה שכתוב **ויאכלו**. והנה אלו היו מלאכים, ונודע כי מאכלם הוא **מן העליונין**, כמו שאמר הכתוב - לחם אבירים אכל איש, לחם שמלאכי השרת ניזונים ממנו, והנה אכילת המן הזה נרמז בב' שמות הנזכרים עצמם, שהם בהוי"ה דהחסד דאבא, ובאהי"ה דאימא, כי הנה יש בהם ז' יודי"ן ואחד של אהי"ה שציורה ב' יודי"ן ו' כזה **יו"י**, הרי הם ט' יודי"ן כמנין מ"ן. ודע כי אלו הז' יודי"ן שבב' שמות אלו הם בחינת ז' נקודות שיש בשם הוי"ה בניקוד אלהי"ם, הכוללת כל י' ספירות דאימא, והם שב"א, סגו"ל, חיר"ק, חול"ם, והם ז' נקודות. וזה סוד מאמר הסבא הנ"ל, כי שארה היא הוי"ה בניקוד אלהי"ם, הנמשך מן עלמא דאתי, ונודע כי שארה היא האכילה הנרמזת בט' יודי"ן הנזכרים, ואלו נמשכין ויורדין עד החסד דאימא אשר שם בחינת האכילה כמו שבארנו. והנה כיון שז' נקודות אלהי"ם הם הז' יודי"ן הנזכרים שהם סוד האכילה, ונקרא שארה, גם שם אלהי"ם בעצמו צריך שיהיה רמוז באכילה זו הנקרא שארה, כיון שכל המזון הזה הוא מאימא, אם כן היא בחינת גבורות הנקראות אלהי"ם, והנה ש' של שארה הוא אלהי"ם במילוי יודי"ן העולה בגימטריא ש', וכללות שם אלהי"ם הוא א' של שארה, ואלהי"ם בריבוע הפשוט הוא בגימטריא ר' של שארה, וה' אותיות של שם אלהי"ם הם ה' של שארה. גם ידעת כי שארה הוא באימא, בסוד אשר ה', כמו שכתוב בספר הזהר בסוד אשר הוצאתיך מארץ מצרים, וכמו שנכתוב בע"ה. והנה נתבאר כי המזון הזה הנקרא שארה יורד ונמשך עד החסד שבאימא, ונודע כי ז' שמות של שם בן מ"ב הם בז"ת דאימא, ונמצא כי שם אבגית"ץ הוא בחסד והוא בגימטריא שארה, לרמוז כי המזון הוא בחסד דאימא. גם נודע כי שם של מ"ב יוצא מן מ"ב אותיות ראשונות מן בראשית עד ב' של ובוהו בחילוף אלפא ביתא, ונמצא כי שם אבגית"ץ יוצא מתיבת בראשית שהוא אותיות שאר בית, ר"ל מזון דאימא הנקרא בית, בסוד בראשית בי"ת ראשית, נקודה בהיכליה. גם האימא נקראת ה' ראשונה, וזהו שארה שאר ה', נמצא כי שארה ושאר בי"ת, משפט אחד להם, והרי נמצא כי המזון נרמז במלת בראשית כנזכר, ויורדין בחסד של אימא הנקרא ברא, וזהו בראשית ברא. והנה נתבאר לעיל כי אלו הה' דברים אכילה כו' הם מחיצוניות הבינה, כי הה' קולות הם נמשכים מפנימיות, והנה אכילה שאנו עוסקים בה היא מבחינת החיצוניות, ואמנם חיצוניות דאימא דחסד שבה הם ב' שמות הוי"ה דההי"ן, ואהי"ה דההי"ן העולה קנ"א, והנה ב"ן וקנ"א הם בגימטריא בר"א, הרי כי ברא הוא בחסד דאימא כנ"ל. ואל תתמה איך ב' שמות אלו הם בחיצוניות דחסד דאימא, כי הנה נודע שהחסד דדכורא גניז בפומא דאמה, יסוד שבו, וכן החסד דנוקבא גניז ביסוד שלה, ולכן הוי"ה דב"ן שהוא סוד מ"ן שביסוד שלה, צריך שיהיה שרשם בחסד שבה, כי משם נמשכים ביסוד שבה. גם ענין אהי"ה דההי"ן נרמז בפסוק כי הוי"ה אלהי"ך אש אוכלה הוא א"ל קנ"א, הרי כי הבינה הנקראת אש, החסד שבה הנקרא א"ל הוא קנ"א, שהוא אהי"ה דההי"ן, ואחר שירדו המזונות בחסד שבה הנקרא בר"א אז נעשים בבחינת אלהי"ם, שהוא מה שבאור שארה, איך בו רמוז שם

אור מקיף ואור פנימי **וְנֵֽעֲשִֹים קַמֹחַ**[21], **וְגֹבֶרֶת פְּעֻלֹתָן** שנעשים כלים על ידי הטחינה שהיא זיווג וחיבור הנעשה על ידי הביטוש[22] והכאה של אור מקיף שהוא בחינת אבא חיה, עם אור הפנימי שהוא בחינת אימא נשמה,

---

אלהי"ם בכל בחינותיו, וזהו בראשית ברא אלהי"ם. דע כי אל"ף דאהי"ה היא בחינת הפה והשיניים של אימא, והעניין הוא כי כדוגמת אות י' של ההוי"ה דאבא היא ממש אות א' של אהי"ה שבבינה, ולכן הא' צורתה יו"ד כזה א', והנה נודע כי מן ב' אותיות ו"ד שבמילוי אות יו"ד דאבא נעשית אות יו"ד, ד' על ו', ומה שהיה תחילה ו"ד נעשה ד'. ונמצא כי בציור יו"ד זו נכללו אלו האותיות יו"ד ו"ד, שהם בגימטריא ל'. ואמנם צריכין שיהיו בציור א' של אהי"ה גם כן באופן זה י"ו למעלה וד"ד למטה, כי ב' הווי"ן יחד באמצע וב' הדלתין מחוברות יחד למטה, והרי איך כולם נכללים בציור אות אל"ף זו כזו הצורה א', ואלו הם סוד ל' שיניים אשר בתוך פה דאימא, ולפי שאלו המזונות נמשכו באימא מן החסד דאבא כנ"ל, ולא מלמעלה ממנו, לכן אין בה רק ל' שיניים, כי משפטם היה ראוי בה להיות ל"ב שיניים, וב' השיניים שחסרו ממנה הם כנגד חו"ב דאבא שחסרו ממנה. אבל עם כל זה אלו הב' שיניים נעשים על ידי כללות הכל. והוא כי הנה נתבאר כי זה האל"ף של אהי"ה וצורתה יו"ד ו"ד, והנה ג' אותיות יו"ד הם ציור א', וב' אותיות ו"ד הם ציור ה', הרי ב' אותיות **א"ה** נעשים מציור הנזכר באות א' דאהי"ה, ואלו הם תשלום ב' שיניים החסרים כנזכר. גם אלו הם ב' אותיות ראשונות דאהי"ה, גם אלו הם ב' אותיות א"ה מן שארה. והנה נתבאר לעיל כי ב' הדלתי"ן כלולות בצורת ד' שבאל"ף דאהי"ה, אבל אות ו' שבציור אות א' דאהי"ה נחלקת לב' ווי"ן א' למעלה בשינים העליונים, וא' למטה בשיניים התחתונים. והנה אם תצרף ד' זו הנוספת עם ג' אותיות יו"ד של ציור א' דאהי"ה, שהם ציור אל"ף א', יהיו ב' אותיות **א"ד** מן אדנ"י. גם ב' ווי"ן שיש בציור אות א' דאהי"ה כנזכר, הנה הראשונה היא עולה למנין ס', לפי שהיא מחוברת וסמוכה לאות י' עילאה דציור אות א', וי' פעמים ו' הם ס', אבל ו' השניה היא בחשבון ו' והוא סוד ששים ושש, ו' עילאה ו' תתאה כנודע, והרי הוא בגימטריא אדנ"י עם הכולל. גם הוא בגימטריא אכילה. גם הב' דלתין הנזכרים אם תחברם ותצייר בציור מ' סתום, הנה היא **מ'** דמנצפ"ך, ואם תשים הב' ווי"ן הנ"ל זו על גבי זו יהיה ציור **ן'** פשוטה דמנצפ"ך, והרי הוא סוד המ"ן הנ"ל, שהוא עניין האכילה עצמה כנ"ל. ונמצא כי ציור אות א' דאהי"ה בציור יו"ד ו"ד כנ"ל, עם הציור של ב' אותיות א"ה הנעשה מהם כנ"ל, הנה כל זה היא בחינת ל"ב השיניים שבפה דאימא, כי אותיות י"ו הם י' שינים העליונים, ואותיות וד"ד הם בגימטריא י"ד, ועם ב' אותיות א"ה שהם ב', הם י"ו שינים התחתונים. וכבר נתבאר כי ציור יו"ד ד"ו של אות אל"ף דאהי"ה הם ציור ב' אותיות א"ה מן שארה, והם בשיניים של פה דאימא, נשארו ב' אותיות ש"ר מן שאר"ה, שהם בב' החניכיים שבהם נתלין שרשי השינים כנ"ל בדרוש השופר. והנה שם ביארנו כי ב' החניכים הם ב' שמות אלהי"ם אלהי"ם, והנה בזה יתבאר מאמר ספפר הזוהר בפרשת שמות דף מ' ע"א, וז"ל - ממעונות אריות דא איגון שיניים, מהררי נמרים דא איגון שפוון. והעניין הוא כי החניכים העליונים הם שם אלהי"ם בריבוע, העולה בגימטריא ר', ועם י"ו שיניים העליונים התקועים בהם הם רי"ו, כמנין ארי"ה. וכן למטה החניכים התחתונים הם שם אלהי"ם בריבוע העולה ר', ועם י"ו שינים התחתונים התקועים שם, הרי רי"ו ב' כמנין ארי"ה, והרי כי בחינת השיניים והחניכים הם בחינת ב' אריות. וזהו ממעונות אריות דא איגון שיניים.

21

הגהות וביאורים)י(– א"מ נראה לי שזה סוד אם אין קמח אין תורה, כי מילוי ד' אלפי"ן שבחותם ששם שרש ז"א הנקרא תורה, מתגלית בפה שהוא קמח, וכן תורה שבכתב פרושה וגילויה על ידי תורה שבעל פה, שהוא סוד המלכות, והבן.

22

התחברות וזיווג האורות נקרא לפעמים בדברי הרב ז"ל הכאה ובטישה. בדרך כלל רק מעולם האצילות ולמטה הרב ז"ל משתמש במונח של זיווג, ולמעלה מהאצילות הרב ז"ל משתמש במונח של בטישה או הכאה. **כלל** – הכאה או בטישה היא בחינת חיבור וזיווג. **ע"ח שי"ט פ"ט מ"ת דצ"ה ע"ב, הגהת המרח"ו** – ואולי אפשר לומר כי אף על פי שזה מ"ה)נ"ב שהיא דינין וזו חסדים(וזה ב"ן, עם כל זה נתהפך הדבר, כי כיון שזה חכמה, אף על פי שהיא דב"ן, נעשה זכר, ובינה דמ"ה אף על פי שהיא דמ"ה, נעשית נקבה לערך חכמה דב"ן. וזהו עניין דבטש בוצינא דקרדינותא בהאי אויירא)נ"א מוחא(. והיה לו לומר להיפך, **כי בטישה זו היא זיווג והורדת הטפה כנודע**. ונראה אם כן כי שם בוצינא דקרדינותא נעשה זכר להיותו חכמה, וזה סוד אמא, כי היא עטרת בעלה. ואפשר כי על דרך זה הוא

וזאת הסיבה שאין[23] מסיחין בסעודה, כמו[24] שאין מדברים בשעת התשמיש, כי לעיסת המאכל[25] היא בחינת זיווג[26].
וזיווג זה[27] בסוד הפסוק[28] - ויהי טוחן בבית האסורים, ובסוד הפסוק[29] - תטחן לאחר אשתי.◆

בחכמה דא"א, כי היא כלולה מחכמה דמ"ה ומכתר דב"ן, ואם כן כתר דב"ן היא בוצינא דקרדינותא, דבטש
ונעשה זכר, ובטש בהאי מוחא שהוא חכמה דמ"ה גרוע ממנה, והיא נקבה כנגדה, ונמצא כי האי מוחא סתימאה
דא"א אתתקן כעין דוכרא, כנזכר באדרא כנל"ח.
רב פעלים חלק ג', סוד ישרים סימן י' – כדין בטש האי נהירו דמחשבה דלא אתיידע, פירוש עיין בשער
עתיק פרק א', ושם תראה שרדל"א היא בחינת שם ב"ן נוקבא דעתיק, **וכל בטישא נודע שהיא סוד זווג**,
ונעשה זווג עתיק ונוקבא, והיא העלתה מ"ן תחילה, כי זהו סוד הבטישא, דאמר בטש האי נהירו דמחשבה דלא
אתיידע.
[23]

גמרא תענית ד"ה ע"ב – אמר רבי יוחנן, אין מסיחין בסעודה, שמא יקדים קנה לושט, ויבא לידי סכנה.
[24]

גמרא נדרים ד"כ ע"ב – שאלו את אימא שלום, מפני מה בנייך יפיפין ביותר, אמרה להן, אינו מספר עמי,
לא בתחילת הלילה ולא בסוף הלילה, אלא בחצות הלילה. וכשהוא מספר, מגלה טפח ומכסה טפח, ודומה עליו
כמי שכפאו שד. ואמרתי לו, מה טעם, ואמר לי, כדי שלא אתן את עיניי באשה אחרת, ונמצאו בניו באין לידי
ממזרות. לא קשיא, הא במילי דתשמיש, הא במילי אחרנייתא.
[25]

מאכל גימטריא הוי"ה אדנ"י, שהוא זיווג זו"ן כזה אידהנוי"ה.
[26]

בשעת הסעודה כאשר האדם לועס ואוכל, שהיא פעולה גשמית, האדם מחבר את החיך לגרון, שהוא חיבור
החכמה עם הבינה, וחיבור זה הוא בחינת זיווג עליון ונעלם, לכן חז"ל אסרו על דיבור בשעת הסעודה ובשעת
התשמיש. וכמו שהתשמיש צריך להיות בצינעה, כך האכילה צריכה להיות, ורמזו חז"ל הקדושים ענין נשגב
זה שאין לאכול בשוק, או הכלה הופכת פניה ואוכלת, ועוד. גם בחינת לחם נקרא בלשון חז"ל זיווג בלשון
נקיה.
שער הגלגולים, הקדמה כ"ב – והנה הבא על אשת איש, אשר מיתתו בחנק, מתגלגל בריחיים, **שנותנים
בהם החטים**, וטוחנים על ידי המים המגלגלים הריחים, ושם נידונים האיש והאשה ההיא, בסוד תטחן לאחר
אשתי.
שער הגלגולים, הקדמה ל"ו – גם בענין שמשון, אמר לי מורי ז"ל, כי זה סוד פסוק, וישלח הוי"ה את
ירובעל ואת בדן, ואמרו חז"ל בדן זה שמשון, דאתי מדן. והענין הוא, כי שמשון הוא גלגול נדב בן אהרן הכהן,
ולכן נקרא בד"ן, שהוא אותיות נד"ב בהפוך. ולפי שנדב מת ולא רצה לקחת אשה, כי אמר אין בבנות ישראל
הגונה לנו, כמו שביאר ז"ל, לכן נענש שמשון, **בהיותו טוחן עם נשי פלשתים בבית האסורים**. ויען בני אהרן
נכנסו שתויי יין, לכן היה שמשון נזיר מן הבטן, לתקן מה שעוות.
גמרא תענית ד"ה ע"ה – רב נחמן ורב יצחק הוו יתבי בסעודתא, אמר לו רב נחמן לרב יצחק לימא מר
מילתא, אמר לו הכי אמר רבי יוחנן, **אין מסיחין בסעודה** שמא יקדים קנה לושט, ויבא לידי סכנה.
גמרא נדרים ד"כ ע"א – אמר רבי יוחנן בן דהבאי, ארבעה דברים סחו לי מלאכי השרת, חיגרין מפני מה
הויין, מפני שהופכים את שולחנם. אילמים מפני מה הויין, מפני שמנשקים על אותו מקום. חרשים מפני מה
הויין, **מפני שמספרים בשעת תשמיש**. סומין מפני מה הויין, מפני שמסתכלים באותו מקום. ורמינהו, שאלו
את אימא שלום, מפני מה בנייך יפיפין ביותר, אמרה להן **אינו מספר עמי, לא בתחילת הלילה ולא בסוף
הלילה, אלא בחצות הלילה**. וכשהוא מספר, מגלה טפח ומכסה טפח, ודומה עליו כמי שכפאו שד, ואמרתי לו
מה טעם, ואמר לי כדי שלא אתן את עיניי באשה אחרת, ונמצאו בניו באין לידי ממזרות. לא קשיא, **הא במילי
דתשמיש**, הא במילי אחרנייתא
גמרא פסחים דפ"ו ע"א – שתי חבורות שהיו אוכלין בבית אחד אלו הופכין את פניהם הילך ואוכלין, ואלו
הופכין את פניהם הילך ואוכלין, והמיחם באמצע, כשהשמש עומד למזוג קופץ את פיו ומחזיר את פניו עד

צריך לדעת כי כל עוד שהאור נמצא בלי כלי, יש לו דין של אור א"ס, רק בזמן שהאור הוא בתוך הכלי, יש לו דין של אור פנימי, ואור מקיף, ושמו נקרא על שם הספירה שהאור מתלבש בה. אור האזן שמאל, שהוא אור פנימי הנקרא ס"ג דע"ב דס"ג, הוא אור יותר מעולה מאור נקב חוטם שמאל, שהוא אור פנימי, הנקרא מ"ה דע"ב דס"ג, וכן אור אזן ימין שהוא אור מקיף, הנקרא ס"ג דע"ג גדול מאור נקב חוטם ימין שהוא אור מקיף, הנקרא מ"ה דע"ב דס"ג. לכאורה היה צריך להיות שאור האזן שמאל המעולה יהיה נעשה פנימיות הכלי, ואור נקב חוטם שמאל נעשה חיצוניות הכלי. בדרוש זה מבואר כי מאור נקב חוטם שמאל נעשה פנימיות הכלי, שהוא הג"ר של הכלי, ואור האזן שמאל נעשה חיצוניות הכלי, שהוא הו"ק של הכלי[30]. הרב מבאר כאן את הסיבה לזה.

שמגיע אצל חבורתו ואוכל, **והכלה הופכת את פניה ואוכלת**......הכלה הופכת את פניה וכו', מאי טעמא, אמר רבי חייא בר אבא, אמר רבי יוחנן מפני שהיא בושה.

גמרא קידושין ד"מ ע"ב – תנו רבנן **האוכל בשוק**, הרי זה דומה לכלב, ויש אומרים פסול לעדות.

שולחן ערוך, אורח חיים סימן ק"ע סעיף א' – אין משיחין בסעודה, שמא יקדים קנה לושט, ואפילו מי שנתעטש בסעודה, אסור לומר לו אסותא.

בשולחן ערוך, אורח חיים, סימן ר"מ סעיף ט – לא יספר עמה בדברים שאינם מעניני התשמיש, לא בשעת תשמיש ולא קודם לכן, שלא יתן דעתו באשה אחרת, ואם סיפר עמה ושימש, אמרו עליו מגיד לאדם מה שיחו, אפילו שיחה קלה שבין אדם לאשתו מגידין לו בשעת הדין.

בראשית ל"ט ו' – ויעזב כל אשר לו ביד יוסף ולא ידע אתו מאומה כי אם **הלחם אשר הוא אוכל** ויהי יוסף יפה תאר ויפה מראה. **מפרש רבינו בחיי** - ועוד יכלול **הלחם ההיא כנוי על אשתו**, כענין שכתוב - קראן לו ויאכל לחם. וכתיב אכלה ומחתה פיה. ועל זה מביא **בעל הטורים** רמז נפלא, כי אם הלחם אשר הוא אוכל, גימטריא היא אשתו.

מדרש רבה, בראשית ע' ד' – ונתן לי לחם לאכול מגילוי עריות, היינו מאי דאמר ולא ידע אתו מאומה כי אם **הלחם אשר הוא אוכל, לשון נקי**.

עוד יוסף חי, דרושים, פרשת בחקותי – ואמר עוד, ואכלתם לחמכם לשבע, לשבע כתיב. רמז בזה שתתעשו העונה של נשותיכם בליל שביעי, שהוא ליל שבת. וידועהזווג נקרא בשם **אכילה**, והאשה נקראת בשם **לחם**, כמו שאמרו חז"ל על הפסוק - כי אם הלחם אשר הוא אוכל, וכמו שנאמר – אכלה ומחתה פיה.

27

גמרא סוטה די' ע"א – ויהי טוחן בבית האסורים, אמר רבי יוחנן אין טחינה אלא לשון עבירה, וכן הוא אומר תטחן לאחר אשתי, מלמד שכל אחד ואחד הביא לו **את אשתו לבית האסורים, כדי שתתעבר הימנו.**

28

שופטים ט"ז כ"א – ויאחזוהו פלשתים וינקרו את עיניו ויורידו אותו עזתה ויאסרוהו בנחשתים **ויהי טוחן בבית האסורים.**

29

איוב ל"א י' – תטחן לאחר אשתי ועליה יכרעון אחרין.

30

פנימיות הכלי נקרא ג"ר בערך חיצוניות הכלי הנקרא ו"ק. וכן באורות, אור מקיף נקרא ג"ר בערך האור הפנימי הנקרא ו"ק.

תרשים ב – ג.
וכן הוא בסדור הקדוש למרן הרש"ש.

תרשים ב – ד.
שער הכוונות, דרושי העמידה, דרוש ב' – והנה הג"ר דמצד אימא הם למעלה בסוד אור מקיף ברישא דז"א. וכבר ידעת ענין שם הוי"ה אשר כוללת כל עולם האצילות באופן זה, א"א בקוצו של יו"ד, אבא ביו"ד, אימא בה' ראשונה, ז"א בוא"ו, נוקבא בה"א אחרונה. וגם מלבד הוי"ה זו עוד יש הוי"ה אחרת כוללת בחינת ז"א כולו, על דרך זה, כי הכתר שלו רומז לקוצו של יו"ד, וחו"ב לי"ה, ו' קצוותיו לוא"ו, והמלכות נוקבא דידיה באות ה"א אחרונה. וגם מלבד זה עוד יש הוי"ה אחרת כוללת ספירת התפארת לבדה של ז"א, כמבואר אצלינו בשער שמות הספירות, וזכור היטב הקדמות אלו למה שנבאר עתה. גם צריך שתדע כי בחינת אימא הנכנסת ומתפשטת ומתלבשת תוך ז"א, והמוחין דז"א מלובשים בתוכה כנודע, הנה בחינת אימא זו היא נקרא

וְאַל יִקְשֶׁה[31] **בְּעֵינֶיךָ מַה שֶּׁכָּתוּב לְקַמָּן**[32] בשער דרושי נקודות[33] ההפך ממה שכתוב בדרוש זה, **כִּי**[34] **מִן אוֹר אֹזֶן שְׂמֹאל הַנִּכְנָס בַּפֶּה** שהוא אור פנימי והוא אור מעולה וגבוה מאור נקב חוטם

שם אהי"ה במלוי יודי"ן, שהיא בגימטריא צל"ם המתפשט תוך ז"א, בסוד אך בצלם יתהלך איש. והנה כמו שביארנו בשם הוי"ה כי ג"ר נרמזו בשני אותיות י"ה, וז' תחתונות נרמזו בב' אותיות ו"ה, כן הוא ממש בשם אהי"ה כי ג' מוחין עלאין נרמזו בשני אותיות א"ה, והמוחין דו"ק תתאין רמוזים בשני אותיות י"ה.
31

את הקושיה הזאת והתירוץ לקושיה זאת ביאר הרב ז"ל בשער ב', עם כל זאת הרב ז"ל מתרץ קושיה זאת בפרקין בשני תירוצים.

ע"ח ש"ב ענף ג' דט"ז ע"א – דע כי הנה האור כולו שוה, וכאשר נכנס ונתלבש תוך הכלי, אין הכלי יכול לסובלו כולו, אז בחינת אור שלא יוכל לישאר בפנים, נשאר בחוץ בבחינת אור מקיף עליו, ואז ב' אורות אלו מאירים בכלי, כי אור פנימי מאיר חצי עובי כותל מצד הפנימי, ואור מקיף מאיר חצי הכותל מצד החיצון, ועל ידי ב' אורות אלו ומזדכך הכותל של הכלי מבית ומחוץ. והנה האור פנימי להיותו מצומצם ובדוחק תוך הכלי ומתדבק בו היטב, הנה הוא נכנס ובוקע בחצי כותל של הכלי מצד פנימיותו, ונבלע בו ועובר בתוכו, ועל ידי כך מזדכך הכלי ונעשה זך, אבל אור החיצון להיותו רחוק ובלתי דבוק בכלי, ובפרט שאינו מצומצם, אינו בוקע בכותל הכלי מצד חיצוניותיו לעבור ולכנס בתוכו, ולהאיר בו ולזככו. ולתקן הענין הזה הוצרך להיות **חיצוניות הכלי יותר מעולה וזך**, וגם האור המאיר בו הוא **אור המקיף שהוא יותר גדול ומעולה מן אור פנימי**, ועל ידי כך יוכל לקבל חיצוניות הכלי הארה גדולה, אף על פי שאינו דבוק בחוזק באור המקיף, ויהיה מקבל כל כך מן אור מקיף עם היותו רחוק ממנו, כהארת אור פנימי בפנימיות הכלי בהיותם יחד דבוקים, ועל ידי זה ישתוו פנימיות הכלי שהוא יותר גרוע, עם אור פנימי הגרוע, ויאיר זה בזה היטב מאד, להיותם דבוקים אף על פי שהם גרועים. וכן חיצוניות הכלי שהוא יותר מעולה, בהיותו מאיר בו גם אור המקיף המעולה, יאיר בו היטב מאד, עם היותם רחוקים זה מזה. עוד יש סיבה אחרת גדולה והוא כי הנה אור מקיף מבחוץ, חשקו ורצונו וחפצו להתדבק ולהתקרב ולהאיר עם האור פנימי ולהאיר לו. והנה אם חיצוניות הכלי לא היה זך מאד, לא היה יכול אור מקיף לעבור ולבקוע וליכנס באור פנימי להאיר לו, והיה האור פנימי בלתי מקבל הארה הזאת הגדולה, לכן הוצרך להיות **חצי עובי הכותל החיצון מצד חיצוני יותר זך מפנימי**, ועל ידי כך יוכל האור מקיף עם היותו בלתי מתדבק בו, לעבור ולבקוע וליכנס עד חצי עובי של הכותל מצד חוץ. ואור פנימי להיותם מצומצם תוך הכלי בכח, יכול לעבור חצי עובי של הכותל מצד הפנימי, ולהאיר בו חצי עובי הפנימי, אף על פי שאינו זך כל כך כמו החיצוני. ואז מתדבקים יחד אור פנימי ואור מקיף, ומאיר אור מקיף באור פנימי. וגם הכלי עצמו מקבל הארה משניהם, ומזדכך מאד. **אמנם אם אנו רואים בחוש הראות שהפנימי הוא יותר זך** כנ"ל, הטעם הוא כי אור פנימי אף על פי שהוא קטן מאוד מאור מקיף, עם כל זאת להיותו מצומצם ומוגבל בכח תוך הכלי ההוא, מאיר הארה גדולה ושלימה בפנימיות הכלי, מה שאין כן באור מקיף, אף על פי שהוא גדול מאד, כיון שהוא בלתי דבוק בחיצוניות הכלי, וגם הוא אינו מצומצם ומוגבל בתוכו בכח, לכן איננו מאיר בו בשלימות הארה שלימה, ועל ידי כך יראה כך שפנימיות הכלי יותר זך מחיצוניות, ויתבאר זה לקמן בהארת פה דא"ק.
32

הגהות וביאורים)יא(– לקמן בפרק ב' משער ח'.
33

ע"ח ש"ח פ"ב מ"ת דל"ו ע"ד – וכבר נתבאר לעיל כי באור יש בחינת פנימי ומקיף, ובכלי יש פנימי וחיצון. נמצא כי כל אלו ד' בחינות לוקח הסתכלות העין מג' אורות אח"פ, וזה סדרן, כי הנה כשמסתכל העין באורות האזן ביושר נגד הסתכלות העין בעצמו, שהוא שבולת הזקן עצמו, מצד ימין הוא בחינת אור מקיף. ומה שהוא גם כן בצד ימין, אלא שהוא רחוק והוא מן הצדדים זה אור פנימי שהוא מועט. וכן על דרך זה בצד שמאל, מה שהוא כנגד הסתכלות העין ממש הוא חיצונית הכלי, ומה שהוא לצדדים הוא פנימיות הכלי, ומה שהוא לוקח מאורות החוטם הוא באופן אחר כי מה שלוקח מאור החוטם קודם שמגיע אל הפה והוא מצד ימין, הוא אור מקיף, ומהפה ולמטה הוא אור פנימי, ועל דרך זה בצד שמאל, הם כלים בחינת חיצוניות ופנימיות,

שמאל, עם כל זאת **נַעֲשָׂה מִמֶּנּוּ** ר"ל מאור אזן שמאל **חִיצוֹנִיּוּת הַכְּלִי** דעקודים, **וּמִן נֶקֶב זוּטָם שְׂמָאל** שהוא אור גרוע מאור האזן **נַעֲשָׂה פְּנִימִיּוּת הַכְּלִי** ונראה שהכלי הפנימי מעולה מחיצוניות הכלי, **וְעִם הֱיוֹת** באור הפנימי ובאור המקיף **כִּי[35] אוֹר מַקִּיף** שהוא באזן ימין **גָּדוֹל** מאוד בערך האור הפנימי, שלא יוכל הכלי להגבילו, ולקבלו בתוכו, **וּמֵעוּלֶה[36]** אור מקיף **מֵאוֹר פְּנִימִי[37]** לכן האור המקיף יצא מאזן ימין, שהיא יתר מעולה מנקב חוטם ימין, שממנו יצא אור פנימי, יוצא לפי זה כי אין קושיה על האורות, הקושיה היא על הכלים, **עִם כָּל זֶה** בכלים הוא ההפך, כי **פְּנִימִיּוּת הַכְּלִי** הנעשה מאור חוטם שמאל שהוא **גָּדוֹל** וזך יותר **מֵחִיצוֹנִיּוּת הַכְּלִי** הנעשה מאור אזן שמאל, **כְּנִרְאֶה בְּחוּשׁ הָעַיִן** בגוף האדם[38], והוא ההפך מהאורות, כי הכלי הפנימי שהוא זך נעשה מאור גרוע, שהוא אור נקב שמאל, בערך אור אזן שהוא יותר מעולה, ואשר מאור אזן שמאל נעשה חיצוניות הכלי, **מַה שֶּׁאֵין כֵּן בִּבְחִינַת הָאוֹרוֹת[39]** המקיף והפנימי, **כִּי אוֹר הַגָּדוֹל** שהוא מאזן ימין **שֶׁלֹּא יוּכַל הַכְּלִי לְהַגְבִּיל** אותו, **וּלְקַבֵּל בְּתוֹכוֹ** את האור הזה, בגלל מעלתו, אור זה **מֵאִיר מִבַּחוּץ** לכלי **בְּסוֹד אוֹר מַקִּיף, וְאוֹר** נקב חוטם ימין שהוא **הַמּוּעָט** בערך אור אזן ימין **נִשְׁאָר בִּפְנִים** הכלי, מפני שהכלי יכול לקבלו ולסבול אותו, **מַה שֶּׁאֵין כֵּן בַּכֵּלִים** שפנימיות הכלי יותר זך מחיצוניות הכלי. **וְאִם כֵּן אֵיךְ מִבְּחִינַת** אור פנימי דאזן שמאל **שֶׁהוּא עֶלְיוֹן** בערך אור פנימי דנקב חוטם שמאל **יִהְיֶה חִיצוֹנִיּוּת הַכְּלִי, וּמִן** אור **הַפְּנִימִי** דנקב זוטם שמאל **שֶׁהוּא יוֹתֵר תַּחְתּוֹן** בערך אור פנימי דאזן שמאל [דכ"ה ע"א] 49 **יִהְיֶה פְּנִימִיּוּת הַכְּלִי.**

הַתְּשׁוּבָה בָּזֶה לקושיה הזאת יש לרב ז"ל ב' תרוצים, התרוץ הראשון הוא **לְתוֹעֶלֶת הַכֵּלִים, דַּע כִּי הָאוֹר כֻּלּוֹ הוּא שָׁוֶה בְּהַשְׁוָאָה אַחַת** כל עוד הוא לא מתלבש בתוך הכלים, ונקרא א"ס, וחלוקי

וכן הוא מה שלוקח מן הפה נחלק לשנים, כי מה שלוקח מהפה עד שמגיע לשבולת הזקן, מצד ימין הוא אור מקיף, ומהדיקנא למטה הוא פנימי, וכן על דרך זה הוא בצד שמאל, לעשות כלים בפנימיות וחיצוניות.

34

הגהות וביאורים)יב(– עיין תורת חכם דף צ"ד ע"א.

35

בית לחם יהודה ש"ו פ"ב – כי אור הגדול שלא יוכל הכלי להגבילו ולקבלו בתוכו. כך צריך לגרוס. והכוונה על מקיף דחיה היוצא מדרך השערות, כמו שכתוב נסמוך.

36

הגהות וביאורים)יג(– נ"א גדול הוא למעלה ל"ג.

37

הגהות וביאורים)יד(– מה שאין כן בעתיק יומין, כמו שכתוב בשער י"א פרק ב', פירש שהפנימי גדול מאור מקיף.

38

מבשרי אחזה אלו"ה, פנימיות גוף האדם, כמו הלב, הריאות, הכבד וכו' יותר זכים מחיצוניות הגוף כמו שכבות העור.

39

הגהות וביאורים)טו(– דגבי האורות אף על פי שהמקיף גדול מהפנימי זה ניחא.

המדרגות באור נעשים על ידי התלבשות האור בכלים, **וכאשר רצה** האור **לכנוס ולהיות מוגבל**
תוך הכלי לא כל האור יכול להתלבש בתוך הכלי, רק חלק קטן של האור נכנס לכלי מפני מעלת האור בערך
הכלי המגביל אותו, ומה שמתלבש בכלי הם בחינת אור הנפש, הרוח, והנשמה, גם בחינת אור החיה נכנס לתוך הכלי
ויוצא בסוד אור חוזר[40], כי אין בכלי כח[41] לקבל את בחינת אור החיה, **אז האור ההוא** שהוא בחינת אור החיה
שאינו יכול לישאר בכלי יוצא מהכלי ומקיף אותו, עם כל זה יש לו קשר לנר"ן שהתלבשו בכלי, ואז
נשאר[42] אור החיה **מבחוץ בבחינת מקיף** לכלי, ומאיר לכלי בחיצוניותו, הנעשה מאזן שמאל.
ואור פנימי הנקרא נר"ן, **שהוא** גרוע בערך אור החיה **מאיר מבפנים בכלי** שהוא גרוע בערך
חיצוניות הכלי, הנעשה מנקב חוטם שמאל. **ועובר האור** הפנימי **עד זיצי עובי דופני הכלי**

40

ע"ח ח"ב שמ"ה פ"א מ"ת דק"א ע"ד – ענין המקיפין של האצילות, דע כי ראשונה יצא מן א"ס אור גדול,
ונחלק לב' חלקים, אחד יצא ונכנס בסוד אור פנימי, **ומה שלא היה יכול להכנס ולהצמצם מרוב גדלו, נשאר**
בחוץ בסוד אור מקיף, כמבואר בדרוש א"ק. וזה האור המקיף הוא המקיף לכל האצילות כולו, כי הלא גם
הכתר שהוא עתיק וא"א כנודע, הם מתפשטים בכל האצילות כמבואר אצלינו. והנה אור מקיף זה הוא בסוד
אור ישר מלמעלה למטה, ואמנם אור שנכנס בסוד אור פנימי גם הוא אין יכולת בכתר לסבול את כולו, ולכן
חלק אחד ממנו נשאר עומד בפנים של הכתר, וחלק אחד ממנו יצא ממטה למעלה אחר שנכנס ונתפשט בתוכו,
חוזר לעלות ויוצא דרך השערות, ואלו הם סוד בחינת השערות אשר בראש, שהם צינורות והמשכות של זה
האור היוצא, ובצאתו מן השערות בסופי קצוותיהן שהם סופי צנורותיהן אז הוא בחינת אור מקיף, עלה ממטה
למעלה, ונקרא **אור חוזר.**

41

כל כלי מורכב מג' בחינות, שהם כלי פנימי, כלי אמצעי, וכלי חיצון. אור הנפש מתלבש בכלי חיצון, אור הרוח
בכלי אמצעי, ואור הנשמה בכלי פנימי. יוצא כי לאור החיה והיחידה אין כלים שילבישו אותם, והם עומדים
חוץ לכלי בסוד אור מקיף. אור החיה נקרא לפעמים בלשון הרב נשמה לנשמה.
תרשים ב – ה.
ע"ח ח"ב שמ"ד פ"א דצ"ז ע"א – והנה ענין נשמה לנשמה ונר"ן של אלו לבושים הנ"ל, שהם גופא דז"א.
הנה הם אותן הט' הוי"ת אחרות הנ"ל שהזכירו בתקונים, הוי"ה ראשונה בכתר ז"א בניקוד קמץ, הוי"ה ב'
בחכמה ז"א בפתח כו'. וזה ענינים, כתר של ז"א שלו הוי"ה בנקוד קמץ כולו, **י'** שבה בניקוד קמץ, הוא נשמה
לנשמה תוך הכל. **ה'** ראשונה בקמץ הוא **נשמה תוך לבושי הפנימי** של כתר. ו' נקוד בקמץ הוא **רוח תוך**
הלבוש אמצעי של כתר. **ה'** אחרונה נקוד בקמץ הוא **נפש תוך לבוש חיצון** של כתר. ועל דרך זה הוי"ה ב'
כולו בפתח, בחכמה דז"א. והוי"ה כולו בצירי בבינה דז"א. ודעת ז"א בחולם, צירי, קמץ, ציר, והוא שם
המפורש הנזכר בכמה מקומות, ומתחלק גם כן על דרך הנ"ל. והוי"ה בסגול בחסד. והוי"ה בשבא בגבורה.
הוי"ה בחולם בתפארת. הוי"ה בחירק בנצח. הוי"ה בקבוץ בהוד. והוי"ו בשורק בא"ו ביסוד.

42

בית לחם יהודה ש"ו פ"ב – נשאר מבחוץ בבחינת מקיף. אין כוונתו על בחינת ה' מקיפין הנזכרים בפרק א'
דלעיל, שכתב והנה מן הפה יצאו עשרה מקיפין ועשרה פנימיים וכו', דאותם המקיפין הם פנימיים בתוך הכלי,
כמו שכתב התם בד"ה להיות יעו"ש, אלא הכוונה על מקיף החיה היוצאת מדרך שערי רישא, כי גם בעקודים
יש ב' מקיפין מחוץ לכלי. ואף על פי דקתני נשאר מבחוץ, אינו ר"ל שמעולם לא נכנס בתוך הכלי אלא אחר
שנכנס לא היה יכול להשאר שם וחזר ויצא דרך השערות, ונשאר בחוץ כדפירש בהגהת השמ"ש ז"ל בענף ב'
דשער ב', יעו"ש. דאי אפשר לפרש לשון נשאר מבחוץ וכו', על מקיף דיחידה שהרי בסמוך כתב גם יש סיבה
אחרת וכו', חשקו וחפצו וכו', ומדקאמר חשקו וחפצו מוכרח שכוונתו על מקיף דחיה שהוא אבא, כמבואר
בהדיא בסוף פרק ה' דלקמן יעו"ש.

מִצַּד פְּנִימִיּוּתוֹ ומזכך את הכלי, **וְאוֹר הַמַּקִּיף** שֶׁהוּא היה **מֵאִיר מִבַּחוּץ לַכְּלִי, וְעוֹבֵר עַד חֲצִי עוֹבִי דָּפְנֵי הַכְּלִי** מצד חיצוניותו, **וְעַל יְדֵי ב' אוֹרוֹת אֵלּוּ** של האור הפנימי שהוא נר"ן, והאור המקיף שהוא היה **מֵאִיר הַכְּלִי** מבפנים ומבחוץ **וּמְזַכֵּךְ**[43], כך שהאור המקיף שהוא גדול מהאור הפנימי, מאיר בחיצוניות הכלי שהוא גדול מפנימיות הכלי. והאור הפנימי שהוא קטן מהאור המקיף מאיר בפנימיות הכלי, שהוא קטן מחיצוניות הכלי.

הרב ז"ל בה לתרץ את הקושיה בפרקין, איך יתכן שחיצוניות הכלי נעשית מאור אזן שמאל, שהוא גדול לאין שעור בערך אור נקב חוטם שמאל, שממנו נעשה פנימיות הכלי[44]. **וְהִנֵּה אָנוּ צְרִיכִין שֶׁחֲצָיֵי הַכְּלִי שֶׁמִבַּחוּץ** שהוא החיצוניות הכלי **יָאִיר מֵחֲמַת אוֹר הַמַּקִּיף** שהוא מחוץ לכלי, כמו האור הפנימי המאיר בפנימיות הכלי, **וְהִנֵּה הָאוֹר הַמַּקִּיף** שהוא בחינת היה **גָּדוֹל מְאֹד** מפני ששורשו הוא באזן ימין, ומפני שאור המקיף נמצא מחוץ לכלי, ולא בתוכו **לֹא הָיָה עוֹבֵר הָאַרְתּוּ לִהְיוֹת נִבְלָע וּמֵאִיר תּוֹךְ הַדֹּפֶן שֶׁל הַכְּלִי** החיצון, לכן עשה המאציל העליון שהכלי החיצון יהיה זך מפנימיות הכלי, ועל ידי זה ישתוה חיצוניות הכלי הזך עם האור המקיף, ויוכל האור המקיף לזכך את חיצוניות הכלי כדי שיהיה שווה בזכותו עם פנימיות הכלי המזדכך על ידי האור הפנימי, **כִּי יֵשׁ הֶרְחֵק, וְהֶפְרֵשׁ, וְהֶבְדֵּל גָּדוֹל בֵּינֵיהֶם** במעלתם[45], **וְלָכֵן הֻצְרַךְ שֶׁפְּנִימִיּוּת הַכְּלִי הַגָּרוּעַ** ששורשו מנקב חוטם שמאל, **יִשְׁתַּוֶּה עִם אוֹר פְּנִימִי הַגָּרוּעַ** ששורשו מנקב חוטם ימין, **וְיָאִיר זֶה** ר"ל האור הפנימי **בָּזֶה**[46] בפנימיות הכלי, ועל

43

תרשים ב – ו.

44

כרם שלמה ש"ו פ"ב אות ד' – עכשיו בה לסיים התשובה שלו, כדי שיתורץ קושייתו דלעיל שהקשה איך בחינת האזן העליונה נעשה חיצוניות הכלי, ואיך מבחינת החוטם נעשה פנימיות הכלי, ותירץ כאן כי לעולם חיצוניות הכלי צריך שיהיה מעולה מפנימיות הכלי, ולזה חיצוניות הכלי נעשה מן האזן, ופנימיות הכלי מן החוטם. והטעם מה שצריך להיות החיצוניות מעולה יותר מן הפנימיות, מפני שאנחנו צריכים שישתוה הכלי חצי עוביו החיצוני כמו חצי עוביו בפנימי, וזה על ידי האורות שמאירים בהם, והם היו הפנימיות והחיצוניות של הכלים שוים, היה פנים הכלים מעולה יותר מן חצי עוביו החיצון, להיות שזה הפנימיות אורו בתוכו, ומאיר בו הרבה, וזה החיצון אורו מרוחק ממנו, ולזה להיות אורו מרוחק ממנו לא היה עובר האור בתוכו, ונבלע בו ומאיר חצי העובי החיצון, מפני שאור מקיף גדול מאוד, ולזה היה מרוחק מן הכלי כדי שיסבלהו חצי החיצון של הכלי. וזה מה שאמר כאן, והנה אנחנו צריכין שחצי הכלי שמבחוץ יאיר מחמת אור המקיף, ר"ל כדי שיהיה הכלי כדי שיסבלהו חצי החיצון של הכלי. ולא בלבד חצי הפנימי דוקא יאיר מחמת אור הפנימי, וזה אי אפשר. כי אור מקיף גדול, פירוש הואיל והוא רחוק מן הכלי מפני גדולתו.

45

כרם שלמה ש"ו פ"ב אות ד' – כי יש הרחק והפרש והבדל גדול בניהם, יש דרך רחוק בין הכלי לבין האור, ואין פירושו הפרש והרחק גדול בינהם, פירוש **במעלתם** או בין מעלת אור פנימי לאור מקיף.

46

הגהות וביאורים)א(– קשה, שהרי כלל גדול בינינו, שהחיצון גרוע מפנימית, אך העניין כמו שכתב במקום אחר בענף ד', שמציאות העולם נתרחק המקיף מהפנימי, יע"ש. אם כן נזיל בתר טעמא שבמקום שהמקיף דבק לכלי, כגון באורות אח"פ, אז צריך בחיצון להיות מעולה, כדי שידבק בו המקיף המעולה. אך בשאר הבחינות שהמקיף רחוק מהכלי, בוודאי אז הפנים מעולה מחיצוניות, וכן העניין בראשין של הפרצוף, שבכולם המקיף דבק עם הפנים, כי הריחוק אינו רק מהחזה ולמטה, שמשם מתחיל פרצוף התחתון ממנו, העומד בין המקיף

29

ידי זה יזדכך פנימיות הכלי. **וכן ז־חיצוניות הכלי המעולה** ששורשו מאזן שמאל, **יאיר בו אור המקיף המעולה** ששורשו מאזן ימין, ויזדכך חיצוניות הכלי, **דאם לא** היה **כן** שהאור המקיף יאיר בחיצוניות הכלי, והכלי החיצון יהיה זך בערך הכלי הפנימי, ויזכך אותו, **היה נשאר ז־חיצוניות הכלי בלי הארה,** מכל זה יוצא כי אור המקיף של הכלים הבא מאזן ימין, מאיר ומזכך חיצוניות הכלים הבא מאזן שמאל. אור הפנימי הבא מנקב חוטם ימין, מאיר ומזכך את הכלים הפנימי הבא נקב חוטם שמאל.

התרוץ השני[47] לקושיה של הרב ז"ל למה חיצוניות הכלי זכה יותר מפנימיות הכלי, תרוץ זה **לתועלת האורות, גם יש סיבה אחרת** למה חיצוניות הכלי יותר זך מפנימיות הכלי, **היא קרובה אל סיבה הראשונה ממש,** והיא סיבת בחינת חיבור[48] וזיווג בין האור המקיף לאור הפנימי, הרב ז"ל מאריך את בחינת ב' אורות המקיף והפנימי בבחינת או"א[49], כאשר האור המקיף הוא זכר אבא, והאור הפנימי נקבה אימא. **והוא כי הנה אור[50] המקיף** שהוא אור החיה[51], בחינת אבא, והוא בחינת המשפיע **וחשקו[52] ורצונו הוא**

לפנים, ואם כן בחינת הראשונה החיצון מעולה לדביקות המקיף עם הפנימי, אך מהחזה ולמטה שהוא רחוק מהכלים, אז החיצון גרוע מהפנים, כנזכר ברע"מ עד כאן לשונו, הרמ"ז בספר כתב יד
47

כרם שלמה ש"ו פ"ב אות ה' – עכשו בא ליתן טעם שני למה חיצוניות הכלי היה מעולה וזך יותר מן הפנימי. הטעם האחד היה היה לסיבת שיהיו הפנימי והחיצוני שום בהדרגה אחת, כי בזה יש מעלה וגרעון, ובזה יש מעלה וגרעון, וכשתצרף הב' יחד יהיו שום.
48

כרם שלמה ש"ו פ"ב אות ה' – כי האור פנימי הוא בחינת נשמה שנמשכה מאימא, והאור מקיף הוא בחינת חיה שנמשך מאבא, ותמיד או"א שרין כחדא ובחיבורא חד אינון, וכחדא שרין, וזווגייהו לא פסיק. וממלא זה פנימי שהוא בחינת אימא, הוא חושק לצאת לחוץ כדי להדבק באור מקיף שהוא בחינת אבא, וזה האור מקיף שהוא בחינת אבא, גם כן חושק להתחבר עם פנימי שהוא בחינת אימא, וממילא זה תאב לצאת לחוץ, וזה תאב להיכנס בפנים, ועל ידי זה מאירים ב' דופני הכלי, ומשתווים בהארתם.
49

תרשים ב – ז.
50

באתי לגני ח"ב ש"ו פ"ב – אור מקיף חשקו ורצונו הוא להתחבר עם אור פנימי. אין להקשות דאם כן איך כתב רז"ל במבוא שערים דף י"א ע"ד בסיבה ב' - כדי שלא יחזור לעלות בשורשו העליון בא"ס, ולא יאיר למטה הוצרך ליכנס בתוך הכלי, ולצאת באור חוזר. אם כן אדרבא, טבעו הוא שלא להאיר למטה. ויש לומר דאין זה אלא לאחר שנכנס ויצא, **נטבע** בו החשק והרצון להאיר לאור פנימי. מכיון שאי אפשר לו עוד לחזור למעלה. ובפרט שכל זה לא שם שהוא נתפשט בפנים בסוד ישר וחוזר, מלבד התפשטותו באור מקיף מבחוץ, אמנם נראה זה דוחק לפי מה שכתב רז"ל בפרק ה' שלקמן שהם בחינת או"א.
51

בשער ב' ענף ג' יש את אותה סוגיא, ומרן הרש"ש בהגהתו הקדושה מבאר כי בחינת אור מקיף הוא חיה.)כבר נתבאר כי יש טעות סופר בהגה, וצ"ל עיין בסוף פרק ה' משער העקודים מ"ק(.
ע"ח ש"ב ענף ג' דט"ז ע"א, הגהת השמש]ב[– היא בחינת חיה, עיין בסוף פרק ב' משער העקודים מ"ב.
52

איפה שלימה ד"ג ע"א)ח(– חשקו וחפצו וכו'. עיין בשער הקדמות דף ז' ע"ב, ששם מתוקן הלשון יותר. ועיין בהגהת השמ"ש זיע"א לעיל שער ב' ענף ג', שכתב שם וז"ל - שזה המקיף הוא בחינת חיה, ועיין סוף פרק ב' משער העקודים במ"ב עד כאן לשונו. ועיין עוד בשער הקדמות דף ע"ה ע"ד, שכתב שאור המקיף

לְהִתְחַבֵּר עִם אוֹר פְּנִימִי[53] שהוא נר"ן[54], והוא בעיקרו נשמה, בחינת אימא, והיא בחינת המקבל, **וְלָכֵן אִם זִזֵּי הַדֹּפֶן שֶׁל הַכְּלִי מִצִּדּוֹ הַחִיצוֹן לֹא הָיָה** נעשה **זָךְ יוֹתֵר** ר"ל ששרשו מאזן שמאל, אז **לֹא הָיָה עוֹבֵר בּוֹ אוֹר הַמַּקִּיף** ששרשו מאזן ימין, ולא היה משפיע באור בפנימי, **וְהָיָה אוֹר פְּנִימִי** ששרשו מנקב חוטם ימין, שהוא בחינת אימא, יהיה **נֶאֱסַר מִלְקַבֵּל בּוֹ** את אור **הַמַּקִּיף** שהוא בחינת אבא. **אָמְנָם בִּהְיוֹת זִזֵּי הַכְּלִי שֶׁל הַדֹּפֶן הַחִיצוֹן** ששרשו מאור שמאל **זָךְ, אָז יֵשׁ יְכוֹלֶת בְּאוֹר הַמַּקִּיף לַעֲבוֹר** את הדופן החיצוני, ולהגיע **עַד זִזֵּי עוֹבִי הַפְּנִימִי שֶׁל הַדֹּפֶן** והאור הפנימי הנמצא תוך הכלי, מאיר בכלי הפנימי, ויש ביכולת האור הפנימי לעבור את הדופן הפנימי, ולהגיע עד חצי עובי הדופן של הכלי מצד הפנימי שלו, **וְאָז מֵאִיר זֶה** אור המקיף, שהוא בחינת אבא **בְּזֶה** אור הפנימי, שהוא בחינת אימא, ומזדכך הכלי בפנימיותו וחיצוניותו על ידי חיבור אור מקיף ואור פנימי, **אַף עַל פִּי שֶׁזִּזֵּי הַפְּנִימִי שֶׁל הַדֹּפֶן** ששרשו מנקב חוטם שמאל **לֹא יִהְיֶה זָךְ, אֵין בָּזֶה חֶשֶׁשׁ, כִּי הָאוֹר פְּנִימִי** ששורשו מנקב חוטם ימין **מְצוּמְצָם**[55] מצומצם תוך הכלי בכח, **עוֹבֵר**

נקרא נשמה לנשמה, שהוא חיה, והוא בחינת אבא. וכך כתב בשער העקודים פרק ב' במ"ק, יעו"ש. ועיין תו"ח דף צ"ד ע"א, ודף פ"ו ע"א ע"ב, ואור הפנימי שהיא הנשמה הפנימית, היא בחינת אימא כנודע. ועיין להרמ"ז ז"ל באות ל"ח שנראה שהבין שזו מקיף יחידה, יעו"ש. וממה שהשיב על דבריו הרב יוסף דעת ז"ל בכתב יד וז"ל - חזרה קושייא לדוכתה על בחינת הראשין, שגם כן כלל גדול בידינו שחיצוניות וכו', אבל עיקר הקושייא ליתא דכיון שאינו דבוק ומצומצם, היא גרמה להו שאינם זכים ומאירים, עם היות שבחינת איכות שורשם מעולה, ועוד התם בכללות כגון ג' כלים פנימי, ותיכון, וחיצון, אבל אין הכי נמי כל אחד ואחד מהם חיצוניותו גדול מפנימיותו, עד כן לשונו. הנה מדלא השיב על דבריו נמי שזה הוא מקיף חיה, משמע דגם הרב יוסף דעת ז"ל סבירא ליה שזה מקיף יחידה. וליתא אלא הוא מקיף חיה כמו שמבואר. ומה שכתב הרז"ל בשער מ' פרק ו' שאור המקיף בכלי החיצון הוא בחינה ב"ן, שכתב שם, וז"ל - ונר"ן פנימי דמ"ה הם אורות לשלושה כלי פנימיים והמקיפים לג' כלים חיצוניות משם ב"ן, עד כן לשונו. נראה לי שכוונתו לומר כי בחינת ב"ן שהוא מוחין דאחור הם נקראים נוקבא, בערך מוחין דפנים שהם בחינת חיה, והב"ן הוא מלביש ומקיף על מוחין דחיה, בסוד נקבה תסובב גבר, אבל הב"ן אינו אור מקיף ממש הנקרא חיה, כך נראה לעניות דעתי.

[53]

אֵיפֹה שְׁלֵימָה ד"ג ע"א)ט(— ט"ל דמהרנ"ש ז"ל, הוא לשון שער העקודים פרק ה' מ"ק, יעו"ש.

[54]

ע"ח ש"ו פ"ו מ"ק דכ"ז ע"ד — בכל בחינה ובחינה יש ד' מציאות, שהם א' כלים. ב' נר"ן פנימים. ג' חיה מקיף. ד' יחידה מקיף אל מקיף. וב' בחינות אלו האחרונים, האחד **נקרא חיה, שהוא מקיף אחד, ונקרא נשמה לנשמה**, והוא מן החכמה, בסוד והחכמה תחיה את בעליה, וכן חיי"ם גימטריא חכ"ם. והב' שהוא מקיף השני, נקרא יחידה, והוא מן הכתר, לפי שאין נוקבא לאריך כמו שיש לשאר, לכן נקרא יחידה ואין שני, דעליה אתמר כי אחד קראתיו וגו', וזה סוד מה שאמרו רז"ל - ה' שמות יש לנשמה, והם נגד ה' פרצופים. נפש מלכות. רוח תפארת. **נשמה בינה. חיה חכמה.** יחידה כתר.

[55]

ע"ח ש"ב ש"ב ענף ג' דט"ז ע"ב — והנה אם חיצוניות הכלי לא היה זך מאד, לא היה יכול אור מקיף לעבור ולבקוע וליכנס באור פנימי להאיר לו, והיה האור פנימי בלתי מקבל הארה הזאת הגדולה, לכן הוצרך להיות חצי עובי הכותל מצד חיצון יותר זך מפנימי, ועל ידי כך יוכל האור מקיף עם היותו בלתי מתדבק בו, לעבור ולבקוע וליכנס עד חצי עובי של הכותל מצד חוץ. **ואור פנימי להיותו מצומצם תוך הכלי בכח, יכול לעבור חצי עובי של הכותל מצד הפנימי, ולהאיר בו חצי עובי הפנימי**, אף על פי שאינו זך כל כך כמו החיצוני.

(נ"א עֹבֹהֹ) וּמֵאִיר האור הפנימי בּוֹ ר"ל בכלי עַד זֹזֹצֹי עוֹבֹיוֹ הַפֹּנִימֹי של הכלי, אַף עַל פֹּי שֶהכלי אֵינוֹ זַך יוֹתֵר.

וְאִם תֹאמַר כִי עַדַיִין יֵש לְהַקְשוֹת וְלוֹמַר, שֶהֲרֵי בְזוֹש הַרְאֵיה אֲנוֹ רוֹאִין שֶפֹּנִימִיוֹת הֹכֹלֹי הוא זַך יוֹתֵר מֹזֹיֹצֹוֹנִיֹוֹת לדוגמה באדם התחתון, האברים הפנימים הם יותר זכים ומעולים מאברים החיצוניים, ומבשרי אחזה אלו"ה, כך היה צריך להיות בעולמות העליונים, פנימיות הכלי תהיה זכה יותר מחיצוניותו. הַתְשוֹבֹה בֹזֹה הוֹא כך לעולם אור מקיף גדול מאור פנימי[56], כִּי אַף עַל פֹּי שֶאוֹר פֹּנִימֹי שהוא בחינת נר"ן באיכותו קָטֹן מֵאוֹר מַקֹיף שהוא בחינת חיה, עֹם כֹּל זֹה האור הפנימי לְהֹיוֹתוֹ דחוק, דבוק, מצומצם, וּמֹוֹגֹבֹל בכח בְתוֹך הֹכֹלֹי, לֹכֹן הֹכֹלֹי הפנימי מֹקֹבֹל הַארה שֹלֹמֹה מֹמֹנוֹ ר"ל מהמאור הפנימי, אֲבֹל אוֹר הַמֹּקֹיף אַף עַל פֹּי שֶהוּא אוֹר גֹדוֹל באיכותו מאור פנימי, עֹם כֹּל זֹה כֵיוֹן שֶאֵינוֹ דֹבוּק וּמֹצֹומֹצֹם עֹם הֹכֹלֹי, אֵינוֹ מֵאֹיר האור המקיף כֹּל כֹּך בֹזֹיֹצֹוֹנִיֹוֹת הֹכֹלֹי, כֹּמוֹ שֶמֵּאִיר הַפֹּנִימֹי בֹּפֹנִימִיוֹת הֹכֹלֹי, וֹבֹזֹה יֹבֹא הֹכֹל עַל נֹכוֹן למה היה צורך לעשות את חיצוניות הכלי יותר זך מפנימיות הכלי, והאור הפנימי שהוא קטן בערך האור המקיף מאיר בפנימיות הכלי, והאור המקיף שהוא גדול בערך האור הפנימי מאיר בחיצוניות הכלי.

דרוש זה מקורו מספר אדם ישר וצריך לכתוב מ"ב בראש הדרוש.

דרוש זה לא נוגע לדרושי עולם העקודים, אלא הוא דרוש כללי על בחינת אורות הנרנח"י, מקיפים ופנימים, פנים ואחור, וכלים פנימיים וחיצוניים, ועוד. מֹ"בֹ דַע כֹּי[57] לכל אחד מחמשה הפרצופים הכללים שהם א"א, או"א, וזו"ן שהם בעצם י"ב פרצופים פרטים[58], כל אחד מהפרצופים הוא בעל שיעור קומה של עשר ספירות, וְאֵיֹן לֹך

<hr>

ואז מתדבקים יחד אור פנימי ואור מקיף, ומאיר אור מקיף באור פנימי. וגם הכלי עצמו מקבל הארה משניהם, ומזדכך מאד.

56

כֹּלֹל – לעולם אור מקיף גדול מאור פנימי, כאשר האור מקיף הוא חיה, והוא זכר, בערך האור פנימי שהוא נר"ן, והוא נקבה.

57

הַגֹהוֹת וּבֹיֹאוּרִים)בֹ(– א"ה זו המ"ב הביאה הרב החסיד זיע"א בפרק ה'.

58

כללות הפרצופים הם חמש, ובפרטות הם י"ב. שהם עתיק ונוקבא דעתיק, א"א ונוקבא דא"א, אבא ואימא, ישראל סבא ותבונה, ז"א ונוקבא, יעקב ורחל)אשר נקראים לפעמים בדברי הרב ז"ל יעקב ולאה(.
תרשים ב – ח.
ע"ח ש"י פ"א מ"ת דמ"ז ע"ד – אמנם בחינת המ"ן שאמרנו לעיל, שעלו לצורך הזווג העליון, הוא עצמו ענין עליית ז' אורות למעלה בבינה, וזכור הקדמה זו מה הוא ענין העלאת מ"ן. והנה בזווג זה צריך שיתוקנו כל העשר ספירות מכתר עד מלכות, כי אפילו ג"ר אינם מתוקנים, ולכן בחינת העלאת מ"ן אלו היה למעלה בע"ב ס"ג דא"ה כמו שנכתב בע"ה. ועל ידי זווג ועיבור זה נתקן כל עולם האצילות כולו, מעתיק יומין עד מלכות, ובתחלה נתקן עתיק יומין. ואחר כך היה הזווג בעתיק יומין, והיה תיקון לא"א. ואחר כך היה הזווג בא"א והיה תיקון לאו"א. ואחר כך זווג לאו"א והיה התיקון לזו"נ. ואחר כך זווג לזו"נ דאצילות והיה תיקון לכל העולמות

שום בזזינה פרצופים שבעולם בין פרצופי האצילות, או פרצופי בי"ע, **שאין לו** מדרגות רוחניות המחיות אותו, והם **חמשה חלקים** הנקראים **נרנח"י** שהם נפש, רוח, נשמה, חיה, יחידה, **והם כפולים** האחד הוא אור מקיף, השני אור פנימי, **כי** הם חמש בזזינות נרנח"י **פנימים, וחמש** בזזינות נרנח"י **מקיפין**, כלומר הנפש נכנסת בכלי חיצון, יש לה מקיף דנפש. הרוח בכלי אמצעי, ויש לה מקיף דרוח. הנשמה בכלי פנימי, ויש לה מקיף דנשמה, וכן לבחינת החיה ויחידה יש בחינת כלים, ואור פנימי,

---

האחרים. ולכן הוצרך בחינת עיבור זה להשתנות ולהתאחר שיעור י"ב חודש כנזכר בתיקונים, במאמר הנקרא קו המדה. והטעם הוא כדי להתתקן כל אצילות שהם י"ב בחינות, עתיק ונוקבא. א"א ונוקבא. ואבא ואימא עלאין. וישראל סבא ותבונה. וז"א ונוקבא. ויעקב ולאה. ואלו הם **י"ב פרצופים שלימים** לכן הוצרך זמן העיבור זה להשתנות י"ב חודש.

נהר שלום די"ג ע"ד – וכבר נתבאר לעיל בהקדמה דף ז' ע"ב ד"ה זה הכלל, כי כמו שמתחלקים ונפרטים העשר ספירות דכל עולם לי"ב פרצופים, כן הוא בכל פרט דכל פרצוף, דכל פרט פרצופי אבי"ע דחיצון, ואמצעי, ופנימי, דפנימיות ודחיצוניות. שנחלקים לי"ב פרצופים **דוגמת י"ב פרצופי האצילות**, כי חב"ד של הפרצוף ההוא נקרא עתיק ונוקבא, וא"א ונוקבא, כי החו"ב נקרא **עתיק ונוקבא**, וחו"ג דדעת נקרא **א"א ונוקבא**, ואלו הד' פרצופים נקרא חב"ד שבכתר, דוגמת מה שמתגלה מעתיק וא"א הנקרא כתר דכללות האצילות, ובהם מתלבשין שורשי המוחין של הפרצוף ההוא. וחג"ת של הפרצוף ההוא נקרא או"א, וישסו"ת, כי החסד והגבורה נקרא **אבא ואימא**, והחו"ג דתפארת נקרא **ישראל סבא ותבונה**, ואלו הד' נקרא חב"ד של הפרצוף ההוא, דוגמת או"א וישסו"ת הנקרא חב"ד דכללות האצילות, ולפי שאינם מלבישים אלא את חג"ת דא"א, כי מהם שורשם נקרא חג"ת, אמנם בערך הפרצוף ההוא נקרא חב"ד, ובהם מתלבשים ומתפשטים המוחין דחב"ד של הפרצוף ההוא. ונה"י של הפרצוף ההוא נקרא זו"ן, ויעקב ורחל, כי נצח והוד נקרא **ז"א ונוקבא**, וחו"ג דיסוד נקרא **יעקב ורחל**, ואלו הד' נקרא זו"ן, דוגמת זו"ן ויעקב ורחל ו"ק דכללות האצילות, אלא שלפי שאינם מלבישים רק את נה"י דא"א, כי מהם שרשם, נקרא נה"י, אמנם בערך הפרצוף ההוא הם בחינת ו"ק, ובהם מתלבשים ומתפשטים המוחין דו"ק של הפרצוף ההוא.
59

בית לחם יהודה ש"ו פ"ב – כי הם ה' בחינות פנימיים. פירוש כי כל פרצוף הוא כלול מעשר ספירות, אם כן הכתר הוא יחידה, והחכמה חיה, והבינה נשמה, והו"ק רוח, והמלכות נפש. הרי בחינת אורות שבהם הם נרנח"י פנימיים. וכמבואר בדברינו בפרק א' דטנת"א ד"ה ענין ה' בחינות נרנח"י, יעו"ש.
60

בית לחם יהודה ש"ו פ"ב – וה' בחינות מקיפין. פירוש כי כל אור ואור מנרנח"י הפנימיים, הוא כלול מאור פנימי ואור מקיף, שאין לך שום אור שאינו כלול מאור פנימי ואור מקיף. ונמצא לכל פרצוף ה' פנימיים, וה' מקיפין, וכולם הם בפנימיות הכלים, וכמו שכתוב בדברינו בפרק א' דטנת"א בד"ה צריך לדעת וכו', יעו"ש.
61

גם לאור המקיף המקיף את הכלים יש כלי פרטי, שהאור המקיף מתלבש בו, ועל הכלי של האור המקיף יש אור מקיף פרטי. הכלים דמקיפין נקראים לבושים.
תרשים ב – ט.
מבוא שערים, דרושי פנימי ומקיף, ש"ו ח"ב דרוש א' – ואמנם אלו המקיפים, הם מקיפים כל האדם סביבותיו, על דרך מלבושיו ממש, אבל עיקרם הם למעלה על הראש, אלא שגם הם יורדים ומקיפים סביב האדם, בבחינת המלבושין של האדם, כמעט שהמלבושין הם כלים שלהם. אבל הענין הוא, **שיש להם כלים רוחניים מאד**, ואותם כלים מתלבשין בלבושי האדם, והבן זה. והנה על דרך זה ממש הוא בכללות כל העולמות, ואחר כך נבראם בפרטות בע"ה, ונתחיל מלמעלה למטה, כי הנה א"ק הכתר הוא יחידה שבו, והחכמה חיה, והבינה נשמה, והתפארת חיה, והמלכות נפש, וחמשתם הם יחידה. ובתוך היחידה של היחידה הזאת שם מתלבש הא"ס עצמו, ובעצמותו מאיר בכלי של א"ק. ולכן כל הא"ק נקרא כתר, ונקרא יחידה של כל העולמות, ונקרא קוצו של

ואור מקיף. **וכל** **אזֿד** [62] **מאלו** החמשה [63] בחינות של הנרנח"י הפנימים והנרנח"י המקיפים **יש** **לו** בדרך משל [64] **ב' בֿזֿיֿנֿֿות** פרטיות, בחינה **אזֿֿזֿת** היא **אֿורֿות** **פֿנֿֿֿים** [65] שעניינם להאיר ולהשפיע לתחתונים והם אורות **גֿֿדֿֿולֿים** והם חיה ונשמה, מתפשטים ביושר, והם רמוזים בשם הוי"ה ביושר, והבחינה **הֿֿשֿֿנֿֿֿיֿֿֿה** היא בֿֿזֿֿיֿֿנֿֿֿת **אֿֿורֿֿות** **אֿֿזֿֿורֿֿיֿֿים** [66] והם בחינת רוח ונפש, והם אורות שהולכים **ומֿֿתֿֿמֿֿעֿֿטֿֿים** ומתפשטים בבחינת דין וצמצום, הם בחינת הוי"ה ברבוע [67], **וכֿֿל** **זֿֿה** שיש בחינת פנים ואחור **הֿֿוא** **בֿֿאֿֿורֿֿות**, וכן

יו"ד. **ויש בחינת עצמות וכלים של אור דק מאוד מאוד, אלא שבערך העצמות הוא אור עב**, והעצמות הוא היחידה אשר בתוכו מתלבש אור א"ס, **וגם יש בחינת כלים, ואלו כלים אינם כלים של גוף, אלא בחינת אור דק שלערך העצמות נקרא כלי כנודע**, כי גם נשמת אדם יש לו לבוש רוחני.

ע"ח ח"ב ש"מ דרוש י"ג דפ"ה ע"ג – והנה בעשר ספירות דאצילות יש פנימי נרנח"י, וכנגד ה' בחינות אלו ב' אורות מקיפים, ואחר כך יש ג' בחינת כלים, וכולם גוף אחד פנימי, וג' כלים אחרים והם גוף חיצון, וכנגדן ו' **כלים מקיפים**, הרי כמה בחינות שיש בכל ספירה וספירה.

ע"ח ח"ב שמ"ב דרושי אבי"ע פ"ג ד"צ ע"ג – ולזה צריך שנודיעך ענין הלבושים והיכלות מה עניינם, דע כי **הלבושים הם בחינת הכלים אל אור מקיף**, ובין כל לבוש ולבוש יש אור מקיף אחד, ואלו הם בחינת אורות דמקיפים דיושר על כל האצילות כנזכר במקום אחר שיש ג' בחינת כלים המקיפים, ועליהם מקיפין האורות דנר"ן וכנ"ל, **ואותן הכלים דמקיפין הם הלבושים**.

נהר שלום די"ב ע"ד – כך דוגמתו ממש נמשך צלם דמוחין מקיפים כלול מה' בחינות נרנח"י מקיפים עליו מבחוץ, ה' מקיפים, כל מקיף כלול מנרנח"י, וכולם הם נקראים בחינת אור מקיף דיושר דז"א, ועליהם יסובבו העיגולים דז"א, וגם הצלם דמוחין המקיפים ההם, הם וגם הם נמשכים מלובשים תוך ה' בחינות **כלים דמקיפים**, שהם המלבושים דאו"א ונמשכים ומתלבשים תוך חמשה תוך בחינת **כלים דמקיפים** דלבושים דז"א, על דרך הנז"ל בצלם דמוחין הפנימים, וכן על דרך זה בכל צלם דמוחין הנמשך לזו"ן, וכן בפרטי פרטות דפרצופי אבי"ע.

62

בית לחם יהודה ש"ו פ"ב – וכל אחד מאלו. הפרצופים.

63

הגירסה בספר אדם ישר היא – וכל אחד מאלו החמש יש לה שתי בחינות.

64

לא שייך בחינת פנים ואחור באורות, הכל על משל, כי באור אין חילוק, והוא בתכלית הפשטות.

65

בית לחם יהודה ש"ו פ"ב – אורות פנים וגדולים. הכוונה על בחינת נשמה וחיה, שעל ידם חוזרים פנים בפנים, ונגדלים הפרצופים שיהיו כל אחד כלול מעשר ספירות.

66

בית לחם יהודה ש"ו פ"ב – אורות אחוריים ומתמעטים. אורות האחוריים הם בחינת הנפש והרוח, שבהיות בזו"ן נפש ורוח לבד, מתמעט הפרצוף ונעשה לו"ק, ועומדים אחור באחור, ומשום הכי נקראים אורות אחוריים.

67

הוי"ה(או כל שם אחר כזה י' – ה' – ו' – ה' היא בחינת אור הפנים, אור גדלות וחסד. והוי"ה(או כל שם אחר(ברבוע כזה י' – י"ה – יה"ו – יהו"ה היא אור אחור, אור צמצום ודין.

ע"ח ש"ו פ"ח דכ"ט ע"ב – גם יש עוד חילוק אחר שאור ישר כמעט שהוא נפרד ממקומו, כדי לרדת ולהשפיע לתחתונים לכן, הוי"ת שלהם פשוטות ומלאים כולם, הם הוי"ת באותיות נפרדות זו מזו. אמנם אור החוזר הוא רבוע כזה א' א"ל אל"ה אלה"י אלהי"ם, שתמיד האותיות הם מחוברים להורות שהם עולין ומחוברים זו בזו, עד שמתחברין עם שרשם ומאצילם, כי רצונם להסתלק מן התחתונים.

עַל דֶרֶך זֶה הֵם בַכֵלִים שיש בהם ארבעה בחינות, פנים ואחור, פנימי וחיצון. **כִּי [68] יֵשׁ בְּזֹזִינַת כֵלִים דְפָנִים** שבהם מתלבשים אורות הפנים, **וְיֵשׁ בְּזֹזִינַת כֵלִים דַאֲזוֹרַיִים** ובהם מתלבשים אורות דאחוריים, (צ"ל [69] **וְהַכֵלִים** [70] מתחלקים **גַם כֵן** לכלי **פְּנִימִי** ולכלי **זִזִיצוֹן** כאשר אור הפנימי מזכך את פנימיות הכלי, ואור מקיף את חיצוניותו).

חלוקת בחינת הנרנח"י [71] היא בכללות ובפרטות העולמות, פרצופים וספירות, כאשר לכל בחינה יש את כל החילוקים, שהם [72] אור פנימי ואור מקיף, אשר הם מתחלקים לאור הפנים ואור האחור. וכלים דפנים וכלים דאחורים, אשר מתחלקים כל אחד לכלי פנימי וכלי חיצון. **וְדַע כִּי כָּל** החילוקים **הַנַּ"ל** בין באורות ובין בכלים, כאשר יש אור מקיף ואור פנימי, אור דפנים ואור דאחור. ובכלים יש כלי פנימי וכלי חיצון, כלי דפנים וכלי דאחור, **הֹוּא הֵן** [73] **בַכְּלָלוֹת הָעוֹלָמוֹת** שהם א"ק ואבי"ע, **הֵן בִּפְרָטוֹתֵיהֶן בַּכָל** אחד מ**פַרְצוּפִים** של ע"י, א"א, או"א, וזו"ן. וגם בכל ספירה וספירה מספירות כחב"ד חג"ת נהי"מ, יש לכל אחד ואחד את כל הפרטים האלו **בִּפְנֵי עַצְמוֹ** אור פנימי ומקיף, אור דפנים ואחור. כלי פנימי וחיצון, כלי דפנים ואחור. **וְאַמְנָם עִנְיָן**

ע"ח שט"ו פ"ו דע"ו ע"א – וכבר ידעת כי משה זכה לבינה, והוא בבחינה זו, אמנם בחינת התבונה וישראל סבא כאשר האחוריים של או"א עלאין מתפשטין בהם, נעשו ישסו"ת בבחינת אחוריים של שמות הוי"ה ואהי"ה דיודי"ן, ברבוע שלהם. כי ריבוע של הוי"ה גימטריא קפ"ד, וריבוע של אהי"ה גימטריא תקמ"ד, כי לעולם הפנים שלה בחינת יושר, ובחינת אחוריים הם בבחינת חשבון ורבוע, נמצא כי או"א בבחינת הפנים שלהם שהם הוי"ה אהי"ה דיודי"ן, גימטריא רג"ל. וישסו"ת הפנים שלהן הם ב' אחוריים של ב' שמות הנ"ל, כי מה שהוא אחוריים למעלה, הוא בבחינת פנים למטה.
68

בית לחם יהודה ש"ו פ"ב – כי יש להם כלים דפנים. כי כל פרצוף הוא כלול מג' כלים דעי"מ (עיבור, יניקה, מוחין), שבהם מתלבשין הנר"ן שלו, וכלי הפנימי שבו הנשמה, נקרא פנים, והחיצון והאמצעי שבהם נפש ורוח נקראים כלים דחיצוניות ואחוריים, כמבואר בפרק א' דשער ל'.
69

גירסה זאת לא מספר אדם ישר, יכול להיות שהיא הגהת אחד מחכמי המקובלים.
70

בית לחם יהודה ש"ו פ"ב – והכלים גם כן פנימי וחיצון. הוא כמו שכתב לעיל, שעובי הכלי נחלק לשנים, וחיצוניותו הוא יותר זך מפנימיותו. ואף על פי שבכללות הג' כלים דנר"ן הנה כלי הפנימי הוא מעולה יותר מכלי החיצון והתיכון, מכל מקום כל כלי בפני עצמו חיציניותו היא מעולה יותר מפנימיותו.
71

בחינת נרנח"י מתחלקת לכללות העולמות, כאשר א"ק הוא יחידה, אצילות חיה, בריאה נשמה, יצירה רוח, עשיה נפש. כן הוא בפרטות הפרצופים כאשר א"א הוא יחידה, אבא חיה, אימא נשמה, ז"א רוח, נוקבא נפש. ובפרטות הספירות כתר יחידה, חכמה חיה, בינה נשמה, חג"ת נה"י רוח, מלכות נפש. ולכל אחד מבחינות אלו יש את החילוקים של מקיף ופנימי, פנים ואחור, חיצוניות ופנימיות.
תרשים ב – י.
72

תרשים ב – י"א.
73

בית לחם יהודה ש"ו פ"ב – הן בכללות העולמות. היינו או באצילות לבד, או בבריאה לבד, וכו', שכל אחד מהם יש בו כל הנז"ל, שהם ה' פנימיים, וה' מקיפין, ואורות פנים וגדולים, ואורות אחוריים ומתמעטין. וכן בכלים יש בהם כלים דפנים, ויש בחינת כלים דאחוריים.

הַכְּלָלוּת גַּם הוּא נֶחֱלָק לְכַמָּה בְּחִינוֹת, אִם[74] כְּלָלוּת כְּלָלִי אֲשֶׁר עוֹלְמוֹת א"ק ואבי"ע נקשרים כעולם אחד, הוי"ה אחת[75], וְאִם[76] כְּלָלוּת פְּרָטִי אֲשֶׁר כל עולם מעולמות א"ק ואבי"ע הוא הוי"ה אחת בפני עצמה המחולקת לפרצופים וספירות, וְעַל[77] דֶּרֶךְ זֶה יש חלוקה בְּמַדְרֵגוֹת רַבּוֹת בעולמות, ובפרצופים, ובספירות, בפרטות ובפרטי פרטות עד אין סוף פרטים.

הרב ז"ל ביאר כי יש ה' בחינות נרנח"י, עם כל זאת רק ארבעה הבחינות התחתונות מתגלות, והבחינה החמישית שהיא יחידה נעלמת, כאן הרב ז"ל מבאר את סיבת הדבר. פֵּירוּשׁ[78] הָעִנְיָן, וְדַע כִּי הִנֵּה הַיְּחִידָה שֶׁהִיא הַשּׁוֹרֶשׁ[79] וּלְעוֹלָם אֵינָהּ נִכְנֶסֶת בְּחֶשְׁבּוֹן הַפַּרְצוּף בִּגְלַל שֶׁהִיא נֶעֱלֶמֶת, כִּי הוּא נִמְנָה אֵלָיו לְבְּחִינָה עֶלְיוֹנָה וְנִפְרֶדֶת מִמֶּנּוּ מהפרצוף שתחתון לה, ומשמשת כאמצעי שהעליון יאיר בתחתון[80],

---

⁷⁴
בית לחם יהודה ש"ו פ"ב – אם כללות כללי. דהיינו או באצילות, או בבריאה, כדאמרן.
⁷⁵

תורת חכם דקי"ז ע"א – כתב מורי הרב ז"ל, כי כמו שכתב הרב ז"ל בפרק ה' דשער יו"ד, שער התיקון, בתיקון כללות האצילות כן היה בכללות כל העולמות, שמתחילה נאצלת הוי"ה אחת כוללת כל העולמות, ונפרטת באופן זה, א"ק קוץ היו"ד, והוא עתיק וא"א של כל העולמות. והי"ד אצילות, שהוא אבא דכל העולמות. וה ה' בריאה, שהוא אימא לכל העולמות. והו' יצירה, שהוא ז"א דכל העולמות. וה ה' אחרונה עשיה, שהוא נוקבא דכל העולמות. ובתחילה היו בחינת הכלים קטנים דא"ק, היא ספירת הכתר לבד, ובו נכללים כל ספירותיו, וכן על דרך זה כלם. והאצילות היא חכמה לבד, ובו נכללים כל ספירותיו. וכן על דרך זה כלם. וכן כלי או"א היה זו למעלה מזו, ואין זה מתלבש בזה כלל. ואז נמצא שכלם נקראים פרצוף אחד לבד, שיעור קומתו כמו שהוא אורך א"ק ואבי"ע. ואחר התיקון נתפשטו ונתארכו א"ק ואבי"ע, שהם ד' אותיות ההוי"ה וקוצה. וניתוסף לכל אחד ואחד שלימות כל ההוי"ה שלימה, הכוללת א"ק ואבי"ע. ונתארך אורך כל אחד ואחד מהם כל אורך א"ק ואבי"ע, ונתלבשו אלו בתוך אלו, שום בקומתם עד כאן לשונו. עוד כתב במקום אחר שיש י"ד פרצופים בכל פרצוף ופרצוף. ויש י"ד פרצופים בכללות האצילות, ויש י"ד פרצופים בכללות כל העולמות, ע"ש. נמצא שהוצרך התיקון הנזכר בכללות כל העולמות, וכן בכללות האצילות. שכבר כתב אותו הרב ז"ל בפרק ה' דשער התיקון. וכן בכל פרצופי דא"ק ואבי"ע. נמצא שיש ג' מיני מוחין בכל מין עבודה. ונמצא שהיו ג' מיני עיבורים, **אחד דכללות** כל העולמות. **ואחד דכללות כל האצילות**, ואחד לכללות כל הבריאה, ואחד דכללות כל היצירה, וכן דעשיה. **ואחד דפרטות לכל פרצוף ופרצוף** דא"ק ואבי"ע
⁷⁶

בית לחם יהודה ש"ו פ"ב – ואם כללות פרטי. דהיינו אבי"ע דאצילות, ואבי"ע דבריאה (ש"ש).
⁷⁷

בית לחם יהודה ש"ו פ"ב – ועל דרך זה מדרגות רבות. דהיינו שכל פרצוף מהם יש בו ה' פרצופים גם כן, ואם בכללות הפרצוף או בפרטותו, שהוא בה' פרצופים שבו.
⁷⁸

בית לחם יהודה ש"ו פ"ב – פירוש כי הנה היחידה. כלומר ודע כי הנה היחידה.
⁷⁹

כרם שלמה ש"ו פ"ב אות י"א – כי הנה היחידה לעולם אינה נכנסת בחשבון הפרצוף. עכשיו בא ליתן טעם למה היחידה אינה נכנסת בחשבון הפרצוף, והוא כמו שכתב המקום אחר כי כל כח שורש המוחין נשרשים בכתר, שהוא עתיק, וזאת מדרגה דעתיק יש בה כללות כל מה שלמעלה ממנה, כי היא מלכות של העליונים ועוד יש בה שורש כל מה שלמטה ממנה. והיא **ממוצעת** בין מדרגה העליונה, למדרגה התחתונה.
⁸⁰

והיחידה לא מסוג התחתונים ולא מסוג העליונים, אלא ממוצע בין העליון לתחתון, **יַעַן הוּא** ר"ל בחינת עתיק[82]

סוֹף הַמַדְרֵגָה עֶלְיוֹנָה והוא הארת מלכות של העולם או הפרצוף העליון, **וְרֹאשׁ הַמַּדְרֵגָה**

כרם שלמה ש"ו פ"ב אות י"א – וטעם הדבר שנהיה כדבר זה, שהוא יחידה, שאינה נחשבת לא למדרגה עליונה, ולא למדרגה תחתונה, יען שאי אפשר להאיר העליון בתחתון אם לא על ידי אמצעי, וזאת האמצעי היא מה שנקרא בחינת יחידה, מפני שהיא **יחידית** לא מן סוג העליונים, ולא מן סוג התחתונים, אלא היא אחת בפני עצמה.
81

בחינה היחידה נרמזת בקוץ של י' דשם הוי"ה, ושאר אותיות הוי"ה הם בחינת חיה, נשמה, רוח ונפש. עוד, בחינת היחידה רומזת בכללותה לכתר, כאשר חיצוניות הכתר הוא בחינת א"א, ופנימיותו הוא עתיק. כך עתיק רומז לפנימיות היחידה, וא"א לחיצוניות היחידה.
תרשים ב – י"ב.
בין כל בחינה ובחינה מבחינות דצח"מ יש בחינה ממוצעת, וכן בין הבחינה הרוחנית לבחינה הגשמית יש בחינה ממוצעת.
תרשים ב – י"ג.
גם בין בחינת הבורא יתברך לבחינה הרוחנית של האדם, שהיא בחינת נשמת האדם, יש בחינה ממוצעת הנקראת יחידה.
תרשים ב – י"ד.
בחינת היחידה בסוגיא זאת שהרב ז"ל מבאר היא בחינת עתיק, שהוא פנימיות הכתר.
ע"ח ח"ב שמ"ב פ"א מ"ב דפ"ט ע"א – הנה יש מאציל ונאצל, והנאצל יש בו ד' יסודות אש, רוח, מים, עפר, והם ד' אותיות הוי"ה, והם חכמה ובינה, תפארת ומלכות, והנה הם טנת"א, והם הם אבי"ע, שהם הם ד' בחינות שבאדם, א' - אדם הפנימי שהוא הרוחניות, הנקרא נרנח"י. ב' - הוא הגוף. ג' - הוא המלבושים שעל גבי הגוף. ד' - הוא הבית שיושב בתוכו האדם, וגופו, ומלבושו. וכל בחינות אלו כלולות מד' בחינות, ואלו הם, בחינת א' של הרוחניות, הם נשמה לנשמה ונר"ן. בחינה הב' שהוא הגוף, הוא העצמות שבהם המוח מבפנים, והגידין, והבשר, ועור, וכמו שאמר הכתוב - עור ובשר תלבישני ועצמות וגידין תסוככני. בחינה ג' שהם הלבושים, הנה הם נודעים שהם לבושים המוכרחים אל כהן הדיוט כתונת, ומכנסים, מצנפת, ואבנט, כי אותן הד' דכהן גדול הם לבושים היותר עליונים מאלו, כנזכר בזוהר שאלו הם לבושים שם אדנ"י, ואלו הם לבושי שם הוי"ה, אבל עיקרם אינם אלא ד' בחינות. בחינה הד' והוא הבית, יש בית, וחצר, ושדה, ומדבר. אמנם בכל אלו הד' בחינות הפרטיות, **יש בחינה אחת כוללת כולם, והיא ממוצעת בין בחינה ובחינה הכוללת שתיהן,** דוגמא מה שאומרים חכמי הטבע כי בין הדומם והצומח הוא הקורא"לי, הנקרא אלמוגים. ובין הצומח והחי הוא אדני השדה, הנזכר במסכת כלאים, שהוא כמין כלב גדל בקרקע, וטבורו נשרש בקרקע, ויונק משם, וכשחותכין הטבור שלו מת. ובין החי והמדבר, הוא הקוף. וכן על דרך זה יש בכאן, **כי בין הבורא יתברך ובין הנברא, שהיא הבחינה הכוללת הרוחניות, יש בחינה באמצע, אשר עליה נאמר - בנים אתם להוי"ה אלהיכ"ם, אני אמרתי אלהי"ם אתם, ונאמר ויעל אלהי"ם מעל אברהם. וארז"ל - האבות הן הן המרכבה. והכוונה כי יש ניצוץ קטן מאד, שהוא בחינת אלהו"ת נמשך ממדרגה האחרונה שבבורא, וזהו הניצוץ מתלבשת בכח ניצוץ אחד נברא, שהוא נשמה דקה במאד מאד, ובניצוץ זה הנקרא יחידה, יש בה שרשי ד' בחינות הרוחניות, שהם נרנ"ח.** וכן בין בחינת הרוחניות לבחינת הגוף יש בחינה אחת כוללת שתיהן, והוא בחינת רביעית דם של הנפש, כי יש בה ניצוץ אחרון של הנפש, שהוא הרביעית שבנפש, פירוש בחינת נפש שבנפש, ולכן נקרא רביעית, וזה הניצוץ מתלבש ברביעית דם הנזכר לעיל. וכמו שכתוב - כי הדם הוא הנפש, הנאמר על רביעית דם הזה, וזה הרביעית דם הוא היותר מובחר מכל ד' בחינות הגו"ל, אשר כל חלק נחלק לד' כנ"ל, והוא רביעי הראשון והעליון מבחינת העצמות של המוחין, שהוא החיות שבתוכו, שהוא הדם המתפשט בהם להחיותם, ובזה הרביעית שבדם העליון כלול כל שרשי ד' בחינות הנ"ל. באופן כי הוא **בחינה אמצעי בין הרוחניות אל הגוף,** והיא מורכבת משניהם, וכן בין בחינת הב' אל הג' יש בחינה **ממוצעת והם שערות וצפרנים** של האדם כנודע, כי זה היה לבוש של אדם הראשון בתחלה, והנה הם דבוקים בעור האדם ודומין אל הגוף של האדם עצמו, אמנם בהסתלקותן משם נעשה מהם לבוש מאותן

התזדזזונה ר"ל בחינת הכתר של העולם או הפרצוף התחתון, **דוגמת** המדרגה האחרונה שעולם האצילות, הנקראת **מלכות דאצילות,** ששורשה במלכות דא"ק, **שהיא נעשית** בחינה ממוצעת, בחינתה הראשונה **מלכות אל אצילות,** ובבחינה שניה היא נעשית **עתיק אל הבריאה** שהוא שורש ופנימיות כתר דבריאה, והוא החלק הנעלם בעולם הבריאה, הנקרא פנימיות היחידה דבריאה, **והבן זה.** ומפני שפרצוף עתיק הוא בחינה נעלמת, הממוצעת בין העליון לתחתון **לכן נמצא**[83] בכל פרצוף יש **עתה ארבעה בזוניות** ולא

השערות, על דרך שעושין מצמר הרחלים ועזים וכיוצא, ולא עוד אלא שאף גם בהיותן דבוקים בגוף האדם, הם דומים למלבוש דמיון הבהמות וחיות ששערותיהן מלבושיהן, והמופת לזה הוא אדם הראשון בענין הצפורנים, ומצינו בנבוכדנצר שזה היה לו לבושו, כמו שכתוב עד די שעריו כנשריא רבה וטופרוהי כצפרים כו', וכן בין בחינת הלבושים לבחינת הבית הם האוהלים הנעשין מצמר ופשתים, שהם בחינת לבושים וגם הם שמשים לבחינת בתים, וזו הבחינה של אוהלים צריכה עדיין עיון, אם הוא כך או אם יש בה דבר אחר.
שער הגילגולים, הקדמה ב' – דע, כי כמו שנתבאר אצלינו, שבכל עולם ועולם יש חמשה פרצופים, א"א, וא"א, וזו"ן. כך יש כנגדם חמשה בחינות בנשמות האדם, והם בסדר זה ממטה למעלה, נרנח"י. והנה הנפש היא מנוקבא דז"א. והרוח, מז"א. והנשמה. מאימא. וחיה. מאבא. שהוא חכמה, כי שם מקום החיים, כנודע בסוד והחכמה תחיה בעליה. והיחידה, מא"א, הנקרא כתר, לפי שהוא יחיד ומיוחד, מכל שאר הספירות, שאין לו נקבה, כנודע מפסוק ראו עתה כי אני אני הוא, הנדרש בספר הזהר פרשת בראשית.
ע"ח ח"ב שכ"ה דרוש ה' די"א ע"ב - וביאור הדבר, הנה אם כפי מה שחושבין בני אדם שהגולגלת הוא הכתר, והמוחין חב"ד שבתוך הגולגלת, אם כן נמצא היות חב"ד שהם המוחין גדולים לאין קץ על הגולגלת, שהוא כתר, יען הוא לבוש שלהם, וזה לא יעלה בדעת כלל, אך הענין כי בודאי שהכתר הוא למעלה מן המוחין, ואין המוחין בתוכו כלל, אלא למטה ממנו, כי כתר גבוה מהם מאד מאד, וזהו פשוט. **ואמנם הכתר הוא מב' בחינות, חיצוניות ופנימיות,** שהם מוחין עליונים גמורים, ואותן המוחין שבתוכו הם עליונים מאד לאין קץ על המוחין דז"א הנקרא חב"ד, **וכל זה עומד למעלה מן המוחין הנקרא חב"ד, ואמנם חיצוניות הכתר הזה לבד הוא מתפשט ונמשך למטה בסוד הגלגלת,** להקיף ולהכתיר המוחין התחתונים הנקרא חב"ד. וכבר נודע כי מבשרי אחזה אלו"ה, וחביב אדם שנברא בצלם אלהי"ם, והנה אין אנו רואין כיוצא בזה באדם התחתון, אך הענין כנ"ל כי הכתר דז"א אינו כולל מכללות הז"א עצמו כלל, כי כל העצמות והכלים כולם הם מתבונה עצמה, אשר עיקרה עומדת למעלה אור מקיף על ראשו, בלי מוגבל, וסיום חיצונותיה מתפשט למטה בסוד גולגלת, להקיף המוחין הנקרא חב"ד, וזו הגולגלת ניכרת ועומדת למטה, אך לא עיקרית הכתר הנשאר למעלה בסוד אור מקיף בלתי מורגש, וכן הוא באדם התחתון, כי הכתר שלו אור מקיף בלתי מורגש וניכר, רק חיצונותו המתפשט למטה בסוד הגולגלת, וכמו שבאר בע"ה.
82

ע"ח ש"ג פ"א דט"ז ע"ב - וזה האדם נרמז בקוצו של יו"ד דשם הוי"ה, כי הוא בחינת הכתר של כללות העולמות, ואור א"ס בכח התלבשותו בחכמה דא"ק זה, האציל תחתיו עולם האצילות, וזה סוד כולם בחכמה עשית, וחכמה הנ"ל נתלבשה במלכות דא"ק, **וזה המלכות ירדה ונתלבשה בסוד ז' ספירות שלה תוך י' ספירות דעולם האצילות,** והיה זה כדי לקשר א"ק בעולם האצילות. **ועל דרך זה בכל עולם ועולם,** כמו שנבאר בע"ה. וראש זו המלכות שהם ג"ר שבה נשארו במקומם, וז"ת שהם גופא דילה, של ז' ימי בראשית, הם נתלבשו בעשר ספירות דאצילות. וזה הבחינה נקרא עתיק יומין, שהם ז' ימים העתיקים מן מלכות דא"ק, והז"ת נחלקים לעשר ספירות, כי ראשונה כלולה מג', על דרך היכל קודש קודשים שכולל ג'. **וזה העתיק נעשה נשמה לא"א שהוא כתר דאצילות.**
כרם שלמה ש"ו פ"ב אות י"א – אם כן נמצאנו למדים שמה שכתב הרב ז"ל במקום אחר כי מדרגה התחתונה של העליון נעשית א"א בעולם או בפרצוף התחתון, לאו דווקא א"א, **אלא עתיק,** כמו שמוכח הכא, אחר שכתב הכא כי היחידה היא נעשית עתיק וכו', חשב הד' פרצופים שהם **ע"ב, ס"ג, מ"ה ב"ן** דא"א ודאו"א וזו"ן, וקרא אותו כללות כללי, עם או"א וישוס"ת וזו"ן, והדבר פשוט.
83

38

דרך כללות, חמשה בחינות שהם א"א ונוקבא דא"א, או"א, וזו"ן, **ונאמר** בחלוקת שיעור קומה של עסמ"ב בטנת"א[84] **כי הנה**[85] שם ע"ב יו"ד ה"י וי"ו ה"י הוא בחינת ה**טעמים** והוא **בכתר** ר"ל בחינת חיצוניות הכתר הנקרא א"א ונוקבא דאריך, ולא עתיק, **ושם ס"ג** יו"ד ה"י וא"ו ה"י הוא בחינת ה**נקודות** והוא **בחכמה** פרצוף אבא, והם או"א עילאין, **ושם מ"ה** יו"ד ה"א וא"ו ה"א הוא בחינת ה**תגין** והוא **בבינה** פרצוף אימא, והם ישסו"ת, **ושם ב"ן** יו"ד ה"ה ו"ו ה"ה הוא בחינת ה**אותיות** והם ב**תפארת** צ"ל[86] ז' ספירות תחתונות **(נ"א בז"ת)** והם פרצוף ז"א ופרצוף נוקבא.

הרב ז"ל מבאר את סוגית עסמ"ב וטנת"א אחרי שהעולמות והפרצופים יגיעו לשלמות האמיתית, בחינות אלו של השלמות האמיתית הם היום בחינת השורשים לפרצופים דהיום, והם המשפיעים להם מוחין[87], ולעתיד לבוא הפרצופים יגיעו לשלמותם האמיתית ויעלו למדרגת השורשים, והשורשים לשורשי השורשים, עד גבוה מעל גבוה שומר.

כרם שלמה ש"ו פ"ב אות י"ב – ולכן נמצא עתה ד' בחינות דרך כללות. פירוש, שאלו הם נקראים כללות כללי כמו פרצוף דעתיק, והיה צריך לנו לומר שיש ה' פרצופים של כללות כללי, אלא מפני שפרצוף עתיק אינו נכנס בחשבון הפרצופים לכן לא חשבנו עם אלה הד' פרצופים, אבל ודאי שגם הוא בכלל, וכל שכן הוא, אבל הוא הדבר האמור מפני שפרצוף דעתיק נעלם, לזה אנחנו אומרים שיש ד' בחינות של כללות כללי טנת"א. ואחר שתפרט ותאמר שכל אחד מאלו הד' כלולה גם כן מד' בחינות אלו, שהם א"א ונוקבא, או"א וכו', אז נקראים כללות פרטיים, וזה שכתב בסוף דבריו – ועל דרך זה פרטות כל אחד מאילו יש לו ד' בחינות, הוא פירוש על הפרצופים הפרטיים, וכמו שהארכנו לעיל די סיפוקן, ופשוט.

84

תרשים ב – ט"ו.

85

בית לחם יהודה ש"ו פ"ב – כי הנה ע"ב טעמים בכתר וכו'. כמו כן כתב בריש מ"ב דפרק א' דטנת"א, ובפרק א' דשער עתיק יעו"ש.

86

צריך לגרוס בז' תחתונות, ולא רק בתפארת, כמו שמובא בסוגרים)נ"א בז"ת(.

87

בחינת עסמ"ב שהם מקבילים לבחינת טנת"א הם בכל מקום בעולמות אבי"ע, או בפרצופי או"א וזו"ן. עם כל זאת שורשי עסמ"ב ושרשי טנת"א שהם המוחין, נמצאים במדרגה גבוהה יותר ממציאות עסמ"ב וטנת"א. ר"ל שם ע"ב והטעמים הם בחכמה שהם או"א עלאין, אבל שורשים נמצא שהם א"א ונוקבא דא"א, מפני שא"א ונוקבא דיליה הם משפיעים את המוחין לאו"א עילאין. וכן או"א עילאין משפיעים מוחין לישסו"ת שהם בחינת הבינה. וישסו"ת לזו"ן.

תרשים ב – ט"ז.

כרם שלמה ש"ו פ"ב אות י"ב – מה שכתב כאן **שע"ב בכתר, וס"ג חכמה, ומ"ה בינה, וב"ן בזו"ן** אף על פי שנקטינן סוגיין בכל מקום כי עסמ"ב הם חב"ת"ם, נמצא שע"ב הוא חכמה ולא בכתר, וכן ס"ג הוא בינה ולא בחכמה, וכן מ"ה בז"א ולא בבינה, וכן ב"ן הוא במלכות ולא בז"ן גם כן. והיא כקונטרס הרמ"ז בפרק א' דטנת"א, על כל פנים כבר הרב ז"ל תירץ זה בלשונו הטהור. ובתחילה נקדים מה שכתב הרב ז"ל לקמן בשער השבירה ריש פרק ו' וז"ל – והע"ב הוא **במוחין דיליה נגד א"א ואבא דאצילות,** ולעילא מגולגותא דיליה, יש בו דוגמא מבחינת עתיק דאצילות, וס"ג דיליה מאזן ולמטה עד טבורו, והוא כנגד הבינה דאצילות. ומ"ה וב"ן דיליה מטבורא ולמטה כנגד זו"ן דאצילות. והנה על דרך זה שבפנימיותו, כן הוא באורות היוצאים ממנו, שהם ענפיו כנזכר, כי שערות ראשו כנגד ענפי ע"ב, ושערות דיקנא הם מאח"פ כנגד ענפי ס"ג, שבהם כלולים או"א, שבין שניהם לקחו בינה דמ"ה אחר התיקון, שהוא שם ס"ג הכולל שניהם, והם נכללות במזלא דדקנא דא"א, והבן זה מאוד, כי כן הוא כאן וכו', עד כאן מה שצריך לענייננו.

וכבר[88] **ביארנו כי** שם[89] **ע"ב** יו"ד ה"י וי"ו ה"י **הוא בכתר**[90], וכמו שכל פרצוף כולל בחינת הזכר והנקבה[91], שהם מ"ה וב"ן דאותו פרצוף[92], כי אין לך ניצוץ בכל האצילות שלא כלול ממ"ה וב"ן[93]. לכן גם בכתר יש

88

בית לחם יהודה ש"ו פ"ו – וכבר ביארנו וכו'. קאי על מה שכתב לעיל, ונאמר כי הנה הע"ב טעמים וכו', ולפי שלא פירש לעיל פרטות הדוכרא ונוקבא של כל אחד ואחד מהם, רק אמר בדרך כלל, לכן עתה חזר לפרש הדוכרא ונוקבא שבכל אחד מהם.

89

ע"ח ש"ט פ"ו מ"ת דמ"ה ע"ב – א"ק כולל ע"ב, ס"ג, מ"ה, ב"ן בעצמותו, וכל אחד מאלו הד' נכללו מארבעתן, ויוצאין ממנו גם כן אורות לחוץ שהם ענפיו, והע"ב הוא במוחין דיליה, נגד א"א ואבא דאצילות, ולעילא מגלגלתא דיליה, יש בו דוגמא בחינת עתיק דאצילות. וס"ג דיליה מאוזן ולמטה עד טבורו, והוא כנגד בינה דאצילות. ומ"ה וב"ן דיליה מטבורא ולמטה, כנגד זו"ן דאצילות. והנה על דרך זה שבפנימיותו, כן הוא בארות שיוצאין ממנו שהם ענפיו כנזכר, כי שערות ראשו כנגד ענפי ע"ב, ושערות דיקנא הם מאח"פ, כנגד ענפי ס"ג שבהם כלולים או"א, שבין שניהם לקחו בינה דמ"ה אחר התיקון, שהוא שם ס"ג הכולל שניהן, והם נכללות במזלא דדיקנא דא"א, והבן זה מאוד כי הן הוא כאן, ואז עדיין היה מתפשט ס"ג עד רגלי א"ק. ואחר כך כשרצה להוציא מ"ה וב"ן, שהם ענפי זו"ן, אז נזדווגו ע"ב ס"ג הפנימים שהם חו"ב ממש, ואז נברא העולם במדת הדין, ויצאה בת מתחלה, שהיא שם ב"ן בפנים דא"ק, ואחר כך יצאו ענפיו לחוץ דרך העין מטבורו דא"ק ולמטה, ולא נתקיימו הענפים שבחוץ עד שחזרו להזדווג, והולידו בן שהוא שם מ"ה בפנים ובחוץ, והוא מדת הרחמים, ונתקיים העולם.

90

ע"ח ש"ה פ"א מ"ב דכ"א ע"א – גם דע כי ע"ב הוא כתר וטעמים. ס"ג הוא חכמה ונקודות. מ"ה הוא בינה ותגין. וב"ן ז"ת ואותיות.

ע"ח שי"ב פ"א מ"א דנ"ו ע"א – ודע כי בזוהר אמרו שהטעמים בכתר, ונקודות בחכמה, ותגין בבינה, ואותיות בז"ת דאצילות, שהם נקראו זו"ן.

91

כל שיעור קומה כולל חלקים מבחינת שם מ"ה, וחלקים מבחינת שם ב"ן. וחלקים אלו מרכיבים כל פרצוף ופרצוף באופן שונה של מספר חלקים. חלוקה זאת נקראת חלוקת מ"ה וב"ן. **תרשים ב – י"ז.**

92

ע"ח ש"ה פ"א מ"ב דכ"א ע"ג – ואחר כך חזרו להזדווג ע"ב הכולל עם טעמים דס"ג הכולל בסוד פנימיות. וכל שאר הבחינות טפלים להם, ואז הולידו הזכר, והוא שם מ"ה, ואז נתחברו מ"ה וב"ן ונעשה משניהן עולם אצילות. באופן זה, כי עתיק לוקח ה' ראשונות מטעמים דב"ן, וג"ר מנקודות דב"ן, ד"ר מתגין דב"ן, וכתרים של אותיות דב"ן. וא"א לקח ה' אחרונות דטעמים דב"ן. ואבא לקח ז"ת דנקודות דב"ן. ואמא ו"ת דתגין דב"ן. וז"א ו"ת)ו"ת שהם אותיות דב"ן( )נ"א ז"ת( )דאותיות דב"ן(. ונוקבא עשירית אותיות דב"ן)נ"א העשירי דאותיות(. ואמנם משם מ"ה לקח עתיק טעמים דמ"ה. וא"א נקודות דמ"ה. ואו"א לקחו תגין דמ"ה. וז"א ו"ת אותיות דמ"ה. ונוקבא עשירית אותיות דמ"ה.

93

ע"ח ש"ט פ"ו דמ"ו ע"ב – דע כי אין לך ספירה וספירה, אפילו בעשר ספירות הפרטיות שבכל פרצוף ופרצוף, שאין בו בחינת זכר ונקבה, והם ב"ן דנקודות, ומ"ה החדש. ואמנם אין ב"ן הזה והנקבה זו בחינת מלכות העשירית שיש בכל ספירה וספירה, שהיא בחינה עשירית שבכל ספירה וספירה, אלא שיש בכל ספירה עשר בחינות וכולם דמ"ה, ועשר בחינות וכולם דב"ן. והט' ראשונות דמ"ה וב"ן הם נקרא ט' בחינות הראשונות של ספירה ההוא, והבחינה עשירית שהוא מלכות שבאותו ספירה עצמה היא כלולה ממ"ה וב"ן. **כלל הדברים בקיצור נמרץ, כי אין לך שום ניצוץ קטן בכל האצילות שאין בו מ"ה וב"ן.** נמצא שהזכרים שבאצילות שהם כתר, חכמה, תפארת יש להם בחינת מ"ה וב"ן, והנקבות שבאצילות שהם בינה, ומלכות יש בהם מ"ה וב"ן, ועל דרך זה בכל העשר ספירות שבכל פרצוף, ועל דרך זה כל החמש פרצופים שבהם כלולים ממ"ה וב"ן.

בחינות אלו של זכר ונקבה, ולכן **יֵשׁ**[94] **בּוֹ** את פרצוף **אריך** בחינת הזכר, **ו**פרצוף **נֻוקבא** דאריך בחינת הנקבה, **וכן ס"ג** שם **ס"ג** יו"ד ה"י וא"ו ה"י הוא **בֹחכמה** שהם פרצופי **אבא ואימא** עילאין, וכן שם

גמרא בבא בתרא דע"ד ע"ב – אמר רב יהודה אמר רב, **כל מה שברא הקדוש ברוך הוא בעולמו זכר ונקבה בראם**, אף לויתן נחש בריח, ולויתן נחש עקלתון, זכר ונקבה בראם, ואלמלי נזקקין זה לזה מחריבין כל העולם כולו. מה עשה הקדוש ברוך הוא, סירס את הזכר, והרג הנקבה ומלחה לצדיקים לעתיד לבא, שנאמר והרג את התנין אשר בים. ואף בהמות בהררי אלף זכר ונקבה בראם, ואלמלי נזקקין זה לזה מחריבין כל העולם כולו, מה עשה הקדוש ברוך הוא סירס הזכר וצינן הנקבה, ושמרה לצדיקים לעתיד לבא, שנאמר הנה נא כחו במתניו, ואונו בשרירי בטנו, זה זכר, זו נקבה. התם נמי ליסרסיה לזכר וליצננה לנקבה. **ספר הזוהר, פרשת תרומה דקמ"ד ע"ב** עם תרגום והסבר – **תא חזי והכי אוליפנא** בא וראה וכך למדנו, **כל מה דעבד קודשא בריך הוא עילא ותתא** כל מה שעשה הקדוש ברוך הוא למעלה ולמטה, ר"ל בכל העולמות והפרצופים, **כלא ברזא דדכר ונוקבא איה והכל** הוא בסוד זכר ונקבה, כי בכל עולם ובכל פרצוף יש קומה שלמה של עשר ספירות קדושות שהם בסוד זכר ונקבה.
94

כאן יש קושיא על דברי הרב ז"ל, הרי בחלוקת מ"ה וב"ן בכל מקום **עתיק** לוקח את טעמים דמ"ה, שהוא י' ספירות דכתר דמ"ה, **ונוקבא דעתיק** לוקחת חמש הספירות הראשונות דטעמים דב"ן, שהם כח"ב ח"ג דכתר דב"ן. לעומת זאת **אריך** לוקח את כל הנקודות דמ"ה, שהוא י' ספירות דחכמה דמ"ה, **ונוקבא דאריך** לוקחת חמש ספירות תחתונות דטעמים דב"ן, שהם תנהי"מ דכתר דב"ן. אם כן אריך נבנה מנקודות דמ"ה ולא מטעמים דמ"ה, ר"ל א"א נבנה מחכמה דמ"ה, ולא מכתר דמ"ה כמו שהרב ז"ל כותב בפרקין. והתרוץ הוא פשוט, והוא בהמשך הסוגיא, כאשר הרב ז"ל מבאר וכותב - **אמנם דע כי כל זה בהשלמתן**. ר"ל לעתיד לבוא שיהיו הפרצופים שלמים, אז חלוקת עסמ"ב וטנת"א היא כמו בפרקין, כאשר א"א ונוקבא דאריך יקחו את כל הטעמים דמ"ה וב"ן. וא"א עילאין יקחו את כל הנקודות דמ"ה וב"ן. ויש"סו"ת יקחו את כל התגין דמ"ה וב"ן. וזו"ן את כל האותיות דמ"ה וב"ן. אבל כאשר הפרצופים לא בשלמות, ועדיין יש את עבודת הברורים ותיקון ז' המלכים דמיתו, החלוקה היא כמו שמבואר בשי"ב פ"א ובעוד מקומות, כאשר כל פרצוף ופרצוף הוא מחוסר השלמות, ובנוי מחלקים לא שלמים מבחינת מ"ה וב"ן.

ע"ח שי"ב פ"א מ"ת דנ"ו ע"א – ועתה נתחיל ונבאר איך נתקן כל עולם האצילות, הנעשה מב' בחינות הנ"ל שהם מ"ה וב"ן, שהם המלכים שמתו, והם בחי' הנקודות דס"ג, ושם מ"ה החדש. וצריך לבאר מה הוא החלק שלוקח עתיק משם מ"ה, ומה שלוקח משם ב"ן, כי כבר נתבאר לעיל שיש בעתיק זכר ונקבה, וכן על דרך זה בא"א, ובאו"א, ובזו"ן. וכבר ידעת כי שם מ"ה יש לו בחינת טנת"א, וכן על דרך זה בשם ב"ן, שהם הנקודות של ס"ג, נחלק לד' בחינות הנ"ל, שהם טנת"א. גם דע כי כמו ששם ב"ן שהוא הנקודות דס"ג, יש בו י' נקודות, שהם י' ספירות, וכנ"ל כך שם מ"ה, יש בו י' ספירות, וכאשר מתחברים אלו ב' שמות מ"ה וב"ן בחיבור זכר ונקבה כנ"ל, הם מתחברים עשר ספירות, וצריך לבאר תחלה ענין הטעמים)נ"א טנת"א(והתחלקות לעשר ספירות. ודע כי בזוהר אמרו שהטעמים בכתר, ונקודות בחכמה, ותגין בבינה, ואותיות בז"ת דאצילות, שהם נקראו זו"ן. אבל דע כי זה ההתחלקות הוא בענין י' ספירות עצמן של מ"ה שהם מתחלקים בסדר הזה, אמנם כאשר בחינות אלו מתחלקים בעתיק וא"א וכו', אין סדרם כך, אלא באופן אחר, **וזכור הקדמה** זו. וזה פרטן, הנה עתיק וא"א שניהם נכללין בכתר דאצילות, כמו שנבאר בע"ה. **הגה"ה** ודע, כי עתיק בירר משם ב"ן ה' ראשונות דכתר דב"ן, וג"ר דחכמה דב"ן, וד"ר דבינה דב"ן, וז' כתרים דז"ן, **ומכל זה נעשה נוקבא דעתיק**. אמנם **דכורא** נעשה מכתר כולו דמ"ה. אמנם מצבן ומעמדן הוא כן כי בכל אחד משניהן יש פנים ואחור. והנה הנקבה והזכר נדבקו אחור באחור, ואז נשארו פני הזכר מגולים מצד אחד ופני הנקבה מגולים מצד אחד, וב' אחוריים דבוקים יחד, ואז הפנים דנוקבא נעשה אחור נגד פני הזכר, שנקרא פנים בערכה, ואמנם כל זה בחיבור פרצוף אחד לבד פנים ואחור, הם זו"ן. **והנה העתיק לקח משם מ"ה** בחינת כתר כולו, שהם הטעמים, ומב"ן לקח חמש ראשונות של כתר שלו, שהם גם כן בחי' הטעמים)כי כבר ידעת כי כל אחד מהעשר ספירות כלול מעשר(, ועוד לקח ג"ר דחכמה דב"ן, וד"ר דבינה דב"ן, וז' כתרים דז"ת דב"ן, כנ"ל. **וא"א לקח משם מ"ה** בחינת חכמה, שהם הנקודות, **ומשם ב"ן לקח ה' תחתונות דכתר של ב"ן**, שהוא מן הת"ת שלו ולמטה. והנה גם מבחינת האחרות שהם חכמה בינה של ס"ג הוברר מהם

מ"ה יו"ד ה"א וא"ו ה"א בבינה שהם פרצופי **ישראל סבא ותבונה,** וכן **ב"ן** שם יו"ד ה"ה ו"ו ה"ה הוא שבעה תחתונות שהם פרצופי **זו"ן,** כי זו"ן **הם הבנים** של ישסו"ת, **ויש‌סו"ת** הם רמוזים בשם **מ"ה** שהוא **גימטריא אד"ם**, והוא בגימטריא אב אם[95], **כי** ישסו"ת **הם האבות של** זו"ן, שהם **הבנים דב"ן** והם המשפיעים לזו"ן מוחין, **ועל דרך זה** ב**פרטות כל אזוד מאלו** העסמ"ב וטנת"א **יש לו ארבעה בזוינות הנזכרים לעיל** הנקראים[96] עסמ"ב דעסמ"ב, וטנת"א דטנת"א.

אמנם דע[97] **כי כל** מה שהרב ז"ל ביאר שע"ב והטעמים בכתר, שהוא א"א ונוקבא דיליה. ס"ג ונקודות בחכמה, שהוא או"א עילאין. מ"ה בבינה, שהיא ישסו"ת. ב"ן בז"ת, שהם זו"ן **זה בהשל‌מתן**[98] של העולמות

קצתם לעשות מהם עתיק, כי מבחינת הכתר לא לקח רק חציו כנ"ל. והנה מה שלוקח מחכמה הם ג"ר, נמצא כי נשארו לחכמה עצמה ז' תחתונות ומהם נעשה אבא, וזה שאמר בזוהר אבא אחיד ותליא בחסד, כי מחסד ולמטה של חכמה משם מתחיל אבא, ומבינה לקח ד"ר, באופן כי אמא אין לה רק מגבורה ולמטה של הבינה, וזה סוד אמא אחיד ותליא בגבורה. הרי ביארנו בחינת עתיק, שיש לו **כל הכתר דמ"ה וממנו סוד הדכורא, וגם לקח ה"ר דכתר דב"ן,** [נ"א דס"ג] וג"ר דחכמה דס"ג, וד"ר דבינה דס"ג, ומאלו ג' בחינות של ס"ג נעשים **נוקבא דעתיק. וא"א לקח חכמה ממ"ה, כולו וחמש תחתונות דכתר דב"ן,** כי ה"ר דב"ן לקח עתיק. ואבא הוא חכמה דאצילות ולוקח משם מ"ה חצי בינה, ומשם ב"ן לוקח ז' תחתונות של חכמה דב"ן, כי ה"ג"ר לקחם עתיק כנ"ל. ואימא היא בינה שבאצילות, ולוקחת משם מ"ה חצי בינה, שהם תגין, ומשם ב"ן לוקחת ו' תחתונות של בינה דב"ן, כי ד' ראשונות לקחם עתיק. וזו"ן לקחו אותיות משם מ"ה, שהם הז"ת דמ"ה, ומשם ב"ן לקחו ז"ת שבו, חוץ מן הכתרים של אלו הז"ת דב"ן, שגם הם לוקחם עתיק לעצמן. ואל תטעה בדברינו לומר שהם בחינה אחת, ומה שלוקחים הם דבר אחר, אבל כוונתינו הוא כי עתיק יומין כל עצמותו נעשה מב' בחינות אלו שהם מ"ה וב"ן, ובחינת המ"ה שבו הוא הנקרא עתיק דכורא, ובחינת הב"ן שבו הוא הנקרא נוקבא דעתיק, **וזכור ואל תשכח. כלל העולה** כי בעולם אצילות יש בו י' ספירות, והכתר הוא עתיק, וא"א וחכמה הוא אבא, ובינה היא אמא, וו"ק הם חג"ת נה"י, הוא ז"א, ומלכות הוא נוקבא דז"א. וכל בחינות אלו נעשה עצמותן מב' בחינות מ"ה וב"ן, וכל בחינות הדכורים הם ממ"ה, והנוקבא מב"ן, כנ"ל. עוד יתבאר כל זה לקמן בע"ה.

95

אב אם גימטריא מ"ה עם הכולל.

96

תרשים ב – י"ח.

97

בית לחם יהודה ש"ו פ"ב – אמנם דע כי כל זה בהשלמתן. קאי על מה שכתב לעיל, וכבר ביארנו כי ע"ב הוא בכתר, יש בו אריך ונוקביה וכו'. ובא ליישב מאי דאיכא לאקשרי עלה, הא ניחא בבחינת הנוקבא דאריך שהיא נתקנה מטעמים דב"ן של ע"ב בכתר, אמנם הדכורא דאריך שנתקן מנקודות דמ"ה כמבואר בסוף פרק א' דשער טנת"א, וייותר הובא בביאור במבוא שערים דף י"ב ריש ע"ד, יעו"ש. והנקודות הם ס"ג ולא ע"ב, אם כן היכי הוי ע"ב שבכתר יש בו אריך ונוקביה. והכי נמי איכא לאקשווי על מה שכתב אחר כך, וכן ס"ג בחכמה או"א וכו', שר"ל או"א עלאין, בשלמא אימא ניחא כי היא נתקנה מחכמה דב"ן שהוא נקודות הנקרא ס"ג, אבל אבא הנה הוא נתקן מתגין דמ"ה, ובחינת התגין הוא מ"ה ולא ס"ג, ואם כן היכי הוי ס"ג בחכמה או"א. ועל זה בא לתרץ כי מה שכתב שגם הדכורא דאריך הוא ע"ב דמ"ה, ואבא הוא ס"ג דמ"ה, כל זה הוא בהשלמת בירורי הב"ן, שאז תהיה הנוקבא דאריך ראויה לקחת כנגדה בחינת הע"ב דמ"ה, ותהיה עזר כנגדו, וכן אימא תהיה ראויה לקחת כנגדה נקודות דמ"ה, ותהיה עזר כנגדו. אבל בזמן תיקון העולמות, וכן עכשיו שעדיין לא נגמר הב"ן להתברר בשלימות, לכן מה שהיה ראוי ושקול כנגד אורות הב"ן דנוקבא דאריך הוא הס"ג דמ"ה, וכנגד אימא עלאה היא התגין דמ"ה. ועיין בפרק א' דעתיק דהתם, כתב רז"ל כי מה שכתב

והפרצופים, **אך להיות**]דכ"ה ע"ב 49 **שהעולמות** והפרצופים יצאו חסרים, וצאו רק מבחינת נפש ורוח[99], וצרכים להשלים כל אחד בערכו את חלקי נשמה, חיה, ויחידה הפרטים שלו, לכן **אינם לגמרי בשלימות** כי עדיין לא נגמר בירור כל חלקי הכלים ורפ"ח ניצוצין של שבעה המלכים דמיתו, ובכח בירור שבעה המלכים נשלמים בחינת נח"י שלהם, אבל שלמות זאת היא לא שלמות גמורה, רק **עד שיושלם הבירור** שהוא העלאת חלקי כלים ורפ"ח נצוצין דשבעת המלכים **ותיקון** שהוא שפע המוחין הבונה את הפרצופים ומשלים חסרונם **של** שבעה **המלכים** דמיתו, ואז בלע המות לנצח[100], והמצות יתבטלו[101], **לכן** עדיין **אינם שלמים** לגמרי אלא לעתיד לבוא[102], **אמנם**[103] **יש' זמן שנשלמים** מעט **הו"ק** דכל פרצוף בערך

בזוהר דע"ב הוא בכתר, וס"ג בחכמה, ומ"ה בבינה, וב"ן בז"ת, וזהו בבחינת העשר ספירות של האורות עצמם, אמנם כאשר בחינות אלו מתחלקים בעתיק וא"א וכו', אין סדרם כך, אלא באופן אחר יעו"ש. וכך כתב במבוא שערים דף י"ב ע"ד. ולא כתב רז"ל התם הטעם אמאי כשמתחלקים בעתיק וא"א וכו' היו באופן אחר, ובפרקין דהכא ביאר לנו הטעם לפי שלא היה הב"ן מבורר לגמרי בשלימות. ואחר כך בהגיעי אל פרק ו' דשער השבירה, ראיתי שכל מה שכתבתי פה הם אמורים בקיצור בסוף פרק ו' דהתם, יעו"ש.
98

הגהות וביאורים)ג(– פירוש דכל זה שהם ה' חלקים נרנח"י פנימיים, וה' חלקים מקיפים, כנזכר הוא בהשלמתן. אך כו', אמנם כו', כנזכר לקמן. פירוש לקמן סוף פרק ג', דאפילו בזו"ן לא היה להם רק ה' פנימים וב' מקיפים, ולא כל הה' מקיפין.
99

כרם שלמה ש"ו פ"ב אות י"ג – ר"ל מה שכתבנו בפרטות כל אחד מאלו יש לו ד' בחינות הנ"ל, פירוש שהם עסמ"ב וטנת"א הם בהשלמתן. פירוש כי ידוע כי כל הפרצופים יצאו מבחינת רוח ונפש שלהם בלבד, והנח"י שלהם באים אח כך אחר בתוספת מן הפרצופים העליונים מהם. וכן הז"א עצמו יצא בבחינת ו"ק, ר"ל בבחינת נפש ורוח שלמים, שהם הב"ן ואותיות, וחסר לו בחינת חיה ונשמה ויחידה, שהם מ"ה וס"ג וע"ב, או התגין והנקודות והטעמים, **ואלו באים מכח הבירור הנברר בהשבעה מלכים**, ומן התוספת שלמעלה, ולפעמים נשלם בהעסמ"ב והטנת"א, אבל אלו השלמות **לא נקרא שלמות לגמרי**, יען שלא נבררו כל העסמ"ב השייכים לו, ולא כל הטנת"א השייכים לו, אלא מה שצריך לו באותו זמן כפי העת והזמן, וכח המעשה של ישראל.
100

ישעיהו כ"ה ח' – בלע המות לנצח, ומחה אדנ"י הוי"ה דמעה מעל כל פנים וחרפת עמו יסיר מעל כל הארץ כי הוי"ה דיבר.
101

גמרא נידה דס"א ע"ב – ת"ר בגד שאבד בו כלאים, הרי זה לא ימכרנו לעובד כוכבים, ולא יעשנו מרדעת לחמור, אבל עושה ממנו תכריכין למת, אמר רב יוסף זאת אומרת **מצות בטלות לעתיד לבא.**
102

השלמת ותיקון חלקי הכלים ורפ"ח נצוצין דז' המלכים לא נשלם בשלמות גמורה, אלא רק חלקים נשלמים בכל עת וזמן, על ידי בני ישראל בתפילה, תלמוד תורה ומצות. יש ב' שמעות בדברי הרב ז"ל, מקום אחד כותב הרב ז"ל כי הברורים יושלמו, ואז משיח יבוא. ומקום אחד כותב הרב ז"ל שהמשיח יבוא יושלמו הברורים. יש לחלק בין הברורים דהחצוניות לפנימיות, עד ביאת המשיח אנו מבררים את בחינת חיצוניות דז' המלכים, ואחרי ביאת משיח צדקינו נברר את פנימיות ז' המלכים.
ע"ח ש"ט פ"ו מ"ב דמ"ו ע"א - ואז התחיל התיקון מעתיק וא"א, ונניח תיקון העתיק וא"א, כי הנה מהז"ת שבו התחיל השבירה. והנה כיון שג"ר שבו נשארו שם, התחיל להתתקן שהוא בחינת רישא, ושערות, ונקבים, ואז נתמעט האור היוצא מהם, ואז היה יכולת בז"ת לתקן בבחינת כלים דגופא, ומיעוטים, ומסכים גם כן דומיא דרישא, ונעשה כל זה בחינת ב"ן נוקבא דא"א, וזה היה בכח דכורא דא"א, שהוא מ"ה החדש. כי

העליונים ממנו, וזה בערך השלמות האמיתית, וזה נעשה על ידי תלמוד תורה, תפילה, והמצות נשלמים בחינות פרטיות דשבעה המלכים, בכל יום ובכל שעה נמשכים מוחין חדשים על ידי ישראל הקדושים, **אך** שלמות זאת **לא** שלמות לגמרי כנזכר לעיל.

ודע[104] כי **העולמות** והפרצופים **העליונים** ריחוקם וקרבתם למאציל היא שונה מעולם לעולם, ומפרצוף לפרצוף, כאשר סדר זה גורם למעלה יתירה בעולמות ובפרצופים העליונים בערך לתחתונים[105], לכן **כל**

תחלה נזדווגו ג' ראשונות דמ"ה דאריך אנפין, עם ג"ר דב"ן דא"א שלא נשברו, והעלו ז"ת דב"ן דנוקבא דא"א שנשברו, ונתחברו עמהם ז"ת דמ"ה דדכורא דא"א, ונתקן הכל. אחר כך נזדווגו זו"ן שהם ז"ת דא"א המ"ה וב"ן, ותיקנו ג"ר דחכמה דב"ן עם מ"ה. אז הג"ר תקנו הז"ת שלהם דמ"ה וב"ן. וכן על דרך זה עד תשלום העשר ספירות, שהם ה' פרצופים דאצילות, ואז נקרא ברודים, כי נקודים הוא ב"ן, וברודים הוא מ"ה וב"ן יחד. **ואמנם לא יכלו להתתקן לגמרי עד ביאת המשיח**, כי אלו נתקנין לגמרי היו מתתקנים י' ספירות דמ"ה עם י' ספירות דב"ן, ואמנם לא היה]כן[כל אחד על דרך האמור בקונטריס זה. כי עתיק לקח כל הכתר דמ"ה, וה' ראשונות לבד מכתר דב"ן. וא"א לקח כל החכמה דמ"ה, וה' אחרונות דכתר דב"ן. וכן אבא לקח חכמה דב"ן, וחצי בינה דמ"ה. וכן על דרך זה כולם, כי לא יכלו בחינת ב"ן להתברר לגמרי כל חלוקותיהן שבכל בחינה ובחינה מהם, על כן לא נשתוו י' ספירות דב"ן עם י' ספירות דמ"ה כנ"ל, **וזה יושלם לעתיד לבא, במהרה בימינו אמן.**

ע"ח שי"ט פ"ג מ"ת דצ"א ע"ג – והנה **אלו המלכים עדיין לא נגמרו להתברר עד ימות המשיח**, כי אז יוברר לגמרי, והסיגים יתבטלו בסוד בלע המות לנצח, והטוב שבהם יתברר ויתחבר עם הקדושה, אשר **בהמשך זמן זה מתברר מעט מעט בכל יום ובביאת המשיח יושלמו להתברר.**

ע"ח שכ"ו פ"ב מ"ב דט"ו ע"ג – דע כי כל בחינת הכלים והאורות הם מבחינת אותן המלכים, ויש מהן בחינת שלא נבררו, ובכל יום ויום מבריאת עולם עד ביאת משיחנו, מתבררים מהם הבירורים רבים, **וכשיוגמרו להתברר אז יבא משיח.**

נהר שלום, הקדמת רחובות הנהר ד"ז ע"ב – אמנם לא נתבררו כל האורות דמלכיות דמלכים דב"ן הנזכרים, אלא מקצת מהם, אותם חלקי האורות המוכרחים לתקן מהם פרצופי אבי"ע, המתייחסים לאותו העת והזמן אשר הם מוכרחים להמצא קודם בריאת אדם הראשון. ושארית הבירורים נשארו להתברר על ידי התפילות והמצות שיעשה אדם הראשון ע"ה, וכיון שגרם החטא ולא נעשה על ידו, כי אם מה שהיה ראוי ומתייחס אליו בלבד, כידוע כי לו יתברך נתכנו עלילות, נשאר להתברר בכל דור ודור, על ידי התפילות והמצות שיקיימו ישראל בכל דור ודור, שהם הנשמות הנמשכות ממחצב הנשמות, ובאות בכל דור ודור להשלים להעלות הבירורים דמחצב הספירות והנשמות, המתייחסים לאותו הדור כפולים ומכופלים מהנשמות ישנות, להשלים הבירורים של הדורות ההם שעברו, עד שיושלמו להתברר כל הבירורים דב"ן, ואז ישתוו חיבור י' ספירות דמ"ה, עם י' ספירות דב"ן, כתר עם כתר, כו'. **וזה יהיה בעת ביאת משיח צדקנו**, במהרה בימינו כן יהי רצון.

103

בית לחם יהודה ש"ו פ"ב – אמנם יש זמן שנשלמים הו"ק אך לא לגמרי. נראה שהוקשה לו דלפי זה, אם כן היכי לקחו הז"ת דב"ן את הז"ת דמ"ה בלי שום שינוי כלל. על זה בא לתרץ אמנם יש זמן שנשלמים הו"ק. שהם הו"ק דב"ן שנגדלים כאורך הו"ק דמ"ה, כנזכר בפרק ט' דשער י"ט, שכתב שהז"א כולו מ"ה, והנוקבא כולה ב"ן, והם נפרדים לזמנין אחור באחור, ולזמנין פנים בפנים, יעו"ש. ולכן לפעמים נשלמים הו"ק דב"ן באורך הו"ק דמ"ה, אך לא לגמרי, כי כתרו גדול מכתרה. כלומר ולפי שיש זמן שנשלמים הו"ק דב"ן, לכן לקחו הו"ק דמ"ה.

104

בית לחם יהודה ש"ו פ"ב – ודע כי העולמות העליונים וכו'. הוא ענין בפני עצמו.

105

ככל שהפרצופים מתרחקים מהמאציל, כך הם חסרי שלמות, וחסרונן הוא כי החבור בן בחינות המ"ה והב"ן שהם הזכר והנקבה שבאותו פרצוף הולכות ונפרדות. כאשר החיבור של דוכרא ונוקבא דעתיק הוא **חיבור נפלא**, כאשר בכל נקודה שבו מעורבים בחינות מ"ה וב"ן. לעומת זה בפרצוף אריך בחינות הזכר והנקבה הם בחיבור, אבל הדוכרא בצד ימין דא"א, והנוקבא דא"א בצד שמאל. או"א הם פרצופים נפרדים, עם כל זאת הם מחוברים תמיד פנים בפנים, וזיווגם תדיר ולא פסיק. התחתונים מכולם הם פרצופי זו"ן, כאשר כל פרצוף נפרד מחבירו, ועומדים אחור באחור, ורק לעיתים נוקבא באה לפנים, ודוכרא מזדוג עימה.

תרשים ב – י"ט.

ע"ח שי"ב פ"ב מ"ת דנ"ז ע"א – נבאר תחלה ענין אלו הנקבות שיש בעולם האצילות, הן בעתיק יומין, הן בא"א וכו'. והענין הוא כי הנה הודעתיך לעיל שיש בחינת עתיק ונוקבא, וא"א ונוקבא, ואו"א, וזו"ן. אמנם יש חילוק בענין הנקבות הנ"ל, והוא כי הנה הנקבה היא דינין, והוא מבחינת בירור המלכים, ואיך יצדק שם נקבה בעתיק וא"א שהם תכלית הרחמים, כנזכר בב' האדרות, ועוד כי הנה היות בחינת זכר ונקבה מורה על מיעוט, ופירוד, ואין אחדות גמור, כמו בהיות הזכר לבדו. והנה מצינו ראינו בהרבה מקומות בזוהר ובאדרא רבא דקמ"א ע"ב - בהאי דיוקנא דאדם שארי ותקין כללא דכר ונוקבא, מה שאין כך בעתיקא, וכן בהרבה מקומות מצינו שלא התחיל בחינת זכר ונקבה אלא מאו"א ולמטה, כנזכר באדרא זוטא דר"ץ ע"א - האי חכמתא אתפשט ואשתכח דוכרא ונוקבא, שהוא חכמה אב בינה אם, ובגינייהו כולא אתקיים בדוכא ונוקבא וכו', אם כן איך אנו אומרים שאפילו בעתיק וא"א יש בחינת נוקבא, והנה מצינו היפך זה בהרבה מקומות, ובפרט בספר הזהר פרשת בראשית דב"ך ע"ב - דעילת כל העילות אמר האי קרא, ראו עתה כי אני אני הוא ואין אלהי"ם עמדי וגו', דאית אחד בשתוף כגון דוכרא ונוקבא, ואתמר בהון כי אחד קראתיו, אבל איהו חד ולא בחושבן, ולא בשתוף, ובגין כך אמר ואין אלהי"ם עמדי, שהיא בחינת הנוקבא, הנקרא אלהי"ם, שהיא דין. והנה ליישב המאמרים אלו צריך שתדע כי בודאי שבכל העשר ספירות יש דכר ונוקבא, **אלא שיש חילוק במציאותן איך** הם, וביאור הענין הוא כי הנה בהם זו"ן אשר בהם עיקר המיתה, כי]הרי[בהם היו ענין ז' המלכים שמתו, ולכן יש בהם בחינת זכר ונקבה **בפרצופים נפרדין** אחד מחבירו, ומה שתמצא לפעמים שהם מחוברין אינן אלא בהיותן אחור באחור, כי אז אחוריהם דבוקים יחד וכותל אחד משמש לשניהן, וצריך נסירה באחור להפרידם. ואמנם **או"א** אשר היה בהם ביטול, ולא היה בהם מיתה בפועל כמו שהיה בזו"ן כנ"ל. לכן היה בהם גם כן בחינת זכר ונקבה, כל אחד בפני עצמו, פירוש בבחינת ב' פרצופים כדמיון זו"ן, **אבל נתוסף בהם חיבור עצום והוא שהם דבוקים יחד פנים בפנים** תמיד בכותל אחד בלבד משמשת לשניהן, **ואין ביניהן פירוד כלל**, לא כמו זו"ן שבהיותן אחור באחור מתחברים, ובהיותן פנים בפנים נפרדין. וזהו הטעם שאמרו בהרבה מקומות בספר הזהר פרשת אחרי דס"א, ובאדרא זוטא דר"ץ - אבל או"א לא מפסיק רעותא דתרווייהו לעלמין, כחדא נפקין, כחדא שריין, לא אפסיק דא מן דא, ולכן זווגייהו תדיר דלא פסיק. ואמנם **א"א** שהוא מבחינת הכתר של הנקודות, לא היה בו אפילו ביטול וכנ"ל, ואמנם הוא מן ה' אחרונות של הכתר דב"ן כנ"ל. ונודע כי בנה"י של הכתר דנקודים היה קצת ביטול, כאשר ירדו להעשות)כלים(מוחין לאו"א, ולכן גם בו היה בחינת זו"ן, אלא שנתוסף להם תיקון וחיבור נוסף, והוא **ששינוין היו פרצוף אחד הזכר ונקבה** שבו, באופן זה כי בחינת שם מ"ה שבו נתון בכל צד ימין, ובחינת שם ב"ן שבו היה בצד שמאלי שבו, ושניהם דבוקים יחד בבחינת פרצוף אחד, וזהו ענין מה שכתוב בזוהר שהכתר הוא זכר לחוד בלי נוקבא, ר"ל **בלי נוקבא נפרדת ממנו**, ומה שאנו אומרים שיש זכר ונוקבא הוא היות נמצאים בו ב' בחינות אלו של מ"ה וב"ן בימינו ובשמאלו, אשר הם בחינת זכר ונקבה בכל מקום, אבל לא שיש בו זו"ן נפרדין בב' פרצופים, והבן זה מאד. ובזה תבין איך או"א מלבישין לא"א זה לימינו וזה לשמאלו, כי כן הדבר בא"א עצמו צד ימין שבו הוא מ"ה דכורא, וצד שמאל הוא ב"ן נוקבא. ואמנם **בעתיק יומין** שהוא מבחינת ה"ר של כתר של הנקודים, ששם לא היה שום ביטול כלל מעולם, **לכן בחינת זכר ונקבה שבו שהם מ"ה וב"ן נתערבו יחד לגמרי**, ושניהן מעורבים יחד זה בזה, בימין בפני עצמם, וכן בשמאלו, ואינם כמו א"א, וזה שכתוב באדרא רבא דקכ"ט ע"א - לית שמאלא בהאי עתיקא סתימאה, כולא ימינא. והענין כי בא"א הזכר בימין והנקבה בשמאל, אבל בעתיק יומין צד ימין שבו כלול ממ"ה וב"ן, וכן בצד שמאל, אם כן שוין הם ואין הפרש בין ימינו לשמאלו. אמנם בחינת הנקבה והזכר שבו הוא באופן אחר, והוא שהם ב' בחינות פנים ואחור, פירוש כי בין צד ימינו ובין צד שמאלו, יש בו בחינת מ"ה מצד פנים ובחינת ב"ן מצד אחור, **ובזה הוא חיבור נפלא גדול מאד.**

מה שֶׁהם ר"ל הפרצופים יותר תחתונים במדרגה זה מזה, הם יותר מזווסרי **השלימות זה מזה** מפני שהפרצוף התחתון פחות זך בערך הפרצוף העליון, לכן תיקונו נמשך יותר זמן מהפרצוף שמעליו, והפרצוף העליון בערך לתחתון הוא מתוקן וקרוב יותר לא"ס[106], **לכן**[107] לדוגמה **תמצא**

106

נהר שלום די"ג ע"א – אמנם בערך העצמות ואור הא"ס המלובש בהם נקראים כלים, אמנם הם אור זך ובהיר בתכלית הבהירות, **אמנם ודאי כי יש הפרש וחילוק גדול בין ערך אורות הכלים דא"ק, לאורות הכלים דאצילות, וכן באצילות עצמו יש חילוק בין אורות דכלים דפרצוף העליון, לאורות דכלים דפרצוף התחתון המלבישו**, עד שיקראו הכלים דפרצוף העליון פנימית, לכלים דפרצוף התחתון המלבישו. וכן הוא בפרטי פרטות, **כי כל פרצוף היותר גבוה ופנימי מחבירו, הנה הוא קרוב אל אור הא"ס מדריגה אחת יותר מהפרצוף התחתון החיצון המלבישו, והוא מקבל אור הא"ס בקירוב ובהרחבה יותר מהפרצוף החיצון מדריגה אחת**, ולפיכך יקרא פנימיות לפרצוף החיצון המלבישו, כי **כפי קרבתם אל המאציל כך הוא** **זיכוכם ובירורם**. והמשכיל יבין כי כל אלו המאורות מן המאציל העליון, יצאו ונתפשטו ונשתלשלו כל אחד **כפי שיעור הבירור והתיקון הצריך לו**, כפי שיעור מיעוט או ריבוי הבירור והתיקון הצריך להם, כך הוא קירובם וריחוקם מן המאציל, **כי האור שאינו צריך זמן רב לבירורו ותיקונו הוא יותר זך מחבירו, והוא עליון וקרוב אל המאציל יותר מהאור הצריך זמן יותר לבירורו ותיקונו**. וכולם מאור המאציל העליון יצאו, ונתפשטו מדריגה למטה ממדריגה, ומדריגה לפנים ממדריגה, מראש א"ק עד העשיה, ונפרטו לכמה אלפי רבבות עולמות דא"ק ואבי"ע, זה לפנים מזה, מלבישים זה את זה בשוה, ומספר כללות פרטותם הוא כפי מספר ימי שני זמן בירורם ותיקונם, שהם שתא אלפי שני דהוי עלמא, וזה בבחינת שֵׁשת ימי בראשית, שהם שתא אלפי שני דהוי עלמא, שהם בבחינת פרטי פרצופי ו"ק, חג"ת ונה"י דחג"ת, אשר הם נפרטים לשנים, ולחדשים, ולשבועות, ולימים לבד, **ובכל יום נתקן פרט אחד** דכללות א"ק ואבי"ע, כפי סדר מטבע מה שנעשה בו' ימי בראשית. וכן על דרך זה הוא בירור ותיקון סדר הזמנים, שהם בבחינת פרטי פרצופי ו"ק, נה"י וחג"ת דנה"י, שמשם התחילו לשמש המאורות. אמנם הם נפרטים ליובלות, ולשמטות, ולשנים, ולחדשים, ולשבועות, ולימים, ובכל תפלה ובכל מצוה הנעשים באותו יום, מתבררים ועולים בירורים חדשים אשר לא נבררו ולא עלו מיום שנברא העולם עד היום הזה, ואלו הבירורים שנבררו ונתקנו היום, עולים ומלבישים לבירורים שנבררו ונתקנו אתמול, ונעשים חיצוניות להם, והבירורים של אתמול, הם בערך פנימיות להם, כי הם לפנים מהם, **וקרובים אל המאציל מדריגה אחת יותר מהם**, ואלו הבירורים של אתמול, הם בערך חיצוניות לבירורים שנברר ונתקנו ביום תמול שלשום, ובירורים דתמול שלשום הם פנימיות להם, כי הם לפנים מהם, **וקרובים אל המאציל מדריגה אחת יותר מהם**. וכן על דרך זה הוא בבירורים המתבררים ונתקנים למחר, שעולים ומלבישים לבירורים שנבררו ונתקנו היום, ונעשים חיצוניות להם, והבירורים של היום הם פנימיות להם, כי כבר נתקנו ועלו למדרגה יותר עליונה ממה שהיו בה היום, והם לפנים מהם, קרובים אל המאציל מדריגה אחת יותר מהם, כי הבירורים שנבררו ועלו ונתקנו היום. הנה הבירור והתיקון ההוא, נקרא בירור ותיקון בערך המדריגה ההוא, אבל בערך מדריגה יותר פנימית עליונה, עדיין צריכים בירור ותיקון יותר. ולפיכך למחר בעת עלות הבירורים החדשים ותיקונם, גם בעת ההיא נבררים ונתקנים הבירורים שנבררו ונתקנו היום, בירור ותיקון יותר מעולה, ועולים ונכנסים ומלבישים למדרגה יותר עליונה ממה שהיו בה היום, למקום שהיו בה הבירורים של אתמול, ומתקרבים אל המאציל מדריגה אחת יותר, ומזדככים יותר, והבירורים של מחר עולים למקום שהיו בה אלו הבירורים. וכן על דרך זה גם הבירורים של אתמול, נבררים בעת ההיא בירור יותר מעולה, ועולים ונכנסים למדרגה יותר עליונה ממה שהיו בה, **ומתקרבים אל המאציל מדריגה אחת יותר ומזדככים יותר**. וכן על דרך זה נעשה בכל העולמות, כי עולים מיום ליום לשבוע, ומשבוע לחדש, ומחדש לשנה, ומשנה לשמטה, ומשמטה ליובל, ומיובל ליובל, עד המאציל העליון, **עד שבכל יום נשלמה מדריגה אחת השמוכה אל המאציל להתתקן ולהזדכך תיקון וזיכוך שלם ונדבק במאציל**. וכן על דרך זה הוא בירור ותיקון וזיכוך ו' ימי בראשית, אלא שהם מיום ליום לשבוע, ומשבוע לשבוע לחדש, ומחדש לחדש לשנה, ומשנה לשנה לעשר שנים, ומעשר לעשר למאה שנים, וממאה למאה לאלף שנים, ומאלף לאלף עד שתא אלפי שני, על דרך הנז"ל, עד שבשתא אלפי שני דהוי עלמא חד,

עַד עוֹלָם לא גורסים[108] **הַנְּקֻדִים** צריך לגרוס **עקודים**, ולא עד בכלל, ר"ל לא כולל את עולם העקודים.

ורק באורות האזן והחוטם **הָיוּ**[109] זוֹמֵש בְּזוֹזְנֹת של **אוֹר**וֹת **פְּנִ֯י**ּמִים, וחמש בחינות של אורות **מַקִּיפִים נִגְלִים**[110] בכל העולמות דאזן וחוטם, כך שיש באזן ובחוטם נרנח"י פנימיים, ונרנח"י מקיפין, **אלא**

נשלמו כל העולמות להתברר ולהתקן ולהתבׁרר **ולעלות ממדריגתם מדריגה אחת שלימה כל פרט למדרגה שעליו.** כי שתא אלפי שני הוא זמן בירור ותיקון ועליית עלמא חד, שהוא מדריגה אחת לכל העולמות, ודי בזה למבין, כי לא נוכל להרחיב עוד הדיבור הצריך, **כי הדברים עתיקים עמוק עמוק**, והמשכיל יבין. ועיין תיקוני זוהר חדש דקמ"ג ע"א דפוס קושטא.
107

בית לחם יהודה ש"ו פ"ב – לכן תמצא עד עולם הנקודים. ולא הנקודים בכלל. ואיכא דגרסי עקודים, ולפי זה יהיה העקודים בכלל, ואין צריך לשבש הספרים, וכמו שכתוב בסמוך.
108

איפה שלימה ד"ג ע"ד – אך מן הפה של א"ק ולמטה וכו'. פירוש והפה בכלל, כמו שכתוב בשער ההקדמות בדף י"ג ריש ע"א יעוש"ב. ומה שכתב בע"ח בפרק ב' משער העקודים במ"ב ד"ה ודע וכו', וז"ל - עד עולם הנקודים היו ה' בחינות אורות פנימיים ומקיפים נגלים וכו', ואמנם מעולם הנקודים ולמטה, שהוא עולם האצילות וכו', כל זה הלשון הוא מוטעה, ובמקום תיבת נקודים **צ"ל עקודים**, וגם תיבת עולם האצילות הוא טעות, וצריך למוחקה, ועיין בשער ההקדמות שם.
109

בית לחם יהודה ש"ו פ"ב – היו ה' בחינות אור פנימי ואור מקיף נגלים. ר"ל שאין נשארים ה' בחינות דאור המקיף במאציל העליון, אלא הם מתגלים למטה בעולם ההוא, כן נראה לפרש. שכן נראה מדבריו שכתב בסמוך שלא נתגלה להם וכו', ואף על פי שבחינת המקיפין דעקודים הם מתלבשין בפנימיות כלי העקודים, כמו שכתוב בפרק א' דלעיל ד"ה להיות וכו', ואם כן היכי קרי להו בשם מקיפין, לא קשיא מדי, דהא בשעת יציאתן קודם שבטשו אור פנימי ואור מקיף זה בזה, לא היה עדיין להם בחינת כלי, ורז"ל קאי הכא על קודם עשית הכלי דעקודים, שכן נראה ממאי דקתני. אלא שהשנויים ביניהם הוא מה כי באלו]שהם אורות הפה[היו מתקרבין המקיפין עם הפנימיים, ובאלו]שהם אורות האזן והחוטם[יותר מתרחקין וכו', רק אחר שנכנסו גם הה' מקיפין ונתלבשו תוך הכלי, אז נעשו פנימיים. ולכן הוכרח שיהיה להם ב' מקיפין דחיה ויחידה מבחוץ כדי להאיר בחיצוניות הכלי, כמו שכתוב בסוף פרק ה' דלקמן, ואינם כל אחד ב' מקיפין לבד, דוגמת מקיפי האצילות כמבואר בפרק ג' שבסמוך. ומשום הכי אמר בפרק ג' שבסמוך, ובשער הקדמות דף י"ג ריש ע"א, שגם אורות הפה הם מכלל עולמות שלמטה, שאין בהם כי אם ה' פנימים וב' מקיפין, כי אחר שנתלבשו העקודים תוך כלי, נעשו כעולמות שלמטה מהם. ואם תאמר הא ניחא בעולמות אח"ף שהיה בהם ה' פרצופים וה' מקיפין, אבל בא"ק שהוא מעולמות העליונים היכן מצינו שיש בו ה' מקיפין. ויש לומר כי בחינת יו"ד מקיפין דיושר נקראים יחידה, ואור חוזר דשערי רישא דא"ק בחינת ע"ב, נקראים מקיף חיה, כמבואר בפרק א' דשער מ"ה. ואורות אח"ף היוצאים מס"ג הם מקיפי נשמה, ואורות נקודים וברודים שהם מ"ה וב"ן, הם מקיפי נפש ורוח, כמו שמבואר בדברינו בפרק א' דטנת"א, בסוף דיבור המתחיל ומקיף לב' המקיפין וכו', יעו"ש. אלא דלפי זה קשה, והלא גם בא"א עצמו נמצאין בו אורות אח"ף ואורות המצח, כמבואר בפרק י"ב דשער א"א, שכתב - אם תסתכל כל זה בבחינת אח"ף דא"ק וכו'. ועיין בהרב יפה שעה, ובדברינו דהתם. ועיין עוד בפרק ז' דשער א"א בהגהות מהרח"ו ז"ל. ומאחר שגם בא"א איכא בחינת אח"ף ובחינת מצח, ועם כל זה אינם נחשבים מכללות ה' המקיפין, כי אין באצילות בחינת ה' מקיפין. אם כן צריך עיון מה הם בחינת הה' מקיפין דא"ק.
110

הגהות וביאורים)ד(– א"ה עיין לקמן סוף פרק ג', וז"ל שער ההקדמות - ונודע כי ה' בחינות יש באור פנימי והם יחנר"ן, אבל באור המקיף אין כי רק ב' בחינות העליונות לבד, והם מקיף אחד עליון כנגד יחידה, ומקיף שני כנגד חיה, האמנם אין ענין זה אלא בכל האורות והספירות שהם מבחינת אורות העקודים היוצאים מפה א"ק ומהם ולמטה, והם בכלל. אבל בכל בחינת האורות אשר מן החוטם דא"ק ולמעלה, ואורות החוטם

שׁיש שינוים בין אורות האזן לאורות החוטם, **וְהַשִּׁנּוּים בֵּינֵיהֶם הוּא, כִּי בָּאֵלוּ** אורות החוטם **הָיוּ מִתְקָרְבִים** אורות הנרנח"י **הַמַּקִיפִים עִם** האורות הנרנח"י **הַפְּנִימִים**[111] כי האורות המקיפים יוצאים מנקב ימין דחוטם א"ק, והאורות הפנימיים יוצאים מנקב שמאל דחוטם א"ק, ונקבים אלו קרובים זה לזה בערך נקבי האזן[112], **וּבָאֵלוּ** אורות האזן היו יותר **מִתְרַחֲקִים**[113] אורות הנרנח"י המקיפים עם אורות הנרנח"י הפנימיים, כי אורות המקיפין יוצאים מאזן ימין, והאורות הפנימים יוצאים מאזן שמאל, והמרחק בין ב' הנקבי האזן גדול בערך המרחק בין ב' נקבי החוטם, **וְאָמְנָם מֵעוֹלָם הַנְּקוּדִים** לא גורסים צריך לגרוס **עקודים וּלְמַטָּה, עַד**[114] סוף כל **הָעוֹלָמוֹת** שהם עולמות אבי"ע, הכוללים את עולם הנקודים, ובו היתה שבירת הכלים. ובתיקונו נקרא עולם הברודים, והוא עולם האצילות. ואת עולמות בי"ע, בכל אלה נתמעטו האורות **וְהָיָה חִסָּרוֹן אָזֵן** שאין חיסרון זה באורות האזן והחוטם, כאשר באורות האזן והחוטם יצאו חמשה אורות מקיפין, וחמשה אורות פנימים, מה שאין כן מעולם העקודים ולמטה **שֶׁלֹּא נִתְגַּלָּה לָהֶם (נ"א בהם) בכל פְּרָטֵיהֶם יותר**[115] **מֵחֲמִשָּׁה אורות** נרנח"י **פְּנִימִים**[116] וזה הצד השווה בין אורות אזן חוטם לאורות

בכללם, הנה בכולם יש ה' בחינות אורות פנימים שהם יחנר"ן, וכנגדם ה' בחינות כיוצא בהם ממש ובאור מקיף שלהם, וזכור הקדמה זו, עד כאן לשונו.
111

הגהות וביאורים)ה(– נראה לי כדלעיל, שהבל החוטם ואזן המקיף רחוקים מהפנימים. יצחק.
112

המרחק בין אור פנימי למקיף דאורות החוטם הוא קטן בערך מקיף ופנימי דאורות האזן, ורק הדופן בין ב' נקבי החוטם מפרידה בין המקיף לפנימי.

ע"ח ש"ה פ"ב מ"ת דכ"א ע"ד – אחר כך באו הטעמים האמצעיים, והם בחינת אור היוצא מחוטם דא"ק, וחוטם גימטריא ס"ג, גם מכאן נמשך ויוצא אור דרך ב' נקבי החוטם, ימין ושמאל, ימין מקיף, ושמאל פנימי, על דרך הנזכר באזן, ונמשכו ביושר עד החזה של זה הא"ק, וזהו עיקר האור. אמנם הארתו גם כן הוא מתפשט אל צד האחור, ומסבב בכל סביבות א"ק. **והנה כאן נתקרבו האורות אלו הפנימים במקיפים שלהם, יותר מאורות האזנים, כי נקבי החוטם סמוכים הם.**
113

המרחק בין המקיף והפנימי דאורות האזן הוא גדול בערך המרחק בין אורות המקיף והפנימי דחוטם, כי אורות האוזן חופפים על הזקן דא"ק.

ע"ח ש"ה פ"א מ"ת ד"כ ע"ג – והנה כאשר יצא האור דרך נקבי האזנים, ימנית ושמאלית, נתפשטו האורות האלו מבחוץ ממקום האזנים עד מקום שבולת הזקן, **ונמשך בהתפשטותו מנגד התפשטות שער הזקן הצומח בלחיים בצדדי הפנים**, וכנגדו נתפשט ונמשך אור זה עד שמגיע למטה בשבולת הזקן, ושם מתחברים האורות היוצאים מב' נקבי האזנים, אמנם לא נתחברו בחבור גמור, אבל נשאר ביניהם חלל מעט.
114

עד סוף העולמות, תיקון זה בעץ חיים מהגהת השד"ה בספר פאת השדה די"ב, והיא בספר עץ חיים כתב יד שלו. הגירסא בספר עץ חיים המדפס היא **עד עולם האצילות**. והרב מורדכי עטיה זצ"ל שהדפיס מחדש את ספר עץ חיים החליף ותיקן כגירסת השד"ה – **עד סוף העולמות**. וזאת הגירסא בפרק ג' דשער העקודים לקמן.
115

בית לחם יהודה ש"ו פ"ב – יותר מה' אורות פנימים. הם נרנח"י הפנימים הנז"ל בריש מ"ב.
116

הגהות וביאורים)ו(– אלו הב' מקיפים הם לבד, ה' מקיפים נרנח"י שיש לכל פרצוף מהם כוללים, הבאים לו בא באי כוחו, והם למעלה מן הה' מקיפים דפנימים, והם הג"ר, והם הל"מ הכוללים שאינו מלביש אותם, ונשארים בסוד מקיף. עיין תורת חכם דף מ"ב א'.

מעולם העקודים ולמטה, שגם להם יש חמשה אורות נרנח"י פנימיים, **והצד הלא שווה בין אורות האזן והחוטם לאורות** מעולם העקודים ולמטה, הוא כי לאורות האזן חוטם יש אשר להם חמשה אורות נרנח"י מקיפין, ולאורות מעולם העקודים ולמטה יש רק ב'[117] **מקיפים** בלבד[118] כוללים, **שהם**[119] **מקיף ליחידה, ומקיף**

____

117

בית לחם יהודה ש"ו פ"ב – ושני מקיפים שהם מקיף ליחידה ומקיף לחיה. הם המקיפין הנזכרים בפרק א' דשער מ"ה, ובסוף פרק ג' דשער מ"ב, שהם יו"ד מקיפין דיושר הנקראים יחידה, ובחינת אור חוזר דשערי רישא הנקראים חיה. ואין כוונתו על מקיפי הל"ם דצלם, הנקראים גם כן חיה ויחידה. ועיין עוד בדברינו בסוף פרק א' דטנת"א, בסוף דיבור המתחיל ומקיף לב' המקיפין וכו'. ועיין להרב יפה שעה בפרק ג' דלקמן, שכתב ומה שיצאו ב' המקיפין הגדולים, ולא יצאו במקומם בחינת מקיפין היותר קטנים, שהם רוח ונפש, הטעם כמו שכתב רז"ל בסוף פרק ה' דלקמן, כי בהיות הנשמה בפנים בחינת אימא, והנשמה לנשמה מקיף בחוץ בחינת אבא, ששניהם הם בחינת או"א, דלא מתפרשין לעלמין, הנה אור הפנימי דאימא מרוב חשקו בשל אבא וכו', יעו"ש. וקושיית הרב יפה שעה ז"ל, היא קושיית ההגהה שבפרק ג' דשער מ"ה, והיא שייכת לפרק ג' שבסמוך, כמו שכתוב בדברינו דהתם, יעו"ש.

118

ע"ח ש"ו פ"ג מ"ת דכ"ו ע"ב – והענין הוא בהקדמה אחת שצריך שתדע, והוא כי הרי נתבאר לעייל כי בכל בחינה ובחינה מכל עולם ועולם, ובכל פרצוף, יש בו י' ספירות לא פחות ולא יותר, והם אור פנימי עשרה, ומקיף עשרה. אמנם י' פנימים נכללין בה' לבד, שהם כנגד הה' בחינות פרצופים שיש להם, כנזכר במקום אחר, והם א"א, ואו"א, וזו"ן, והם עצמן נקרא נרנח"י של כללות של כל עולם ועולם לבדו. וכן על דרך זה במקיף שהם עשרה ונכללין בה')בה' ובהם נכללין(כנ"ל. **אמנם דע כי בכל האורות והעולמות והפרצופים שיש מן החוטם של א"ק ולמעלה, בכל פרצוף יש תמיד כל הבחינות האלו שלימות, שהם ה' אורות פנימיים הכוללים מעשר ספירות פרטיות כנ"ל, וה' מקיפים הכוללים מן עשר ספירות פרטיות כנ"ל, אך מפה דא"ק ולמטה עד סוף כל העולמות לא יש רק ה' אורות פנימיים, וב' מקיפים העליונים, שהם כנגד יחידה וחיה ולא עוד**, כי האור נתמעט משם ולהלאה, לכן בעולם)נ"א העקודים(הזה שהם אורות היוצאין מפה דא"ק ולחוץ, לא היה בו רק ה' אורות פנימים, וב' אורות מקיפין, ואין עוד. **וזכור הקדמה זו.**

119

הקושיה הגדולה שהקשו רבותינו המקובלים איך יצאו מקיפי חיה ויחידה, שהם גדולים במעלתם וזכותם בערך נר"ן, ולא יצאו מקיפי נר"ן, הרי כל חסרון השלמות בעולמות ובפרצופים הוא מצד המקבלים, אם כן איך יכולים המקבלים שהם העולמות והפרצופים מעולם העקודים ולמטה לקבל את מקיף חיה ויחידה ולא את מקיפי הנר"ן. אפשר לפרש כמו שהרב הרי"ח הטוב מבאר כי האור הראשון מאורות הנרנח"י המתפשט הוא נפש, כי תמיד התפשטות האורות היא מתחא לעילא, אבל כאשר הוא מתפשט הוא נקרא בשם **יחידה**. אחריו מתפשט אור הרוח, ודוחה את אור הנפש הנקרא יחידה, וכעת אור **הרוח נקרא יחידה, ואור הנפש נקרא חיה.** ובאמת המקיפים הם בחינת נפש ורוח, אבל נקראים חיה וויחידה. לכן בחינת המקיפין המתגלת היא נפש ורוח, אבל בגלל שבחינות אלו עומדים במקום מקיפי החיה והיחידה, הם נקראים על שמם, מקיפי חיה ויחידה.

דעת ותבונה פ"ד – ואם תאמר מאחר דאור א"ס העליון הוא אור פשוט ושוה, איך אנחנו קוראים לזה האור המתפשט ממנו דרך הקו הנזכר בשם נרנח"י, שנמצא לפי זה שיש חילוק מדרגות באור זה, הנה התשובה לזה – דע כי מדרגות הנרנח"י שבאו בא"ק הנזכר הם על דרך זה, דהיינו תחילה בא לו אור אחד מא"ס דרך הקו הנזכר וזה ראוי להקרא יחידה, שהוא עליון וסמוך אל מקורו. ואחר כך נתוסף לו עוד אור חדש מן א"ס דרך הקו הנזכר ודחה את הראשון למטה, ועל כן אור החדש הנוסף ראוי להקרא יחידה כי הוא עליון וסמוך אל מקורו, והאור הראשון יקרא חיה, לפי שנתרחק ממקורו מדרגה אחת, ואחר כך נתוסף לו אור אחר מן א"ס העליון דרך הקו הנזכר והאור הב' נדחה למטה והאור הראשון נדחה יותר למטה, על כן אור הנוסף ראוי שיהיה נקרא יחידה שהוא עליון וסמוך אל מקורו, והב' יקרא חיה שנתרחק מדרגה, והאור שהתחתיו יקרא נשמה, לפי שנתרחק ב' מדרגות. אחר כך נוסף לו עוד אור אחד דרך הקו הנזכר ועל ידי כך נדחה התחתון ג' מדרגות, ולכן ראוי להקרא רוח והעליון ממנו שנדחה ב' מדרגות יקרא נשמה, והעליון ממנו שנדחה מדרגה אחת יקרא חיה, וזה האור הנוסף שהוא עליון וסמוך אל המקור יקרא יחידה. ואחר כך נוסף לו עוד אור אחד

לזיווה, אך לשאר הג' אורות נר"ן פנימית צ"ל הפנימיים לא יש להם ר"ל אין להם את בזיונת מקיפים כוללים מבזיונת נר"ן וכל זה בגלל שהם מרוחקים מהמאציל, והם מחוסרי שלמות, והמקיפים שלהם הם רק מבזיונת יזיידה וזיזה כי אין בחינת כלים שיכולים להלביש אורות האלו[120], אומנם גם לבחינת הנר"ן יש מקיפים פרטיים הנקראים מקיפים פנימיים[121], ובחינת מקיפי החיה והיחידה הם מקיפים אשר הם מקיף צ"ל מקיפים את כולם, ולא מפאת עצמן שיקיפו את הנר"ן הפנימיים שלהם, וזה הפך מה שכתב הרב ז"ל בפרק[122] א' דשער העקודים.

חמישי ואז יקרא באמת יחידה, כי הוא עליון וסמוך אל מקורו, והשני הסמוך לו יקרא חיה, והסמוך לו יקרא נשמה, והסמוך לו יקרא רוח, והסמוך לו שנתרחק ד' מדרגות יקרא נפש. הרי ידעת ענין הנרנח"י המתפשטים מן א"ס בא"ק דרך הקו הנזכר אך יש בהם חילוק מדרגות שנקראים שמות נרנח"י, ואף על פי שהם נמשכים מן מי האור העליון דא"ס, שהוא אור פשוט ושוה ואין בו עצמו חילוק מדרגות כלל ח"ו.

120

ע"ח ח"ב ש"מ דרוש י"ב – ואחר שנתבאר לך כל זה דרך כללות, צריך להאיר עיניך שלא תטעה במה שכתוב לעיל, ותחשוב כי כמו שיש בכל פרצוף ופרצוף שבכל עולם ועולם, ה' בחינות נרנח"י הנקרא פנימיות, שכן יש גם ה' בחינות כלים כנגדן, כי אין הדבר כן. והענין כי הנה הכלים הם חיצוניות ועביות, ולא יכלו להתלבש כל ה' מיני נשמה, רק הג' תחתונים לבד שהם נר"ן, ולאלה בלבד היו כנגדם כלים וגופים, אך חיה ויחידה שבכל פרצוף, אין כנגדן כלים בפרצוף ההוא עצמו שיתלבשו בהם, אך נשארין בחוץ בלתי כלים, בסוד מקיף כמו שכתוב. ואם כן נמצא כי בחיצוניות לא יש רק ג' בחינות לבד, שהם ג' כלים חיצון, אמצעי, ופנימי, כדי שיתלבשו בתוכם נר"ן, שיש כנגדן כלים, אך היחידה וחיה אין כנגדן כלים לשיתלבשו בתוכם, ונשארין בסוד אור מקיף.

121

ע"ח ש"ד פ"א די"ז ע"ד – ודע כי נר"ן מתלבשים תוך פנימיות הכלים, שהוא הגוף. אך הנשמה לנשמה אין יכולת בגוף האדם לסובלה, ונשארת מבחוץ בסוד אור מקיף. וכשהוא מקיף את המוח מדור הנשמה, אז הוא בחינת מקיף אל הנשמה, וכשהיא מקפת את הלב שהיא מדור הרוח, אז הוא בחינת מקיף אל הרוח, וכשהיא מקפת לכבד מדור הנפש, אז הוא מקיף לנפש. כי כמו שיש ג' בחינות אלו שהם נר"ן, כך הנשמה לנשמה צריך שיהיה בה בחינת ג' אלו, כולם בסוד אור מקיף. אמנם הגלגולת שהוא סוד הכתר, משם שורש לנשמה עליונה, הנקרא יחידה. וטעם קריאתה יחידה לפי שהיא מקפת כל העולמות בבחינת נשמה לנשמה לבדה, ולא בחינת נר"ן, כמו שמבואר בנשמה לנשמה כנ"ל. (כי הלא לא יש רק ג' בחינת נר"ן וכנגדם יש ג' בחי' אלו בנשמה לנשמה) אבל דוגמת הנשמה העליונה הנקרא יחידה אין דוגמתה בחי' ר"ן כנ"ל וכולה היא מציאות א' וז"ס הנקרא יחידה לפי שאין דוגמתה למטה כנ"ל.

122

בפרק א' דשער ו' הרב כתב שיצאו בעולם העקודים עשרה בחינות של אורות פנימיים, ועשרה בחינות של אורות מקיפין, שהם בעצם נרנח"י פנימיים, ונרנח"י מקיפין. ובפרקין כותב הרב ז"ל שלא יצאו כל המקיפים. יש לתרץ כי מקיפים אלו הם הנקראים מקיף דפנימי כמו שכתב הרב ז"ל בפ"א דש"ה, וכמו שמבאר הרב יפה שעה שם. לכן חייבים לדעת ולחלק בין המקיפים הכללים, לבין המקיפים הפרטים שהם נקראים מקיף דפנימי.

תרשים ב – כ.

ע"ח ש"ו פ"א מ"ת דכ"ד ע"ג – והתחיל בעקודים כי הם האור היוצאים מפה דא"ק, אשר בהם התחיל גילוי הויות הכלים, להיות י' אורות פנימים ומקיפים מקושרים ומחוברים יחד בתוך כלי אחד, אשר לסבה זו נקרא עקודים, מלשון ויעקד את יצחק, ר"ל ויקשור, וכמו שנבאר בע"ה. אבל האורות עליונים של אזנים וחוטם לא נתבארו, בפירוש כיון שעדיין לא נתגלו בהם הויות הכלי, ואחר כך נבאר בע"ה נקודים וברודים. והנה בהתחברות האורות פנימים עם האורות מקיפים מחוברים תוך הפה, לכן בצאתם יחד לפה חוץ קשורים יחד, הם מכים זה בזה, ומבטשים זה בזה, ומהכאת שלהם אתייליד הויות בחינת כלים.

אמנם בכל העולמות והפרצופים מעולם העקודים ולמטה **יש בהם שינוים וגירעונות עוד אזורות** צ"ל אחרים **כפי סדר הפרצופים והעולם** צ"ל והעולמות, כמו שכתב הרב ז"ל בתחילת הסוגיא - **כי העולמות העליונים כל מה שהם יותר תחתונים במדרגה זה מזה, הם יותר מחוסרי השלימות זה מזה, אך הכלל**[123] של החסרונות **שבהם** ר"ל בכל העולמות והפרצופים מעולם העקודים ולמטה **כי אי אפשר להיות פזוזות (נ"א יותר) מזזמשה** אורות **פנימים** שהם נרנח"י, **וב'** אורות **מקיפים עליונים** כללים שהם חיה ויחידה.

הרב ז"ל מבאר את סוגית מוחין דחיה, סוגיא זאת היא לא בבחינת מקיף דחיה, אלא מוחין דחיה הניתנים לז"א. הרב ז"ל מבאר את בחינת המוחין דחיה, בחינת נר"ן הפנימים דז"א, ועמידת ז"ון אחור באחור, קבלת מוחין דחיה, נסירתם, חזרתם פנים בפנים, וזיווגם[124]. **ודע**[125][126] כי כמו שהאדם התחתון נולד אין לא את כל בחינת הנרנח"י בילדותו,

---

ע"ח ש"ה פ"א מ"ב – ענין ה' בחינות נרנח"י פנימיים, והמקיפים הם ב' חיה ויחידה. **צריך לדעת כי גם בה' בחינות פנימית יש מקיף בכל אחד,** כנפש נדב, אביהוא, ואליהו ז"ל, אבל אלו הב' מקיפים הם אחרים כוללים זולת ה' מקיפים שבפנימיות, ואות לזה שבאלו המקיפים הפנימים יש יותר מה', שהוא מקיף, ומקיף למקיף, ומקיף לב' המקיפים. **ומבאר הרב יפה שעה** – לא ידעתי למה לן לאטרוחי כולי האי לאות ולמופת, הלא ממקומו הוא מוכרח, שהרי כתב רז"ל לעיל פרק א' ז"ל - ונתחיל בעקודים שהם אורות היוצאים מן הפה דא"ק, אשר בהם התחיל גילוי הוויות הכלים כו', **הנה אורות הפנימים עם אורות המקיפים מחוברים יחד בתוך הפה,** לכן בצאתם יחדיו מחוץ לפה קשורים יחד, הם מכים זה בזה ומבטשים זה בזה, ומתוך ההכאות שלהם מתיילדים בחינת הווית הכלים יע"ש. הרי בהדיא כי משעת ראשונה, מעת שיצאה המלכות שהיא ראשונה מן היוצאים, כבר היתה כוללת אור פנימי ואור מקיף, וכבר נמצא שם ד' בחינות, שהם, **אור פנימי ואור מקיף בפנימיות הכלי,** וחיצוניות הכלי. וכן כשיצאו כל השאר מן המלכות ולמעלה, וכשיצא ז"א הרי יצא בחינת נפש, ומקיף דנפש לעצמו, ובחינת רוח ומקיף הרוח למלכות, וכן כל השאר. באופן שמשעה ראשונה ליציאתם כל אחד כפי בחינתו **יצא הוא ומקיפו עמו,** ונמצאת המלכות בנרנח"י שלם, ומקיפים. וז"א בנרנח"י שלם ומקיפיהם. ואחר כך כשחזרו זו"ן במאציל, כדי לקנות חיה ויחידה, מוכרח שהיא חיה ויחידה מלבד המקיפים של הפנימים. באופן שמן הדרוש והענין מוכרח להיות נרנח"י שלם ומקיפיהם, והכל בחינות פנימיות, ועוד בחינת חיה ויחידה מקיפים כוללים על כולם.
123

כלל – מעולם העקודים ולמטה, כל העולמות והפרצופים הם בני ה' בחינות נרנח"י פנימיים, וב' בחינות של מקיפים כללים הנקראים חיה ויחידה.
124

כשנבראו זו"ן יצאו בבחינת נפש רוח שלהם שלהם ד"ו פרצופים, בבחינת ד"ו פרצופים, והם חסרים את בחינת נשמה, חיה, ויחידה. וכאשר מקבלין זו"ן מוחין דנשמה, הנקראים גדלות א', שהם מהבינה, הנקראים ישסו"ת הם חוזרים ועומדים אחור באחור ופחד אחיזת החיצונים, כאשר בפנים דזו"ן יש שמות הוי"ה, ובאחור שמות אלהי"ם. ידוע כי אחיזת החיצונים היא משמות אלהי"ם, ועל ידי אחיזה זאת הם יכולים לינק משמות הוי"ה, לכן עשה המאציל שזו"ן יעמדו אחור באחור, ועל ידי כך אין אפשרות אחיזה לחיצונים. אחר כך זו"ן מקבלים מוחין דחיה, הנקראים גדלות ב', שהם מהחכמה, הנקראים או"א עילאין, ובקבלת מוחין אלו נוסרת הנוקבא מז"א, וחוזרים זו"ן פנים בפנים, ומתיחדים.
תרשים ב – כ"א.

ע"ח ח"ב של"ב פ"א מ"ת דל"ד ע"ג – והנה כבר נתבאר לך ענין ב' מיני מוחין אל ז"א, מן אבא ומן אמא מתלבשין תוך נה"י דאמא ותוך נה"י דאבא, ונה"י דאבא מלובשין תוך נה"י דאמא, ונה"י דאמא תוך ז"א עצמו. גם נתבאר אצלינו כי יסוד דאמא נשלם בחזה דז"א, לכן עד שם היו מוחין דאבא מכוסים תוך הנה"י דאמא, ומשם ולמטה מתגלה יסוד אבא, ולסבה זו יצאו שם חוץ לז"א ב' פרצופים, כי מיסוד אמא ר"ל

מאורותיה הגולין שנתגלו מן החזה ולמטה יצאה רחל מאחוריו, שיעור מקום זה. ומלפניו יצא פרצוף יעקב גם כן כשיעור מקום זה, אלא שהוא מן היסוד של אבא שנתגלה עתה מן החזה ולמטה, ומסתיים עד שיעור פי יסוד דז"א שוה בשוה. ואמנם יש שינוי אחד ביניהם, והוא כי **רחל היא דבוקה עם ז"א אחור באחור ממש בכותל אחד בין שניהן**, עד שצריך נסירה להפרידן ולהחזירן פנים בפנים. אבל יעקב אף על פי שעומד בפני ז"א מחציו ולמטה, אינו דבוק עמו ממש, ויש אויר פנוי ביניהם, כמו שנכתוב לקמן בע"ה. וטעם הדבר בקיצור הוא לפי שרחל היא נוקבא עיקרית דז"א, והנה היא אספקלריא דלית בה)נהורא(מגרמה כלום כנודע, ואינה נתקנה אלא על ידי ז"א בעלה, ולולי שתתחלה היתה עצם מעצמיו ובשר מבשרו בתכלית הדיבוק וקישור, לא היה חושש אחר כך לתקנה ולהאיר לה לכל הצורך, אבל ביעקב לא הוצרך ענין זה, דלא שייך ביה האי טעמא. ושורש ביאור ענין זה כי הנה אבא הוא עיקר הארתו ליעקב, כמו שכתוב אצלינו על פסוק - ויקם עדות ביעקב, כי היסוד דאבא אשר בתוכו הדעת של זעיר אנפין הנקרא עדות, הנה הוא ליעקב ועיין שם. ואמנם מה שמאיר בז"א הוא דרך העברה בעלמא, ולכן אין יעקב צריך להדבק עם ז"א בכותל ומחיצה אחד בלבד בין שניהם, אלא ברחוק, וזה סוד מרחוק הוי"ה נראה לי, וביארו בזוהר בהרבה מקומות, כי מרחוק הוא חכמה, כמו שכתוב פרשה בהעלתך ובפרשה שמות על פסוק - ותתצב אחותו מרחוק, כי כל אורות אבא הם מרחוק ולא מקרוב. אמנם האורות אמא הם לז"א ורחל ביחד, כי החסדים ניתנין לז"א, וגבורות לנוקבא, ושניהם יחד דבוקים ביסוד אמא, לכן גם זו"ן שמקבלין הארתם דבוקים יחד, ובפרט על מה שכתוב במקום אחר כי בעת היותם דבוקים אחור באחור מן הגבורות דאמא לבדם, **נעשה להם כותל אחד לשניהם, חציו לז"א בעוביו של כותל, וחצי עובי הכותל לנוקבא**, כי הם כולם בחינת גבורות לבדם, **אבל בעת הנסירה להחזירם פנים בפנים**, כתיב ויסגור בשר תחתינה, וביארו באדרא דקמ"ב ובאתרהא שקיע רחמי וחסד, פירוש נעשה הכותל שלו מן החסדים כותל שלם לעצמו, וגם לה כותל שלם לעצמה מן הגבורות, שגם חצי הכותל שלו של הגבורות נסרו ונפלו וניתנו אליה.

ע"י של"ד פ"א מ"ב דמ"ד ע"ג – ונבאר בריחל פרטן, ונתחיל בריחל הנקרא נוקבא דז"א האמיתית כנ"ל, שהיא נקודה עשירית מן העשר נקודות הכוללות כל עולם האצילות כנ"ל, והיא המלכות שבהם, והיא אשת ישראל הנקרא ז"א בכל מקום. וכבר נתבאר כי היא יוצאת מן התפארת, מהארת המוחין של נה"י דאמא, והיא עומדת באחורי ז"א בתחלת בריאתה ותקונה אחור באחור, מהחזה דז"א ולמטה, עד סיום רגליו, ומקום זה הוא שיעור קומה שלה בכל העשר ספירות. **והנה סיבת היות רחל אחור באחור עם ז"א, הטעם הוא כמו שבארנו שהחצוניים אינן יכולין להתאחז כלל עם הקדושה, בבחינת פנים שלה, אפילו בפנים של הנוקבא, רק בבחינת האחוריים לבד**, כי הנה החצונים נקראו אלהי"ם אחרים, וכל יניקתן ואחיזתן הוא בשם אלהי"ם הקדוש, ונודע כי כל בחינת אלהי"ם הם באחוריים של הקדושה. והנה רחל שהיא הנוקבא האמיתית של ז"א כנ"ל, אם היתה עומדת כדמיון לאה, אשר פניה כלפי אחורי ז"א, הנה היה אחוריה נשארין בגלוי, והיו החיצונים נאחזים בה מאד, לפי שהיא נקבה כנודע, כי רגליה יורדות מות, והטעם הוא לפי שהיא דינין גמורים, ושם אחיזת החיצונים, ונוסף על זה כי היא אחרונה שבכל י' ספירות דאצילות, ולכן היו נאחזין בה הקליפות מאד, ולכן כדי שלא יתאחזו בה הקליפות לסבת הנ"ל, ובפרט שהוא נוקבא דז"א העיקרית והאמיתית, ואין אנו רוצין שיתאחזו בה הקליפות, מה שאין כן בלאה כמו שכתוב במקומו, **ולכן הונחו זו"ן אחור באחור, דבוקים יחד, אחד באחד יגשו, ורוח החיצונים לא יעבור ביניהן**, ולא יעבור זר בתוכם כלל, להיותן מדובקים ומחוברין יחד ממש, עד **שצריך אחר כך נסירה ממש** כמאמר רז"ל על פסוק - ויבן הוי"ה אלהי"ם את הצלע, ונשארו פני ז"א ופני רחל מגולים, כי אין שם אחיזת החיצונים כלל, ואחר אשר נתבסמו ונמתקו על ידי הנסירה אלו האחוריים שלהם. **אז חוזרין זו"ן פנים בפנים אחר נסרו**, כי כבר אין כח בחיצונים להתאחז אפילו באחוריים. ובזה תבין סוד פסוק נזורו אחור, כי תמיד כשישראל חוטאין למטה אז חוזרין זו"ן להיות אחור באחור, וטעם הדבר הוא כי אז על ידי מעשה התחתונים הרעים היו הקליפות יכולין להתאחז באחוריים המגולין אם היו פנים בפנים, לכן צריכין לחזור אחור אחור כדי שיתכסו האחוריים, ולא יתאחזו בהם החיצונים.

שער הכוונות, דרושי ראש השנה, דרוש א' – ונחזור לבאר ענין הנסירה, הנה אחר שנברא אדם הראשון, והתפלל ועשה מצות והיה כורת הקליפות, ולא היה יכולת להם להתאחז באותם האחוריים, **אז בא ענין הנסירה**. וענינה הוא כי כל אותם האחוריים והדינים שהיו בזכר, כולם נסרו ונתפרדו מן הזכר, וניתנו כולם באחוריים שלה, ועל ידי כך נתפרדה ונתרחקה ממנו, ואז הז"א נשאר כולו בבחינת חסד, והיא בבחינת דינין,

ומקבלם על ידי לימוד התורה והמצות, כך הוא בפרצופים העליונים, שגם הם לא בעלי שלמות של נרנח"י בערך הפרצופים שמעליהם, ויש גם להם תהליך לקבלת המוחין, **כי כאשר לא יש** ר"ל אין **בפרצוף** ז"א **בזוינת[127] זזיה פנים** שהם לא בחינת מקיף דחיה, **שבחינת החיה הפנימית הוא** צ"ל היא **בזוינת הטעמים[128], שנקרא מוזזין** דגדלות ב'[129], המביאים את זו"ן פנים בפנים, **כי כל המוזזין**

וגבורות שלה ושלו. ואמנם ענין נסירת ודחיית דינין אלו מאחורי ז"א, ליתנם באחוריים דנקבה, הוא נעשה על ידי החסד העליון של אימא עילאה. וזה סוד פסוק - ואיש כי יקח את אחותו כו', חסד הוא כו', כי בכח החסד נבסרו זו"ן הנקרא איש ואחותו, ואתפרשו גזעין מתתא לעילא, שהם האחוריים שלהם שנפרדו, **ועל ידי כך לקחה לו לאשה, ונזדווגה עמו פנים בפנים.**

גמרא ברכות דס"א ע"א – כדרבי ירמיה בן אלעזר דאמר רבי ירמיה בן אלעזר **דו פרצופין** ברא הקב"ה באדם הראשון שנאמר אחור וקדם צרתני. ויבן הוי"ה אלהי"ם את הצלע, רב ושמואל, חד אמר פרצוף, וחד אמר זנב, בשלמא למאן דאמר פרצוף, היינו דכתיב אחור וקדם צרתני, אלא למאן דאמר זנב מאי אחור וקדם צרתני, כדרבי אמי, דאמר רבי אמי אחור למעשה בראשית, וקדם לפורענות. בשלמא אחור למעשה בראשית, דלא אברי עד מעלי שבתא, אלא וקדם לפורענות, פורענות דמאי, אילימא פורענות דנחש, והתניא רבי אומר בגדולה מתחילין מן הגדול, ובקללה מתחילין מן הקטן, בגדולה מתחילין מן הגדול דכתיב, וידבר משה אל אהרן ואל אלעזר ואל איתמר בניו הנותרים קחו וגו', בקללה מתחילין מן הקטן בתחלה נתקלל נחש, ולבסוף נתקללה חוה, ולבסוף נתקלל אדם. אלא פורענות דמבול, דכתיב וימח את כל היקום אשר על פני האדמה מאדם ועד בהמה, בריישא אדם והדר בהמה, אלא למאן דאמר פרצוף היינו דכתיב וייצר בשני יודי"ן, אלא למאן דאמר זנב מאי וייצר, כדרבי שמעון בן פזי, דאמר רבי שמעון בן פזי אוי לי מיוצרי אוי לי מיצרי. בשלמא למאן דאמר פרצוף, היינו דכתיב זכר ונקבה בראם, אלא למאן דאמר זנב מאי זכר ונקבה בראם, כדרבי אבהו, דרבי אבהו רמי כתיב זכר ונקבה בראם, וכתיב כי בצלם אלהי"ם עשה את האדם, הא כיצד בתחלה עלה במחשבה לבראת ב' ולבסוף לא נברא אלא אחד. בשלמא למאן דאמר פרצוף היינו דכתיב **ויסגור בשר תחתנה,** אלא למאן דאמר זנב מאי ויסגור בשר תחתנה, אמר רבי ירמיה, ואיתימא רב זביד, ואיתימא רב נחמן בר יצחק, **לא נצרכה אלא למקום חתך.** בשלמא למאן דאמר זנב, היינו דכתיב ויבן, אלא למאן דאמר פרצוף מאי ויבן, לכדרבי שמעון בן מנסיא, דדרש רבי שמעון בן מנסיא מאי דכתיב **ויבן ה' את הצלע, מלמד שקלעה הקב"ה לחוה והביאה לאדם הראשון,** שכן בכרכי הים קורין לקליעתא בניתא. דבר אחר ויבן, אמר רב חסדא, ואמרי לה במתניתא תנא **מלמד שבנאה הקב"ה לחוה** כבנין אוצר, מה אוצר זה קצר מלמעלה ורחב מלמטה, כדי לקבל את הפירות, אף אשה קצרה מלמעלה ורחבה מלמטה, כדי לקבל הולד. **ויביאה אל האדם,** אמר רבי ירמיה בן אלעזר מלמד שנעשה הקב"ה **שושבין** לאדם הראשון.

בראשית רבה, פרשה ח' א' – ויאמר אלהי"ם נעשה אדם בצלמנו כדמותנו, רבי יוחנן פתח אחור וקדם צרתני וגו', אמר רבי יוחנן אם זכה אדם אוכל שני עולמות, שנאמר אחור וקדם צרתני, ואם לאו הוא בא ליתן דין וחשבון, שנאמר (שם) ותשת עלי כפכה. אמר רבי ירמיה בן אלעזר, בשעה שברא הקדוש ברוך הוא את אדם הראשון, **אנדרוגינוס בראו, הדא הוא דכתיב זכר ונקבה בראם.** אמר רבי שמואל בר נחמן, בשעה שברא הקב"ה את אדם הראשון **דו פרצופים בראו, ונסרו, ועשאו גביים, גב לכאן, וגב לכאן.** איתיבון ליה והכתיב ויקח אחת מצלעותיו, אמר להון מתרין סטרוהי היך מה דאת אמר ולצלע המשכן, דמתרגמין ולסטר משכנא וגו'.
125

באתי לגני ח"ב ש"ו פ"ב – ודע כי כאשר וכו'. אפשר שזה רמז הכתוב – לא יתיצבו הוללים לנגד עיניך, היא החכמה, בחינת העינים.
126

בית לחם יהודה ש"ו פ"ב – ודע כי כאשר לא יש בפרצוף. הז"א.
127

בית לחם יהודה ש"ו פ"ב – בחינת חיה פנימית. שהם הנה"י דאבא.
128

יש סוגיות שהרב ז"ל מיחס את הטעמים לכתר והנקודות לחכמה, כאן בסוגית נתינת מוחין דחיה לז"א הטעמים הם בחכמה. כמו שכתב הרב ז"ל במ"ב דפרק זה וז"ל - ונאמר כי הנה **ע"ב טעמים בכתר,** וס"ג נקודות בחכמה, ומ"ה תגין בבינה, וב"ן אותיות בתפארת)נ"א בז"ת(, וכבר ביארנו כי ע"ב הוא בכתר יש בו אריך ונוקבא, וכן ס"ג בחכמה או"א, וכן מ"ה ישסו"ת וכן ב"ן זו"ן, כי הם הבנים, וישסו"ת מ"ה גימטריא אד"ם, כי הם האבות של הבנים דב"ן. ועל דרך זה פרטות כל אחד מאלו יש לו ד' בחינות הנ"ל.

ע"ח ש"ה פ"א מ"ב דכ"א ע"א – דע כי **ע"ב הוא כתר וטעמים.** ס"ג הוא חכמה ונקודות. מ"ה הוא בינה ותגין. וב"ן ז"ת ואותיות.
129

לפי פשט הדרוש נראה כי כאשר זו"ן הם בקטנות, הם עומדים אחור באחור, וכאשר הם מקבלים מוחין דגדלות, הנוקבא ננסרת מז"א ובא לפנים. אלא בעומק דברי הרב, כאשר זו"ן הם בבחינת קטנות, ויש להם את בחינת הנפש והרוח בלבד, הם עומדים פנים בפנים, כי אין פחד שהאחוריים שלהם מגולים, מפני שיש בהם שמות אלהי"ם ולא שמות הוי"ה, גם פנים וגם באחור שלהם, ואין חשש שהחיצונים ינקו מזו"ן, ולחיצונים יש אפשרות לינוק **כדי חיותם** כל עוד אין בזו"ן שמות הוי"ה. וכאשר זו"ן מקבלים מוחין דגדלות א', ומוחין אלו הם בחינת נשמה, שהם שמות הוי"ה, והם בבחינת **אחור דגדלות,** אז זו"ן חוזרים לעמוד אחור באחור, מפחד החיצונים שיכולים לינוק משמות אלהי"ם הנמצאים באחוריים של זו"ן, ועל ידי יניקה זאת יבואו לינוק גם משמות הוי"ה הנמצאים בפנים, לכן עומדים זו"ן אחור באחור כדי שלא תהיה אפשרות לקליפות לינוק מהם, וידוע כי אין לחיצונים יניקה משמות הוי"ה. וכאשר זו"ן ננסרים, וחוזרים לעמוד פנים בפנים, והם מקבלים מוחין דגדלות ב', שהם **מוחין דחיה,** שהם מוחין דפנים שלהם, אין פחד שהחיצונים יתקרבו לזו"ן, אפילו שהאחוריים דזו"ן מגולים לחוץ, מפני שגם בחינת האחור וגם בחינת הפנים דזו"ן הם שמות הוי"ה, וידוע כי שמות הוי"ה דוחים את הקליפות מלינק ולהיאחז בזו"ן, בסוד הפסוק – לא יתיצבו הוללים לנגד עיניך, כאשר ההוללים הם הקליפות, ועיניך הם בחינת מוחין דחיה הרמוזים בחכמה שהיא בחינת העין.

ע"ח ח"ב שמ"א פ"א דפ"ב ע"ג – נבאר ענין אחור באחור, הנה נתבאר כי החיצונים יונקים מן העור, הנקרא קליפת נוגה, והנה בהיות ז"א בסוד יניקה, אז החיצונים נאחזין שם מאד יותר מן הצורך, מאותן הניצוצין המאירין ועוברין דרך נקבי העור, **ואחר כך בהיותן בגדלות נמשכו בחינת מוחין דגדלות, אלא שהם עדיין בחינת דינין וגבורות קצת,** אז נמשכו בזו"ן חשמ"ל מבחינת נה"י תבונה הב' לבד כנודע, ואז החיצונית מבחינת הפנים חשמ"ל הנ"ל, אינם יכולים לינק, כי הם אור גדול ונכהים עיניהם, בסוד לא יתיצבו הוללים לנגד עיניך, אל האחור, אמנם מן האחוריים דחשמ"ל יכולין לינק, לכן המוחין הנמשכים אל הנוקבא הם נמשכין על ידי ז"א עצמו, אל האחור, כדי שעל ידי זה תלך אל הנקבה לאחור, **ויהיה אחור באחור בכותל העור** הנקרא גויל, כנזכר. וזה סוד משנה ראשונה בבבא בתרא - השותפין שבנו את הכותל בגויל, בגזית, ובכפיסין, ואז הקליפות מן הפנים אינם יכולין לינק, גם מהאחוריים אף על פי שהיו יכולין לינק מהם, עם כל זה כיון שהם דבוקים **אחור באחור יגשו, ורוח לא יבא ביניהם,** כי אין להם מקום לינק, רק דבר מועט מאד די חיותם, מבחינת נקבי העור כל שהוא, אך לא הרבה שיגברו על הקדושה ח"ו. ונמצא כי להיות **אלו המוחין גבורות והם בלתי שלימין** להיותן מבחינת נה"י לבד. וגם שהם מתבונה של התבונה, לכן הוכרחו להיות אחור באחור, ר"ל שימשכו אליה המוחין על ידו, ואז הוא מוכרח להיות דבוקים. ואחר כך מסתלקין ממנו, וניתנים אליה, כי משלה הם, שהם הגבורות, ונשארין בה ונגדלת כל האחור כולו. **ואחר כך באים מוחין חדשים יותר גדולים** אל ז"א, והם חסדים בסוד אתי חסד, ופריש לון, והרי הגבורות לחלקה, ומוחי החסדים הם לחלקו, ואז חוזרין פנים בפנים, כי האחוריים שלו כיון שעתה הם מבחינת חסדים, וגם שהחשמ"ל של עתה אינו כחשמ"ל הראשון, ואינם יכולין לינק משם. אמנם מהחשמ"ל שבאחוריה שאינו רק מהארת חשמ"ל העור דז"א יונקים משם, אלא שהוא החיות המוכרח לקליפות בצמצום, כי מלכותו בכל משלה, וחפץ הוא בקיומם המוכרח. וסוד ענין זה דעהו, כי הנה מוכרח להמשיך חיות להמלכים שלא נתבררו, כי הם ניצוצין הקדושה, אך אינו נותן בהם רק די ספוקם לבד, אך לא דבר שנותר שיוותר אל הקליפה. אמנם כיון שהקליפות הם מחוברים יחד בסוד הקליפות החופפים בעור, לכן גם הם ניזונים באמצעיות צמצום קטן מאד, לכן כשישלמו להתברר אז אינו חפץ בקיום הקליפות, ולא ימשוך להם אור כלל ועיקר, ואז יתבטלו הקליפות, וזה סוד בלע המות לנצח. והנה בכל המוחין החדשים שלקח אז עלה יותר, ואז אינה צריכה לרבוץ על האפרוחים בסוד חשמ"ל, להגן עליהם מהקליפות, כי כבר עלו זו"ן עד מקומם, ואז אינה רובצת.

בְּסוֹד[130] חָכְמָה[131] אוֹ א"א עילָאִין, כמו שכתוב[132] חכמה תחיה בעליה וְהוּא[133] שָׁם עַ"ב[134] דס"ג, שהוא

בחינת החיה, ורק כאשר זו"ן מקבלים את המוחין דחיה, שהם מוחין דגדלות ב', זו"ן חוזרים פנים בפנים ומזדוגים, לכן

ע"ח ח"ב שכ"ט פ"א ד"כ ע"ב – ענין הנסירה, הנה תחלה על ידי מוחין דקטנות היו דבוקים באחור, לפי שעדיין אחוריים שלהם הם דינין של אלהי"ם, ואחר כך הפיל שינה לז"א, וחוזרין המוחין להסתלק ממנו, ונשאר בבחינת יניקה, שזהו השינה, והבן זה מאד.
תהילים ה' ו' – לא יתיצבו הוללים לנגד עיניך שנאת כל פעלי און.
130

בית לחם יהודה ש"ו פ"ו ע"ב – בסוד החכמה שהוא שם ע"ב. אף על פי שלעיל מזה כתב דע"ב הוא בכתר, וס"ג בחכמה וכו', התם מיירי במדרגת האורות עצמם, כמבואר בפרק א' דעתיק, והכא איירי במוחין המושפעים לצורך הזווג, כמו שכתב בפרק א' דשער טנת"א, בהגהות מזל"ן, יעו"ש.
131

בחינת מוחין דחיה הם חכמה, והחכמה היא בחינת העינים, בסוד הפסוק החכם עיניו בראשו. חז"ל רמזו את בחינת הולדת בנים, סומא, מצורע, ועני בבחינת החכמה והעינים. **הולדה,** קשורה לסוגיא זאת של מוחין דחיה הגורמים לזו"ן להזדוג, ומי שאין לו ילדים חשוב כמת. **עני,** אין עני אלא בדעת, וזה סוד הפסוק ימותו ולא בחכמה, והחכם מכל אדם אמר - כי בצל החכמה בצל הכסף. **מצורע,** ידוע כי הסתלקות מוחין דאבא גורמת לצרעת, והכהן הרומז לבחינת אבא, הוא מטהר את הצרעת. **סומא,** בחינת הראיה בדברי הרב ז"ל היא בחכמה. בכללות הענין, מוחין דאבא הנקראים יחידה הם בחינת חיות העולמות, וסילוק מוחין אלו גורמים למיתה.
ע"ח ח"ב של"ח פ"ז מ"ת דס"ג ע"ב – הנה כוונת דבריו הוא כי נגע הוא קדושה, אלא שהוא דין קשה, והנה הכהן הוא אבא, שהוא דוחה את רוח הטומאה אשר באדם או בבית המונגע, והגורם לנגע זו הוא הצרעת אשר תרגומו סגירו, ופירוש סגירו דנהורא עלאה, שהם **מוחין דז"א דמצד אבא חכמה עלאה שלא נתגלו בז"א הוא גרמת הצרעת** שהוא אחיזת החצונים. וזה סוד שאמרו רז"ל שהמצורע חשוב כמת. כי כבר נתבאר אצלינו בענין האבלות, כי הסתלקות מוחין עלאין דז"א דמצד אבא, הוא גרמת המיתה, וזה סוד ימותו ולא בחכמה, כי סיבת המיתה הוא לסבת חסרון החכמה, שהם המוחין כנ"ל, כי החכמה תחיה את בעליה, ובהסתלקותה המיתה מצויה, שהוא היפך ותמורת החיים, ולהיות כי גם מצורע הוא ענין הסתלקות המוחין של החכמה כנ"ל, לכן הוא חשוב כמת.
ע"ח ש"ד פ"א די"ז ע"ד – והנה העינים שהם סוד ראיה, **שהיא החכמה,** הוא סוד נשמה לנשמה, בסוד חכמה.

נהר שלום דל"ג ע"ג – ואיני כמזהיר אלא כמזכיר, להשתדל מאד לכוין בכל פרטי כונת שמות הספירות ומקיפיהם המבוארים בשער השמות, ושמות הנרנח"י שהם המנוקדות ומקיפיהם, להמשיכם מלובשים תוך שמות המוחין, שהם שמות בלתי ניקוד, והם מלובשים תוך הצלם, ולהמשיך הצלם לתוך אותם השמות דעשר ספירות דאותו הפרצוף המתיחס לאו"ם המוחין והנרנח"י, וזאת היא הכוונה השלימה, ובלתי כונת השמות המנוקדות שהם הנרנח"י כי אין אור א"ס מתפשט, **אלא תוך התפשטות אור החכמה שהם הנקודות, ובלעדם הם כל אותם הכוונות כגוף בלא נשמה, ויש עליהם פחד כי ימותו ולא בחכמה,** וגם כי עיקר כוונת הבירור הוא בכלים עם הרפ"ח, אשר על כן צריך לשמור לעשות ככל הנזכר, וימחלו רבותי שדברתי עד כה, אף על פי שידעתי שכל זה ידוע וברור ומפורסם להם, ויותר מזה הם עושים כו'.
גמרא נדרים דס"ד ע"ב – אמר רבי יהושוע בן לוי, כל אדם שאין לו בנים חשוב כמת, שנאמר הבה לי בנים ואם אין מתה אנכי. ותניא ארבעה חשובין כמת, עני, ומצורע, וסומא, ומי שאין לו בנים. עני דכתיב - כי מתו כל האנשים. מצורע דכתיב - אל נא תהי כמת. וסומא דכתיב - במחשכים הושיבני כמתי עולם. ומי שאין לו בנים דכתיב - הבה לי בנים ואם אין מתה אנכי.
גמרא ערכין דס"ח ע"א – וחכמים אומרים פעמים שאדם עני והעשיר, או עשיר והעני, אלא שמין הנכסים ונותנין לה, מאי עני, ומאי עשיר, אי נימא עני, עני בנכסים, עשיר, עשיר בנכסים, מכלל דתנא קמא סבר, אפילו עשיר והעני כדמעיקרא יהבינן לה, הא לית ליה אלא **עני בדעת, עני בדעת. עשיר בדעת.**
גמרא נדרים דמ"א ע"א – אמר אביי, נקיטינן אין עני אלא בדעה.
קהלת ב' י"ד – החכם עיניו בראשו והכסיל בחשך הולך וידעתי גם אני שמקרה אחד יקרה את כלם.

כל עוד שלא קבלו את בחינת מוחין דחיה **אי אפשׁר** לזו"ן להתיחד **ולהזדווׁג** ולהוליד, **ועם כל זאת עׁדיין שׁאר האורות שיׁשׁ לו** ר"ל לז"א **שׁהם נר"ן פׁנׁימית** צ"ל הפנימיים, והם נפש עיבור, רוח יניקה, נשמה מוחין דגדלות א'. וכאשר זו"ן מקבלים מוחין דגדלות א', מוחין אלו לא יכולים לגרום לזו"ן לבוא פנים בפנים, וזו"ן לא יכולים להתיחד. ואורות הנר"ן **נׁקׁראׁים אׁורות אׁזׁורׁים, ואׁז עׁומׁדׁין** זו"ן **אׁזׁור בׁאזׁור** וכותל אחד, שהוא העור[135] משמש לשניהם, והוא סוד הקלף לתפילין ומזוזה. וכאשר באים מוחין דחיה, זו"ן ננסרים, ובאים פנים בפנים, ומתייחדים ◆

והׁטׁעׁם לזה הוא **כי כאשׁר אׁין לׁו** ר"ל לזו"ן **בׁזׁינׁת** מוחין דחיה הפנימית **הנׁ"ל, עׁדׁיׁין** השפע שזו"ן מקבלים **הׁם** בבחינת **דׁינׁין** שהם שמות אלהי"ם, **וכל עוד זו"ן** לא קבלו את המוחין דחיה שהם טעמים, והם קיבלו רק מוחין דנשמה, שהם מוחין דגדלות א' הבאים מאימא, שהם **נׁקׁראׁו נׁקׁודׁות** לאפוקי מוחין דחיה הנקראים טעמים, **שׁהׁוא** שם ס"ג, **שׁהׁוא** בחינת **הנׁשׁמׁה**, והשפע שהם מקבלים הם בחינת שמות אלהי"ם שהם **דׁינׁין** בערך המוחין הבאים מאבא, הנקראים מוחין דחיה, **ולׁכׁן** כאשר זו"ן קבלו מוחין דאימא שהם גדלות א', ויש להם שמות הוי"ה בפנים ושמות אלהי"ם באחור, **כׁדׁי שׁלׁא יׁהׁיׁה בׁהׁם** ר"ל בזו"ן

איוב ד' כ"א – הלא נסע יתרם בם ימותו ולא בחכמה.
132

קהלת ז' י"ב – כי בצל החכמה בצל הכסף ויתרון דעת **החכמה תחיה בעליה.**
133

הגהות וביאורים)ז**(** – אור מקיף, אף שלעיל כתב שע"ב בא"א, וס"ג בחכמה)באו"א(דאו"א, נראה לי דאיירי הכא בע"ב דס"ג, דהיינו הטעמים דס"ג.
134

בפרק א' דשער טנת"א הרב כתב כי המוחין הם משם ס"ג, ובפרקין הרב כותב שהמוחין הם מע"ב. פשוט הוא כי מדובר על המוחין הבאים מע"ב דס"ג, כמו שמבאר הגוב"י.
ע"ח ש"ה פ"א מ"ב דכ"א ע"ב – ואחר כך הוציא שערות הזקן הנמשכין מן ס"ג)**עצמו(הכולל**, הנקרא נקודים, שמהם נעשו **כללות ג' מוחין שבו, ונמשכין תחלה סוד הטעמים דס"ג**, שהוא אח"פ עד טיבורו.
135

ע"ח ח"ב שמ"א פ"א מ"ק דפ"ו ע"ד – וזה העור הוא עצמו עור אחד עב, שהם ב' עורות דבוקים, נקרא גויל ודוכסוסטוס, והוא הכותל שמפסיק בין ז"א לנוקבא, והוא כולו מן שמות אלהי"ם, הנקרא כורסייא דשביבין בפרשה נשא באדרא, ואחר הנסירה נחלק זה העור ונגסר לב' כנודע, כי אין חבור בבשר אלא בעור, כי כל אחד היה לו גוף בפני עצמו, ואינם דבוקים אלא בעור. ואז נחלק הגויל ונעשה ב' עורות קלף ודוכסוסטוס, לז"א **קלף לתפלין**, כי הוא בחינת מוחין, **ודוכסוסטוס למזוזה למלכות.**
הרמב"ם, אהבה, הלכות סת"ם פרק א' הלכה ו' – שלש עורות הן גויל, וקלף, ודוכסוסטוס, כיצד לוקחין עור בהמה או חיה ומעבירין השער ממנו תחלה, ואחר כך מולחין אותו במלח, ואחר כך מעבדין אותו בקמח, ואחר כך בעפצא, וכיוצא בו מדברים שמכווצין את העור, ומחזקין אותו, וזה הוא הנקרא גויל. **הלכה ז'** – ואם לקחו העור אחר שהעבירו שערו, **וחילקו אותו בעביו לשנים**, כמו שהעבדנין עושין, **עד שיהיו שני עורות, אחד דק הוא שממול השיער, ואחד עבה והוא שממול הבשר**, ועבדו אותו במלח, ואחר כך בקמח, ואחר כך בעפצא, וכיוצא בו מזה החלק שממול השיער נקרא קלף, וזה שממול הבשר נקרא דוכסוסטוס. **הלכה ח'** – הלכה למשה מסיני שיהיו כותבין ספר תורה על הגויל, וכותבין במקום השיער, ושיהיו כותבין התפילין על הקלף, וכותבין במקום הבשר, ושיהיו כותבין המזוזה על דוכסוסטוס וכותבין במקום השיער, וכל הכותב על הקלף במקום שיער או שכתב בגויל ובדוכסוסטוס במקום בשר, פסול.

אזיזה אל החיצונים שהיא מדרגה קשה יותר מיניקת החיצונים[136], לכן לא יכולים זו"ן לעמוד פנים בפנים, כי החיצונים יאחזו באחוריים דזו"ן ששם שמות אלהי"ם, ועל ידי כך יהיה להם ח"ו יניקה משמות הוי"ה הנמצאים

136

יש הבדל בין בחינת יניקה לבין בחינת אחיזה של החיצונים. **יניקה** היא בחינת קבלת חיות חיות הקליפות, כי הקליפות לצורך גבוה נבראו, כדי להביא ניסיונות, שכר ועונש על האדם. לעומת זה **אחיזה** היא בחינה שהההחיצונים לקחים את כל השפע, והסיבה העיקרית לזה היא עונות של ישראל ח"ו, שעל יד זה באים גזרות. לכן חובה לשמור ולעשות את כל התורה, עם כל זאת יש בחינה של נתינת חיות לחיצונים בסוד מים אחרונים, ובסוד בית הכסא.

ע"ח ח"ב של"א פ"ב מ"ת – באופן כי צפרנים הם הלבוש הקשה שניתן שם בראשי אצבעותיו ובקצוותין, כדי שלא ינקו החיצונים הנקרא קליפה תקיפא ממ, כי בהיות שם קליפה הקלושה שהם הצפרנים שהם קשים, מאד אי אפשר אל החיצונים לינק ממש, והצפרנים עומדין על קצוי סיומי האצבעות, למגן ולמחסה מן הקליפות החיצונים, **שלא ינקו יותר מן הצורך שלהם,** כי בהכרח משם מקום יניקתם, **אלא הכוונה הוא כדי שלא ינקו יותר מדאי.**

ע"ח שכ"ב פ"ב מ"ד דק"ד ע"א – גם בשמואל מצינו ענין זה, שאמר הכתוב - ומעיל קטן תעשה לו אמו, והענין בסוד ראיתי אלהי"ם עולים מן הארץ, והוא עוטה מעיל. והענין סוד נפלא דע כי ראינו כי הבעלת אוב העלתה את שמואל, וראוי לפקוח עיניך איך אפשר שאיש גדול כשמואל הנביא, שהיה שקול כמשה ואהרן, ובעלת אוב תעלה אותו בכשפיה ובטומאתה, להמשיך נפשו אל הטומאה ולהעלותו במציאות אובי טמיא, וזה תבין במה שכתוב כי הצדיק עולה במדרגות הנשמות הנ"ל. ותחלה כשהיה בן ב' שנים עשתה לו אמו מעיל קטן, וכבר ידעת כי בהיותו בן ב' שנים העלתו אמו והורה הוראה, כמאמר רז"ל שעלי היה רוצה להרגו, על שהורה בפני רבו, ומזה תבין רוב חכמתו כי בהיותו בן ב' שנים זכה אז להורות הוראה, להיות לו מוחין דקטנות שלימים, וזהו מעיל קטן וגו', **שכל סוד הקטנות הוא מוחין דאלהי"ם וכנ"ל,** בסוד יוסף שהוא סוד ג' אלהי"ם פשוט, ומילוי, ומילוי דמילוי, שהם ב"ן אותיות, וג' פעמים ב"ן גימטריא קנ"ו, כמנין יוסף, וג' אלהי"ם עצמן בכללות הוא גימטריא קטן, ולכן יוסף נקרא גם כן קטן, כי הלא ג' אלהי"ם אלו ברדתן אל היסוד, כמו שמבואר אז נקרא קטן, ועיין למטה. ונחזור לענין כי סוד הקטנות הוא היניקה, כי כן שמואל השלים לו אז ב' שנים של היניקה, והיה לו סוד הקטנות ההוא, וזה סוד ומעיל קטן וגו', כי סוד מעיל זה הוא סוד שאנו קורין חלוקא דרבנן. אמנם לא היה מכסה את הראש רק הגוף לבד, וזהו פירוש מעיל, וזהו לבוש אל הגוף שהוא ו"ק. נמצא שהוא סוד היניקה שאין לז"א אז רק ו"ק, וזה סוד ומעיל קטן, ואמו הוא סוד אמא עלאה, אשר היא מתפשטת נה"י שלה ונכנסת בריש"א דז"א, עם המוחין דקטנות כנ"ל, וזהו תעשה לו אמו. וכבר ידעת ענין חנה שהוא אם שמואל שהיא סוד אמא עלאה, כי כן חנה גימטריא ס"ג, שהוא שם הבינה, ושמואל נגד ז"א. וזה סוד ומעיל קטן על נכון, והנה מעיל גימטריא קנ"א, שהוא אהי"ה דהי"ן, שהוא סוד נה"י של בינה המלבשת את המוחין, ונקרא אהי"ה דההי"ן. ואמנם אחר כך שמואל עלה במדרגה עליונה יותר, והיה שקול כמשה ואהרן, וג' אותיות שמ"ו משמואל גימטריא משה ע"ה, ולהיותן מוחין דקטנות, וגם הם סוד אלהי"ם, **לכן כל אחיזת החיצונים וקיומם הם במוחין אלו דקטנות,** ולכן הסטרא אחרא נקרא בשם אלהי"ם אחרים. והנה במות הצדיק הנר"ן שלו מצד אצילות עולין אל אצילות, ונשמה שלו דבריאה עולה לגן עדן העליון, ורוח דיצירה בגן עדן הארץ, ונפש דעשיה נשארת בקבר, וכשמתעכל הבשר עולה גם הנפש ההיא למעלה, ונשארת ההוא הבל דגרמי, על אינון גרמי דאשתארו בקברא, כנזכר פרשה שלח. וסוד הענין, כי הנפש שהיא סוד מוחין דגדלות שבעשיה, היא עולה למעלה אחר עכול הבשר, אבל הבל דגרמי שהוא מוחין דקטנות מצד אלהי"ם דעשיה, שהוא הנפש מצד אלהי"ם, וזה נקרא הבל דגרמי, נשאר תמיד עד עת התחייה בקבר, **כי להיותה סוד דינין יש בו תמיד אחיזת הקליפות, ואינו יכול להפרד מן הגוף לעלות למעלה,** ובעלת אוב לא יכלה להעלות משמואל רק אותה בחינת דהבל דגרמי. וזה סוד בזוהר פרשת שלח על הבל דגרמי ודא איהו אוב להעלות מן הארץ, עיין שם. כי הוא סוד הבל דגרמי **שהוא סוד הקטנות, יש כח בקליפות להתאחז בו,** לכן ראתה את שמואל שהיה עוטה במעיל דימי קטנותו, לרמז כי לא יכלה להעלות רק אותו סוד מעיל קטן לבד, וזה שכתוב - ראיתי אלהי"ם עולים מן הארץ, כי לא ראתה רק סוד הקטנות, שהם מוחין דאלהי"ם.

פרי עץ חיים, שער שבת, פרק כ"ד – אחר כך יטול ידיו למים אחרונים, ויכוין כך, כי הלא ידעת כי הסטרא אחרא קאים על השולחן, וצריך האדם ליזהר מאוד בזה, כי אז יכול לשלוט עליו יותר משאר זמנים. אמנם

כשיש ברכת זימון בג', אז אין כל כך חשש, כי על ידי ברכת הזימון יסתלק משם. אך בהיות אדם יחידי, אז צריך כוונה גדולה עד מאוד לסלק מעליו כח הסטרא אחרא, וצריך לכוין מאוד בברכת המזון. והנה גם במים אחרונים, יותר צריך לנהוג בהיותו לבדו, כדי שלא יקטרג עליו הסטרא אחרא, **ועל ידי מתנה זו של המים אחרונים יסתלק**, אמנם עם כל זה הוא כאורח, ואחר כך אם לא יכוין בברכת המזון אז יחזור לבעל הבית, לכן צריך כוונה גדולה במים אחרונים ובברכת המזון, ובפרט בהיותו יחידי. והנה כוונת מים אחרונים, יכוין כי ראשי תיבות שלהם מ"א, וכן ראשי תיבות וסופי תיבות של אחרונים הוא א"ם, והוא סוד אהי"ה דיודי"ן פשוט, ומלא, ומלא דמלא, הוא א"ם אותיות. וכן באהי"ה דאלפי"ן הוא מ"א אותיות. ותכוין בשתי מ"א אלו, **לדחות כח הסטרא אחרא, שלא יקח יותר מהראוי.** ....וכל זה תכוין בהיות אצבעותיך כפופים למטה, כי במים אחרונים צריך אדם להשפיל ידי, ובזה מגרש הסטרא אחרא כנ"ל.

שער המצוות, פרשת עקב – ענין מים אחרונים, דע כי סטרא אחרא עומד על השלחן, כנזכר בזוהר פרשת תרומה דף קנ"ד, ויכול אז לשלוט עליו יותר משאר זמנים, ובפרט בהיות האדם יחידי, ואין שם ג' אנשים כדי לברך ברכת זימון, כי על ידי ברכת זימון מסלק סטרא אחרא משם, כנזכר פרשת בלק בעוברא דההוא ינוקא, וצריך ליזהר מאוד בכוונות מים אחרונים, כדי שלא יקטרג עליו, **אבל על ידי זו המתנה שנותן לו כנודע, מסתלק הסטרא אחרא והולך לו**, כי בתחלת היה הוא אורח, ואחר כך אם לא יכוין בברכת המזון היטב, יעשה בעל הבית, יקטרג עליו ובפרט בהיותו יחידי בלי זימון כנזכר.

ע"ח ח"ב של"ב פ"ה מ"ת דל"ז ע"ג – ואמנם מצד האחור דז"א מחציו ולמעלה אין בו דבר כלל, ומחציו ולמטה יש בו נקודה ג' באחור, אשר משם יוצא פסולת ושמרי המאכל, **ומכאן יוצא הארה אל החיצונים**, וזה שהקליפה, ועבודה זרה נקרא צואה בלי מקום, וכמו שכתוב צא תאמר לו, **כי משם הם נזונים**, ומצד הפנים אי אפשר לחיצונים להתאחז, **לכן הושם הציניור זה באחוריים כי שם הם נאחזים וניזונים**, וזה סוד שיש עבודה זרה הנקרא פעור, אשר עבודתה בכך לפעור עצמו ולהוציא הזוהמא אליה, כי זהו מזונא ממש, ואין שפע נמשך לה כי אם על דרך זה.

שער מאמרי רשב"י, פרשת תצוה – אבל עתה נבאר ענין נקודת האחור מה ענינה. ואמנם **הוא סוד גדול וראוי להעלימו**, הנה ידעת כי הקליפות נקראים צואה בלי מקום, **כי מזונם והשפעתם מן המותר היוצא דרך נקודת האחור**, ולכך הושם נקודה זו באחור, ולפי שאינם יכולים לקבל מצד הפנים, כי אינם רואים פני שכינה ולא יתיצבו הוללים לנגד עיניך, והנה זה הנקב של האחור נקרא בתורה בית פעור, וזהו סוד עבודה זרה של פעור, שעבודתה בכך לפעור עצמו על פניה כנודע, כי זו היא קבלת השפע שלה והבן זה.

בן איש חי, שנה ראשונה, פרשת ויצא, הקדמה – ועתה לכה נכרתה ברית אני ואתה, והיה לעד ביני וביניך, הנה הראוה יראה דמשונה ברית זה מכל הבריתות שבעולם, דכל ברית שכורת האדם עם חבירו הוא כענין התקשרות, ודבקות, ואחוה, וריעות זה עם זה. משאין כאן, ברית זה הוא מיוסד על הפירוד להיפרד זה מזה, שלא יתגלה אחד לחבירו, ולא ידבק בו, אלא יסתרו איש מרעהו, וצריך להבין מה זה ועל מה זה עשו את הברית באופן זה, שיסתרו איש מרעהו. והענין יובן בס"ד דידוע כל תחתון צריך להתדמות לשרשו העליון, והנה יעקב אבינו עליו השלום שורשו בקדושה, ולבן שורשו בקליפה, **וידוע שהקליפה אין לה יכולת להתאחז בצד הפנים של אור הקדושה**, אינו רואה את הקליפה, וכן נמי הקליפה אינה רואה את הפנים של אור הקדושה. ודוגמת זאת ממש נעשה למטה שכרתו ברית בזה, שאמר יצף הוי"ה ביני וביניך, כי נסתר איש מרעהו, והטעם מובן שכל אחד צריך להתדמות לשרשו. לכן אמרו רז"ל על פסוק - ויקבור אותו בגי מול בית פעור, דכל זמן שפעור עולה ומקטרג, רואה את משה קבור שם ונרתע ושב לאחוריו, מפני שהסטרא אחרא מוכרח שתתעלם ולא תתראה לפני הקדושה. וזהו הטעם שהאדם פי הטבעת שלו באחוריו, ולא בצד הפנים, דמפורש בדברי רבינו האר"י ז"ל בשער מאמרי רשב"י פרשת תצוה, וז"ל - עתה נבאר ענין נקודת האחור מה ענינה, ואמנם הוא סוד גדול וראוי להעלימו, הנה ידעת כי הקליפות נקראים צואה בלי מקום, דמזונם והשפעתם מן המותרות היוצאים דרך נקודת האחור, ולכן הושם נקודה זו באחור, ולפי שאינם יכולים לקבל מצד הפנים. כי אינם רואים אור פני שכינה, דכתיב לא יתייצבו הוללים לנגד עיניך, וזה סוד עבודה זרה של פעור, שעבודתה בכך לפעור עצמו על פניה כנודע, כי זו היא קבלת השפע שלה והבן זה, עד כאן לשונו. **נמצא מקום שיוצא ממנו הפסולת ושמרי המאכל שבאדם, הנה הוא דוגמה למקום יניקת הקליפות**, ולכך הושם מקום זה באחורי האדם, כי עמידת הקליפה באחור. ובזה יובן הטעם ששרורה על האדם רוח רעה בכניסתו לבית הכסא, ששם נאחזים כוחות הסטרא אחרא **אשר**

בפנים, לכן **הם** ר"ל זו"ן **מוכרזזים** בזמן זה **להיות** עומדים **אזוריים היותר חיצונים**
שהם[137] עיבור ויניקה, שהם הפרצוף הראשון והשני, כאשר הבחינה הפנימית ביותר היא עיבור ועליה יניקה, **שהם**
בבזינת אותיות עיבור **ותגין** יניקה, **שהם נפש** אותיות, **ורוח** תגין, והם צריכים **להיות**
דבוקים יחד אחור באחור כדי שלא יאחזו החיצונים, בסוד[138] ורוח לא יבוא ביניהם, **ואינם נגלין רק**
אורות פנימי צ"ל הפנים **שהם** בחינת מוחין ד**נשמה** הנקראים מוחין דאחור, שהם **בינה** ונקודות[139]
שהם ישסו"ת, בערך בחינת מוחין דחיה, שהם חכמה וטעמים, ומוחין דנשמה הם הפרצוף השלישי דז"א, בערך מוחין
דחיה שהם הפרצוף הרביעי[140].

הזוהמה הוא מזונם, ולכן צריך להיות האדם נזהר מאד שלא ישהה נקביו וישקץ עצמו, אלא כל עת אשר
ירגיש שהגיע זמן הפסולת לצאת, יוציאנה תכף בלי איחור ועיכוב כלל, ואזהרה זו צריכה מאד על פי הסוד,
ובפרט קודם תפלה וברכה ועסק התורה, וכמו שכתוב בספר חסידים סימן תתי"ח, וז"ל - אדם צריך להיות נקי
מבפנים כבחוץ, שנאמר וכל קרבי את שם קדשו, שלא יהיה בקרביו טנופת, לכן קודם שיתפלל, וקודם אכילה
ושתיה שהוא צריך לברך, יעשה צרכיו וכו', עיין שם. ובגמרא אמרו הרוצה שיקבל עליו עול מלכות שמים
שלמה, יפנה, ויטול ידיו, ויניח תפילין, ויקרא ק"ש ויתפלל. וכתב רבינו ז"ל בשער המצות פרשת שמיני, וז"ל
- שקוץ הנפש, כתיב אל תשקצו את נפשותיכם, וארז"ל מכאן שהמשהה נקביו עובר על לא תשקצו, והטעם
יובן כי ענין אכילה הוא לברר האוכל מתוך הפסולת, והאוכל שהוא המזון נבלע באיברים, **והפסולת נעשה**
מותר ונדחה למטה, ומזה נעשו הקליפות, וכתיב - וטמאתם את צפוי פסילי כספך וכו', תזרם כמו דוה צא
תאמר לו. כי הם בחינת היציאה של נקב האחור, וכמו שכתוב בענין פעור. ולכן המשהה נקביו שמשהה המותר
והקליפה ההיא מלדחותה אחר שנגמר בירורה ואיכולה. הנה הוא משקץ נפשו ממש, יותר ממה שמשקץ גופו,
ונודע בכל דרכיך דעהו ולכן צריך שיכוין האדם כונה זו בלכתו לבית הכסא קודם הכנסו שם, כי אסור להרהר
שם עד כאן לשונו.

[137]

בחינת עיבור ויניקה, אותיות ותגין, נפש רוח, הם אותם בחינות.
תרשים ב – כ"ב.

[138]

איוב מ"א ח' – אחד באחד יגשו ורוח לא יבוא ביניהם.

[139]

תרשים ב – כ"ג.

[140]

כמו כל פרצוף גם פרצוף זה כלול מחמשה פרצופים פרטים, הפרצוף הראשון נקרא עיבור, והמשל לפרצוף זה
הוא התינוק הנמצא בבטן אימו. כאשר יוצא התינוק, הוא יונק למשך כ"ד חודשים, ופרצוף זה נקרא יניקה,
והוא פרצוף השני. אחר כך ז"א מקבל את בחינת המוחין דנשמה, שהם גדלות א', מוחין אלו באים מהבינה
שהיא ישסו"ת, ופרצוף זה נקרא הפרצוף השלישי. אחר כך ז"א מקבל מוחין דחיה, שהם גדלות ב', מוחין אלו
באים מהחכמה שהם או"א עילאין, ופרצוף זה נקרא הפרצוף הרביעי. יש עוד בחינת מוחין דיחידה שז"א
מקבל בעיקר במנחה דשבת, והם באים מהכתר, והם נקראים מוחין דיחידה, שהם גדלות ג', פרצוף חמישי.
תרשים ב – כ"ד.

ע"ח ח"ב ש"ל דרוש ה' דכ"ח ע"ד – והנה כאשר נעריך **ב' פרצופים אלו של עיבור ויניקה** זה תוך זה,
נמצא שעתה נגדל קומת ז"א כפל מבראשונה, בבחינת היותן שניהן פרצוף אחד)מלובשים זה תוך זה(, על
דרך שנתבאר בב' פרצופי בינה ותבונה הנעשין פרצוף אחד לבד, וכן הוא ממש כאן, נמצא כי לא נשתנה
פרצוף עשייה דז"א כלל ממה שהיה בראשונה, אלא שעתה נכנס בו פרצוף זה הב' בתוכו, שהוא יותר גדול
ממנו, וכללות שניהם הוא פרצוף גדול. אחר כך **בזמן הגדלות** באים לו ג' ספירות חב"ד, ואלו הם גם כן י'
ספירות שלימות, כי החכמה יש לה ג' פרקין, והוא בבחינת חח"ן קו ימין, וכן ב' קוין הנ"ל, **ואלו נקרא מוחין**

אך בבא הטעמים, שהם מוחין **זו"ה פנימים שהם המוזיין** דגדלות ב', הנקראים מוחין דחכמה, בסוד הפסוק[141] חכמת אדם תאיר פניו, והם מוחין דפנים, בערך מוחין דבינה, הנקראים מוחין דאחור, **אז** הנוקבא ננסרת מז"א, ועומדים זו"ן פנים בפנים, ואפילו שהאחוריים דזו"ן מגולים **אין הקליפות יכולין להתאחז כלל** בזו"ן, כי גם באחורי זו"ן מאירים שמות הוי"ה, **ואפילו באזוריים** דזו"ן לא נאחזים החיצוניים **כי** לרוב גודלו של **אור המ**וחין דזויה הוא **מאיר עד שם** ר"ל עד האחוריים דזו"ן ששם מתגלה אור הנשמה, ומסמא את עיני הקליפות. **אך בעוד שאין בה אלא** רק מוחין צ"ל בו בזו"ן בחינת מוחין דחיה **דנשמה** שהם ישסו"ת הנקראים **בינה** זו"ן עומדים אחור באחור, כאשר באחוריים דזו"ן מאירים שמות אלהי"ם, ובפנים דזו"ן מאירה הנשמה, ששם שמות הוי"ה, **האמת[142] הוא שאין כזו בקליפה לאחוז בנשמה עצמה שהוא בפנים** צ"ל שהיא אפילו שאין עדיין את המוחין דחיה, **אך באזוריים שולטין** הקליפות ר"ל יכולים לשלוט, ולינק מהאחוריים דזו"ן, ואז יכולים לינק גם מבחינת הנשמה שבפנים שזו"ן, שהם שמות אלהי"ם, **לכך** זו"ן **עומדין אז אזור באזור** ובכך לא יכולים החיצוניים לינק, **ובבא** מוחין **זויה** הפנימית, והוא הפרצוף הרביעי, שהוא מוחין דא"א עילאין, והארת מוחין זאת מאירה בפנים דזו"ן עד אחורי זו"ן, ומעוצם אור החיה **אין יכולין אז לאזוו הזויצונים אפילו באזוריים[143]** דזו"ן, **ומרוב האור שמאיר** אור **הזויה באזוריים**, ננסרים זו"ן, **ונגדלים** זו"ן יותר כאשר לכל אחד מהם יש כותל נפרד, **ואז זוזרת** הנוקבא **פנים בפנים** עם ז"א **ומזדווגים ביזור.**

דגדלות, ופרצוף הב' הוא מתחיל להלבישו מהמחזה של זה **הפרצוף הג'** המתלבש בתוכו, והנה"י של זה הפרצוף הג' גם הוא גדול ככל קומת זה הפרצוף הב' כולו, והרי עתה נמצא שהם ג' פרצופים, כל אחד כלול מי' ספירות, והם זה תוך זה, ואינם שוין כי הפרצוף הקטן והחיצון שבכולם הוא מתחיל מהמחזה של זה הפרצוף הב' האמצעי עד סופו, ובערך הפרצוף הג' הפנימי והגבוה מכולו, הוא מתחיל מסוף שליש אמצעי של יסוד שבו. ופרצוף הב' האמצעי מתחיל להלביש פרצוף הג' הפנימי והגבוה מכולם, מהמחזה שלו ועד סופו.

עי"ח ח"ב ש"ב דרוש ו' ד"ל ע"ב – אחר כך יש בחינה ד', **והוא פרצוף ד' והוא חכמה**)כתר(דז"א, והוא גדול מכולם, ופרצוף הפנימי הג' הגבוה מלביש לזה מן התפארת שלו ולמטה, על דרך האחרים, והרי הם ד' פרצופים כל אחד כלול מי' ספירות, והם אבי"ע, וכולם ביחד נקרא ז"א, ובכל פרצוף מהם יש בו זכר ונקבה, שוים בקומתן מחוברים יחד.

141

קהלת ח' א' – מי כהחכם ומי יודע פשר דבר **חכמת אדם תאיר פניו** ועז פניו ישנא.

142

בית לחם יהודה ש"ו פ"ב – אמת הוא שאין כח בקליפות לאחוז בנשמה עצמה. עיין בפרק ד' ובפרק ו' דשער ט"ו, דהתם מבואר דגם בבינה שהיא בחינת ישסו"ת, הנקראים נשמה, יש בהם אחיזה בסוד כי לא עם בינות ועי"ש בפרק ו' בד"ה ואם כן כאשר וכו'.

143

השמש]אן[– נ"ב עיין שער ל' שער הפרצופים דרוש א', ד"ה ודע כי בבא אחורים וכו', עד סופו, ששם כתב בבא המוחין דנשמה שהוא הפרצוף הג', אז חוזר פנים בפנים ואין עוד אחיזה לחיצונים בפרצוף החיצון, וגם לקמן בסוף פרק הזה עצמו כתב כן, ועי"ש במה שכתב.

הרב ז"ל מבאר עוד פרטים בענין עמידת זו"ן אחור באחור[144], ונותן טעם[145] וסיבה למה הם עומדים בצורה זאת, כאשר עדיין זו"ן לא קיבלו מוחין דחיה. **וביאור הענין זה** יותר הוא, כי בעוד שאין בו בז"א **אלא** מוחין ד**נשמה** שהם מוחין דגדלות א', והם מוחין דבינה, ישסו"ת, **עדיין יש פחד מהחיצונים שלא יתאחזו באורות האחוריים שהוא** נפש ורוח לבד[146] והם בחינת עיבור ויניקה, ושמות אלהי"ם, אבל באורות הנשמה אין פחד מהחיצונים, מפני שהם שמות הוי"ה, **וכיון שצריכין שמירה** מהחיצוניים שלא ינקו מהאחורים דזו"ן, שהם שמות אלהי"ם, ועל ידי זה יבואו גם לינוק מהפנים דזו"ן ששם שמות הוי"ה, **לכן צריכין להיות** זו"ן **אזור באזור, אך** עם כל זאת אפילו שזו"ן עומדים אחור באחור **יש עדיין פחד שמא יכנסו החיצונים בין הדבקים, בין אזור לאזור** דז"א **וינקו משם.** דנוקבא **ולכן בעוד שעדיין אין בהם** בז"ו"ן רק בחינת מוחין ד**נשמה לבד, עשה המאציל סדר אזור**[147] שהנוקבא לא תקבל את המוחין

144

בדרך כלל כאשר הרב ז"ל מבאר את סוגית עמידת זו"ן אחור באחור, מדובר על ז"א העומד אחור באחור עם רחל. אבל בעומק הענין מדובר על **פרצוף ז"א בכללות, הנקרא זו"ן הגדולים, והם ו"ק דמ"ה וב"ן, ישראל ולאה הגדולה,** הנקראת גם רחל הגדולה. בביאור כאן אפשר ללמוד לפי פשט דברי הרב ז"ל, או בעומק הדברים על פי דברי מרן הרש"ש.

145

כרם שלמה ש"ו פ"ב אות י"ט – וביאור הענין זה יותר הוא. מה שכתב וביאור הענין, הוא חוזר על מה שכתב לעיל, **ואז עומדים אחור באחור,** עכשיו בא לתת **טעם** למה עומדים אחור באחור, ומה מועיל להם עמידתם אחור באחור, דהיינו שאיך ניצולים מן אחיזת החיצונים כשעומדים אחור באחור.

146

הגהות וביאורים)ח(– ד"ה עיין להרב החסיד זיע"א, בשער הפרצופים, מה שכתב משער לאה ורחל, שאמת שהבינה היא הדוחה את החיצונים, אמנם אין בה כח לדחותם אלא אם כן יהיה יחד עם החכמה, אמנם כשהיא לבדה אין כח בה לדחותם.

147

בזמן גדלות א' כאשר זו"ן עומדים אחור באחור, ז"א מקבל את המוחין שלו ושל הנוקבא, ונותן לנוקבא הארה מחלקה. בזמן גדלות ב' וג' דזו"ן כאשר נסרא הנוקבא מז"א, והיא עומדת פנים בפנים עם ז"א, ז"א מקבל את המוחין שלו מאבא, והנוקבא מאימא.

רחובות הנהר ד"ז ע"ד – וכשנמשכים צלמי המוחין מאו"א לזו"ן, הנה הצלם דמוחין דאבא נמשך ומתפשט בו"ק דמ"ה הנקרא ז"א דכורא, והם בחינת אותיות עצמם, וצלם דמוחין דאימא נמשך ומתפשט בו"ק דב"ן הנקרא נוקבא דז"א, והם בחינת מספר וחשבון דאותיות דז"א.

ספר הזוהר, פרשת פינחס דר"ל ע"ב עם תרגום וביאור – **אמר רבי יוסי, כתיב אחת לאחת למצא חשבון,** והשאלה **חשבון דגימטרייאות דקיימן בסיהרא** ידוע כי חשבון הגמטריאות נמצא במלכות הנקראת סהר, וכל בנין המלכות נעשה על ידי חשבון ומספר של הספירות דז"א, **באן דרגא דילה אינון** באיזה ספירה פרטית של המלכות מתחילה הויית החשבון, **לא אתיב ליה** ולא השיב רבי אבא לרבי יוסי תשובה על שאלתו, **אמר** רבי אבא **שמענא ולא אדכרנא מלה** שמעתי דבר זה אבל אני לא זוכר אותו, **קם ההוא טולא** קם אותו הצל שנשמת רבי פנחס איתה מלובשת בו, **ובטש בעינוי דרבי אבא** והכה בעינים של רבי אבא, כדי לרמוז לו שבענינה של המלכות נעשה על ידי החשבונות המתחילים מן העינים, כלומר מן החכמה ולמטה, **נפל על אנפוי מגו דחילו** נפל רבי אבא על פניו מחמת הפחד והיראה. **עד דהוה נפל על אנפוי** בעודו נופל על פני, **נפל קרא בפומיה** נפל פסוק זה בפיו, **דכתיב - עיניך ברכות בחשבון על שער בת רבים.** ואלין עיינין דילה אלו הם העינים של המלכות, שהם בחינת החכמה דיליה.

שלה באופן פרטי, אלא תצטרך אל הזכר, ותהיה תלויה בו, והוא יפרנס אותה, לכן עשה המאציל **שׁגם** המוחין שהם **האורות שׁל הנקבה, לא ימשׁכו** אליה אלא **רק עׁל ידי הזׁכר** שהוא ז"א, **ואז**[148] כאשר זו"ן עומדים אחור באחור **הזׁכר יקׁח** את ב' **הבׁחׁינׁות** של המוחין דגדלות א'[149], גם את המוחין **שׁלׁו,** וגם את המוחין **שׁלה,** ואחר כך **יצׁאו אורות מבנׁו** ר"ל מאחורי החזה דז"א **אליה** אל הכתר[150] דנוקבא העומד כנגד החזה שלו מאחוריו, ואורות אלו יוצאים **דרך נׁקׁב** אחור העומד כנגד החזה[151] דז"א

148

כרם שלמה ש"ו פ"ב אות י"ט — ומה שכתב כאן ואז הזכר יקח ב' בחינות שלו ושלה. פירוש כי ז"א הוא בתחילה יורש הדעת מן בחינת יסוד דאימא, שכלול בו תרין עטרין חסדים וגבורות, החסדים לעצמו והגבורות לצורך נוקבא, וזהו מה שכתב ואז לקח ב' בחינות שלו ושלה.

149

ע"ח ש"י פ"ג מ"ת דמ"ט ע"א — והעניין כי הם בחינת מ"ה וב"ן הנ"ל, והשתא נקרא אדם, לפי שאדם כולל זו"ן, ולכן תמצא כי שם מ"ה בגימטריא אדם. ואם תאמר והלא בשם מ"ה לא נעשה רק הזכורין שבאצילות, ובחינת הנוקבא נעשה משם ב"ן, ואיך נקרא אדם. והעניין הוא כמו שכתוב כי שם מ"ה בצאתו היה מברר משם ב"ן, ומחברו אליו ונתקן עמו, ונמצא כי אז היה אור הנוקבא טפל אליו, והיה יונק ממנו, **כדמיון הבן עם הבת שהכל נקרא על שם הבן, והוא יורש הכל, ואינו נותן לבת אלא מה שייטב בעיניו כרצונו.** ואם כן נמצא כי הבת טפלה וכלולה בבן, ולכן שם בן שהיא הבת נוקבא וטפלה לשם מ"ה שהוא הבן הזכר, והיא כלולה בו, כי שם מ"ה הוא המבררו עמו, והוא נתקן על ידי המ"ה, ולכן כאשר הוא לוקח תחלה מה שמברר לעצמו כנודע, בסוד תרין עטרין דירית ברא ב' חסדים וגבורה דמ"ה ודב"ן, ולבתר יהיב ברא לברתא בשעתא דמזדווג עמה עטרה דגבורה, וכאלו ניתן לה משלו דמי, ולכן הוא לבדו נקרא אדם כלול כלול תרווייהו. והרי עתה כי ב' בחינות יש לנוקבא דז"א, אחת בהיותה כלולה בתחלה עם הזכר, השניה כשנפרדת ממנו.

ע"ח ח"ב שׁל"ד פ"ג מ"ב דמ"ז ע"ג — דע כי הדעת כולל ב' עטרין, והם חסדים וגבורות, והחסדים נקראים זכרים, והגבורות נקראים נקבות, ואף על פי כן יש יש גבורות זכרים ויש גבורות נקבות. והעניין הוא שודאי הוא שעיטרא דחסדים נשאר בז"א, ועיטרא דגבורות לוקחת רחל. והנה בארנו במקום אחר שלפי שאין הנקבה לוקחת רק עטרא דגבורה, לכן אמרו רז"ל דעתן של נשים קלה, ואם כן גם הזכר יהיה דעתו קל, אם אי בו רק מחצית דעת דוגמתה, שהם עטרא דחסד. אמנם בהכרח הוא ששורש עטרא דגבורה נשארת בדעת הזכר, ולא די בזה גם הו"ק דזכר כמו שם שמתפשטין הה"ח כנודע, **כן מתפשטין שם הה"ג עם הה"ח**, ועל כן גם אלו הגבורות שנשארו בו נקראו זכרים, וכאשר ניתנין בעת הזווג מן הזכר לנקבה, דרך היסוד יוצאין ממש בגלוי מפי היסוד, ואין שם מחיצה, ואין האור נחלש כחו ממה שהיה לכן נקרא זכרים. אמנם הגבורות שיצאו מתחלה אל הנקבה לתקן פרצופה ונתפשטו תחלה בו"ק על דרך הזכר כנ"ל, ואחר כך היא נותנת אותן בעת הזווג בבחינת טפת מ"נ, אלו הם נקבות. ועוד סבה אחרת **שכאשר יצאו אלו האורות של הגבורות מן הזכר אליה הנה עברו דרך גופא דז"א ממש, מן האחוריים שלו,** ואז בהכרח בעברו דרך מחיצה נחלש כחו ומתמעט הארתו, ועל כן נקראו אלו האורות נקבות. וזה סוד שאומרים תמיד בכל מקום תשש כחו כנקבה, כי חלישת הכח הוא כינוי אל הנקבה, מה שאין כן כשנתפשטו האורות תחלה בזכר, שאז יצאו מפי יסוד בגלוי מפי יסוד תבונה שהוא רחם נוקבא המלובש תוך הזכר, וממש יצאו בכחם בגלוי בלתי חלישת כח, אלא עדיין הם בכחם על דרך שיצאו ממוח אבא ממש, ולכן נקרא זכרים.

גמרא כתובות דמ"ט ע"א — האב אינו חייב במזונות בתו, זה מדרש דרש רבי אלעזר בן עזריה לפני חכמים בכרם ביבנה, **הבנים יירשו והבנות יזונו.**

150

כרם שלמה ש"ו פ"ב אות י"ט — ומה שכתב עוד יצאו אורות אליה דרך נקב אל אחוריו, פירוש כי הכתר שלה הוא כנגד החזה שלו, והיא מאחוריו, ובחזה שלו יש שם נקב אחד כדי שיצאו אלו המוחין שלה דרך אותו נקב של החזה.

אֶל אֲזוֹרָיו ר"ל האורות[152] דנוקבא שנמצאים בתוך ז"א, עוברים דרך המחיצות שהם מסך העור דז"א המפריד בין זו"ן שעומדים אחור באחור, וניתנים דרך אחור דז"א לנוקבא[153], **וְשָׁם תִּדְבָּק** הנוקבא בז"א וּמִתְקַשֶּׁרֶת

ע"ח של"ב פ"א דמ"ה ע"א – ועתה נבאר התפשטות שיעור קומת רחל נוקבא דז"א באחוריו, מכנגד החזה ולמטה עד רגליו, ויציאתה מבחינת הארת המוחין והכלים דנה"י דאמא.

[151]

מבשרי אחזה אלו"ה, באדם התחתון אין נקב בחזה, לא בצד הפנים, ולא בצד אחור. ומה שהרב ז"ל מתכוון כאן הוא לא נקב ממש, אלא הארה היוצאת דרך נקבובי העור מז"א לנוקבא דרך אחוריו, בסוד ואחר עורי נקפו זאת. צריך לדעת כי יש ב' נוקבות באחורי ז"א, והם לאה הנקראת קשר של תפילין, ורחל. גם לאה וגם רחל מקבלות הארה דרך אחורי ז"א, עם כל זאת יש הבדל בין לאה לרחל, לאה מקבלת הארה בעלמה, ורחל הארת מוחין ממש.

תרשים ב – כ"ה

ע"ח ח"ב של"ח פ"ב מ"ב דס"א ע"ב - והענין בקיצור, כי לאה היא נגד מקום הכסוי של האורות, עוברת הארה מועטת דרך עור דז"א לחוץ אליה מן המוחין שלו, ולא מן המוחין עצמן, רק מהלבושים והכלים שלהם, שהם נה"י אמא. ולכן נרמזת בד' של קשר תפילין של ראש, כי היא דלה ועניה, ומה שלוקחת צורת ד' כנגד ד' מוחין, **אינה רק** **הארה בעלמא דרך העור.** וענין עור הוא על דרך הפסוק - ואחר עורי נקפו זאת, ועיין שם איך ההארות הפנימיות מכים זה בזה, ומספר הכאתן הוא כמנין עו"ר, ולכן נקרא עור. ונבאר כאן יותר ונאמר כי הנה"י דאבא עומדין מלובשים תוך נה"י דאמא בראש ז"א, ואו"א הם ב' אותיות ראשונים של הוי"ה שהם י"ה, ומכים זה בזה, אבא הפנימי באמא שהיא בחוץ, כדי להוציא אורותיה לחוץ, ואז נעשה יו"ד פעמים ה"א גימטריא ק"ד. אחר כך מכים הארת ה"א שהיה אמא, בוא"ו שהוא ז"א לצאת לחוץ, והם גימטריא ע"ח. ואחר כך מכים הארת וא"ו בה"א שהוא ז"א בלאה החיצונה, הם גימטריא רע"ו, הרי איך לאה בחינת אורותיה כמנין רע"ו, **וייצאין דרך עור של ז"א.** וזה סוד עור בעד עור, כי עור הנקרא לאה עוברת הארותיה דרך עור של ז"א, אבל רחל שהיא כנגד אורות המגולין, פשוט הוא שהאורות המגיע לחלקה שהיא עטרה דגבורה דדעת, וכן שאר המוחין אינן ניתנין לה אלא בבחינת מוחין ממש, נמצא שכל מה שיש אל ז"א יש אל רחל גם כן. וזה שאמר הכתוב - וכל אשר לאיש יתן בעד נפשו, וכבר ידעת כי רחל נקרא נפש, וז"א נקרא רוח, גם נוכל לומר כי ב' פעמים עור הנזכר כאן הם רחל ולאה, **כי גם רחל הארותיה יוצאות ועוברות דרך עור ז"א לחוץ,** וכוונת הפסוק לומר אף כי שתיהן בבחינת עור, והן שוין בזו הבחינה, כי הארת שניהן יוצא להם דרך עור ז"א, אך עם כל זה יש יתרון אל רחל מלאה, **כי כל אשר לאיש, ז"א שהם המוחין ממש, יתן בעד נפשו, שהוא רחל,** הנ"ל.

איוב י"ט כ"ו – **ואחר עורי נקפו זאת** ומבשרי אחזה אלו"ה.

איוב ב' ד' – ויען השטן את הוי"ה ויאמר **עור בעד עור וכל אשר יתן בעד נפשו.**

[152]

ע"ח ח"ב של"ד פ"ב דמ"ז ע"א כלל י"ד – תחילה היתה הנקבה דבוקה באחוריו, יען הכלים שלה עדיין קטנים בבחינת עיבור, ואחר כך נתפשט בבחינת יניקה, ואחר כך בבחינת גדלות. וכל זמן זה הנפש שלה, או הרוח, או הנשמה, **היה נמשך לה מתוך פנימותו ויוצא לה לחוץ דרך איבריו,** ועל כן הוכרחה להתדבק שם שרוחניות העובר מתוך מחיצותיו ומחיצותיה מתדבקים אותם שם ונעשים גוף אחד, וכשנכנס הרוחניות שלה היתה (היא** אחוריו,** והוא לבדו מלביש נה"י דאמא, ונמצא אמא מז"א ונוקבא זה תוך זה בסוד נר"ן, ואחר כך נגמרה, ומסתלק הרוחניות שלה מתוך ז"א, ועל ידי זה אין המדבקות כנ"ל ונפרדין, ואז נהפכין פנים בפנים, והם שוין ושניהן ביחד מלבישין לאו"א ולנצח הוד דז"א, דהיינו הוד דז"א מלביש לאבא, ואבא מלביש לנצח דז"א, והיא מלבשת לאמא, ואמא מלבשת את הוד דז"א.

[153]

ע"ח ח"ב של"ד פ"ד מ"ב דמ"ח ע"ב – והנה מקום הנוקבא עתה היא באחורי החזה של תפארת, ואורות היוצאות מן ז"א לכנוס בה אינם יוצאים ועוברים דרך כל אור מחיצת גוף ז"א, דאם כן היה הדבר נמצא שברגע היו נכנסין בה כל המוחין. אמנם הבוצינא דקרדינותא הנזכר באדרא דקמ"א נקיב ואעבר מאחוריו כו', **כי במקום החזה דז"א נקיב נקב אחד, ודרך שם עוברים האורות לאחור, ושם עומדת ראש הנוקבא, ושם**

עִמּוֹ הַנְּקֵבָה לְגַמְרֵי בְּכוֹתֶל אֶחָד לְבַד המשמש לשניהם, **וְאֵין שָׁם מָקוֹם פָּנוּי בֵּין הַדְּבֵקִים** שהם זו"ן העומדים אחור באחור **לִכְנוֹס שָׁם זָרִים** שהם החיצוניים, ורוח לא יבא ביניהם.

הרב ז"ל מביא ראיה לדבריו מן האדם התחתון, ומבאר את היחס בין קבלת המוחין, לבין אחיזת החיצוניים והשפעתם על האדם, וכאשר האדם מקבל מוחין יותר מעולים כך השפעת החיצוניים הולכת ופוחתת, כמו שמבואר בספר הזהר הקדוש.[154] **וְהָבֵן וְתִרְאֶה**[155], **כִּי כֵן כַּיּוֹצֵא בָּזֶה בִּהְיוֹת הָאָדָם הַתַּחְתּוֹן** כאשר הוא נולד

עושין צלם אחד על גבי ראש הנוקבא, על דרך הנ"ל בצלם דמוחין דז"א, ונכנסין מעט מעט בהמשך זמן עד תשלום י"ב שנה ויום אחד, ואז נגמרין לכנוס המוחין. ונמצא כי אורות אלו היוצאין אל הנוקבא הם עולין תחלה מלמטה למעלה, מן היסוד עד למעלה בחזה תפארת של ז"א, תוך פנימית גוף דז"א, ושם נוקבין ויוצאין לחוץ באחורי החזה על ראש הנוקבא, ואז נכפפין ויורדין ונכנסין תוך הנוקבא מלמעלה מן הכתר עד למטה בסיום גוף שלה, דרך כפיפת קומה. וזהו ענין הביא אותה הנזכר במסכת בבא קמא בפרק הכונס, על האש נכפפת שהזיקה, כי כבר ידעת כי אורות המלכות הם גבורות הנקרא אש, והם יוצאין מבחינת אש נכפפת, כמבואר כאן.

154

זהר משפטים דצ"ד ע"ב עם תרגום והסבר – **תָּא חֲזֵי בַּר נָשׁ כַּד אִתְיְלִיד** בוא וראה כשאדם נולד **יָהֲבִין לֵיהּ נַפְשָׁא מִסִּטְרָא דִּבְעֵירָא מִסִּטְרָא דְּדַכְיוּ** נותנים לו נפש מצד עולם העשיה, שהוא בסוד בהמות טהורות כלפי עולם היצירה שהוא בסוד חיות הקודש, **מִסִּטְרָא דְּאִלֵּין דְּאִתְקְרוּן אוֹפַנֵּי הַקּוֹדֶשׁ** מצד אלו מלאכי העשיה הנקראים אופני הקודש. **זָכָה יַתִּיר יָהֲבִין לֵיהּ רוּחָא מִסִּטְרָא דְּחֵיוָון דְּאִינּוּן חֵיוָות הַקּוֹדֶשׁ** אם זכה יותר נותנים לו רוח מסטרא מצד החיות, שהם סוד מלאכי היצירה הנקראים חיות הקודש, כי אחר שקנה נפש מעשיה חוזר לקנות רוח מיצירה. **זָכָה יַתִּיר יָהֲבִין לֵיהּ נִשְׁמָתָא מִסִּטְרָא דְּכֻרְסַיָּיא** אם זכה יותר נותנים לו נשמה מצד הכסא שהוא עולם הבריאה שהוא כסא למלכות דאצילות, **וְתַלַּת אִלֵּין אִינּוּן אַמָּה עֶבֶד וְשִׁפְחָה דְּבֵרְתָּא דְּמַלְכָּא** ואלו השלוש עולמות בי"ע הם אמה עבד ושפחה אל מלכות דאצילות והיא הגבירה עליהם, **זָכָה יַתִּיר יָהֲבִין לֵיהּ נַפְשָׁא בְּאָרַח אֲצִילוּת מִסִּטְרָא דְּבַת יְחִידָה** אם זכה יותר נותנים לו נפש הנמשכת בדרך המשכה מצד המלכות דאצילות הנקראת בת יחידה, **וְאִתְקְרִיאַת אִיהִי בַּת מֶלֶךְ** ואותה הנפש נקראת בת מלך. **זָכָה יַתִּיר יָהֲבִין לֵיהּ רוּחָא דַּאֲצִילוּת מִסִּטְרָא דְּעַמּוּדָא דְּאֶמְצָעִיתָא** אם זכה יותר נותנים לו רוח דאצילות מצד עמוד האמצעי שהוא ז"א, **וְאִקְרֵי בֶּן לְקֻדְשָׁא בְּרִיךְ הוּא** ואז נקרא בן להקב"ה, **הֲדָא הוּא דִּכְתִיב בָּנִים אַתֶּם לַהֲוָי"ה אֱלֹהֵיכֶם** כי הנפש והרוח יוצאים מיחוד זו"ן שהם סוד הוי"ה אלהי"ם. **זָכָה יַתִּיר יָהֲבִין לֵיהּ נִשְׁמָתָא מִסִּטְרָא דְּאַבָּא וְאִמָּא** אם זכה יותר נותנים לו נשמה מצד אבא ואמא, ר"ל נשמה מאמא וחיה מאבא, **הֲדָא הוּא דִּכְתִיב וַיִּפַּח בְּאַפָּיו נִשְׁמַת חַיִּים** שהקב"ה נפח באדם הראשון נשמת חיים, **וּמַאי חַיִּים** ומי הם הנקראים חיים, **אֶלָּא אִינּוּן י"ה** אלא הם או"א הנקראים י"ה, והם נקראים חיים לפי שהם החיות של כל הספירות, **דַּעֲלַיְיהוּ אִתְּמַר כָּל הַנְּשָׁמָה תְּהַלֵּל יָהּ** כל מי שיש לו נשמה יהלל י"ה, **וְאִשְׁתְּלִים בֵּיהּ הֲוָי"ה** ואז זה האדם נשלם בו שם הוי"ה, כי חיה ונשמה הם סוד י"ה, ורוח ונפש הם סוד ו"ה. **זָכָה יַתִּיר יָהֲבִין לֵיהּ הֲוָי"ה בִּשְׁלִימוּ דְּאַתְוָון יוֹ"ד הֵ"א וָא"ו הֵ"א** אם זכה יותר נותנים לו שם הוי"ה במילוי אותיות שהוא שם מ"ה, **דְּאִיהוּ אָדָם** שהוא סוד אד"ם גמטריה מ"ה, **בְּאָרַח אֲצִילוּת דְּעֵילָא** שהוא דרך המשכה שנמשכת לו בחינת יחידה מלמעלה מא"א, **וְאִתְקְרֵי בְּדִיּוּקְנָא דְּמָארֵיהּ** ואז נקרא בצלם קונו.

155

כרם שלמה ש"ו פ"ב אות כ' – הרב ז"ל מביא דוגמא להנזכר לעיל, כי מן האחורים יען שהם תגין ואותיות, שהם בחינת רוח ונפש, לזה יש אחיזה לחיצונים, אבל מן הנשמה לא יש להם אחיזה מצד הפנים, יען שהיא בינה, וכשיש לו בחינת חיה, אז אין אחיזה כלל. והראיה מביא מן האדם התחתון, כי ידוע כי סיבת רדיפת היצר הרע להחטיא לאדם הוא משום חיותו, דהינו כדי להכניס נפש החוטא בקליפות על ידי חטא, ולינק ממנה, כי זה הוא חיותו. וכמו שיש הדרגות בהקדושה ובהדינין של הקדושה, דהינו כל עליון מן חברו הוא ממותק יותר, כן הוא בקליפות, כל שהוא קליפה שיצאה מן הבירור של סיגים של הקדושה תחתונה, הוא יותר חזקה מן הקליפה שיצאה מן הבירור הסיגים של הקדושה העליונה ממנה. וידוע כי יצר הרע הוא לבוש של צלם של נפש, או רוח, או של נשמת האדם, כי מבירוריהם יצא היצר הרע שלו, כל אחד כפי ערכו, ואין היצר הרע של

הוא בְּסוֹד **נֶפֶשׁ** ר"ל שהיש לו רק את בחינת הנפש, **אָז הוּא דָּבוּק וְנָאֱחָז עִם הַיֵּצֶר הָרַע**
בְּסוֹד[156] אולת קשורה בלב נער, **שֶׁהוּא הַקְּלִיפּוֹת** והחיצוניים, בְּסוֹד הפסוק[157] **וְנֶפֶשׁ כִּי תֶחֱטָא**

ואין לא מוחין יותר גדולים לדחות את החיצוניים, לכן פטור הקטן מדין התורה. **וּבִהְיוֹתוֹ** גדול יותר, ר"ל על ידי
תלמוד התורה הקדושה, **וּבְעִיקָר תַּלְמוּד סִתְרֵי תּוֹרָה**, ולהניח תפילין דר"ת הוא מסוגל מקבל מוחין יותר מעולים[158],

---

בירור הנפש דומה ליצר הרע של בירור הרוח, ולא יצר הרע של בירור הרוח דומה ליצר הרע של בירור
הנשמה, כי כל מה שהיה תחתון, הוא קשה יותר, ומחטיא יותר מן העליון. ולזה כשיש באדם בחינת נפש לבד,
אז היצר הרע שלו קשה מאוד, כי הנפש היא טמועה בקליפות יותר מן הרוח, כי המלכות היא קרובא יותר,
בסוד רגליה יורדות וגו'. ולזה כשמזכיר החטא בתורה, הוא מיחסו לנפש, מפני שהיא עלולה לחטוא יותר, כי
קרובא להקליפות יותר מזולתה. ולזה הקטן שיש בו בחינת נפש, הוא דבוק עם היצר הרע הרבה, וקשה
להכניעו, ולזה שכרו גדול אם מכניעו, והולך ולומד תורה בבית המדרש, כמבואר בזוהר באורך, ולזה שכרו
גדול עד שהעולם מתקיים בהבל פיהם של תינוקות של בית רבן. ולזה עשתה התורה חסד עם הקטן, שלא
יענש אפילו בבית דין של מטה, על עונות והמעשים רעים שהוא עושה בקטנותו, מפני שיודע הקדוש ברוך הוא
שהואיל והוא בבחינת נפש לבד, הוא דבוק עם היצר הרע הרבה, ועלול לחטוא, ולזה פטרה אותו מעונשים.
אבל שהגדיל וקנה רוח, היא הוראה שתיקן מעט להנפש, עד כשיעור שיכול לקנות בחינת רוח, ולזה היצר הרע
שלו של בחינת הנפש נתמתק מעט, ולזה נכנע ואינו כל כך חוטא. ואף על פי שיש לו עכשיו יצר הרע עוד יותר
מן הקודם, בסוד - כל הגדול מחברו יצרו גדול וכו', על כל פנים אינו נערך היצר הרע של עכשיו של הנפש
שנכנע, והיצר הרע של הרוח להיצר הרע של הנפש לבד קודם שנכנע, כי זה קודם היה קשה מאלו השנים
יחדיו. ולזה קראה התורה היצר הרע של הרוח – לב טהור ורוח נכון וכו', כי הלב הוא סוד הרוח. וכן על דרך
זה במדרגת הנשמה, היצר הרע שלה הוא כך, ושל הרוח ושל הנפש הם נכנעו יותר עכשיו בעת קניית הנשמה.

156

מִשְׁלֵי כ"ב ט"ו – אולת קשורה בלב נער שבט מוסר ירחיקנה ממנו.

157

וַיִּקְרָא ה' א' – ונפש כי תחטה ושמעה קול אלה והוא עד או ראה או ידע אם לוא יגיד ונשא עונו.

158

שַׁעַר הַגִּלְגּוּלִים, הַקְדָּמָה ל"ח – גם אמר לי, **שֶׁאַזְהִיר מְאֹד לָשִׂים תָּמִיד תְּפִילִּין כְּסַבְרַת ר"ת**, שהם סוד
צרוף שם יהה"ו, היוצא מראשי תיבות 'יתהלל 'המתהלל 'השכל 'וידוע אותי וכו'. ולכן הנחת אלו התפילין
מוֹעִיל מְאֹד אֶל הַהַשָּׂגָה ואל השכל והידיעה. גם אמר לי, כי עיקר ההשגה זו תלויה על ידי כוונת האדם,
וזהירותו בכל ברכות הנהנין, לפי שעל ידם מתבטל כח אותם הקליפות הנמצאות במאכלות החומריות,
ומתדבקים באדם האוכלם, ועל ידי הברכות האלו הנאמרות בכוונה, הוא מסיר מהם הקליפות, ומזכך החומר
שלו, ונעשה שכלי וזך, ושאזהר בו מאד. גם צוה אותי, שאקרא בכל יום הקביעות של מקרא, ומשנה, ותלמוד,
וקבלה, עם הכוונות שמסר לי, כתוב בספרי, ואזהר בו מאד................. וזהו הסדר הקצר שצוני מורי ז"ל,
בְּעִנְיָן הַהַשָּׂגָה כְּפִי הַצָּרִיךְ לְנִשְׁמָתִי, ראשונה שאתנהג תמיד בזו ההנהגה, להזהר בקצה האחרון, מן הכעס
וההקפדה, והעצבון, והגאוה, והרכילות, והליצנות, ולשון הרע, ושיחה בטלה, וקרי, ונדה, וחלב, והלבנת פנים,
ושחיטה, והריגת שום חי, אפילו מן הרמשים. ואתנהג בשפלות, ובשמחה, ושתיקה, וביראת חטא. ואקבע בכל
יום מקרא, משנה, תלמוד, קבלה בכוונתיהם, **וְעִיקַר עִסְקִי יִהְיֶה בְּסֵפֶר הַזֹּהַר**. כל היום תהיה יראת ההוי"ה
דבי נגד עיני תמיד. תמיד אחשוב להדבק בנפש מורי ז"ל, קודם כל תפלה, אתדבק ברבי עקיבא ז"ל, בהזכירי
שמו י' פעמים רצופים, תפלת לדוד הטה אלי אזנך בכוונה גדולה. לקום אחר חצות בכל לילה, לבכות על גלות
השכינה רחל אחר חצות בעולם הבריאה, ועל חרבן בית המקדש, וגלות ישראל, ולבכות על העונות. התמדת
היחודים, ובפרט לילי החול אחר חצות. יחוד של יודי"ן ווי"ן, ויחוד של פסוק חדשים לבקרים. ולילי ראש
חודש אחר חצות לילה יחוד של שם שד"י, ולילי שבת קודם חצות אחר הסעודה ב' יחודים הנז"ל בלילי החול,
יחוד של עשר הוי"ת שבדעת. גם הזהירני בשמירת שבת ובכבודו, בכל הפרטים, במעשה, ובדבור, יותר מכל
המצות כולם, וכן בכל ברכת הנהנין בכוונה, **וּתְפִילִּין שֶׁל ר"ת בְּכָל יוֹם.** גם אטרח להבין **מַה שֶׁאֲנִי מֵבִין
בְּסֵפֶר הַזֹּהַר בְּכָל מַאֲמָר וּמַאֲמָר בְּלִי לִיאוּת, עַד שֶׁאָבִין.** שמחה גדולה כשאעסוק בתורה ובמצוה ובתפלה.

שהם **בְּסוֹד רוּחַ** הוא מתוקן יותר, **אֵינוֹ כל כך זוּטָא** בערך כשהיה לו רק את בחינת הנפש, **בְּסוֹד**
הפסוק[159] **לֵב טָהוֹר** שבו שורש בתאווה ברא לי אלהי"ם **וְרוּחַ נָכוֹן וְגוֹ'** ר"ל על ידי טהרת הלב מהתאווה,
מתגלה בחינת הרוח השוכנת בלב[160]. **וּבִהְיוֹתוֹ** מקבל מוחין דגדלות א', שהם **בְּסוֹד נְשָׁמָה** שהם שמות
הוי"ה בפנים, ושמות אלהי"ם באחור, **הוּא רְזוּזָק בֶּן הַזּוּטָא** במזיד, **אַךְ[161] צָרִיךְ שְׁמִירָה בֶּן**
הָאַזוּרְיִים כי יכול הוא לחטוא בעקיפין על ידי מצוות שאדם דש בעקביו, עוונות הבאים כלאחר יד, והיתרים
למיניהם[162], לכן צריך הוא לא להביא את עצמו לידי חטא. **וּבִהְיוֹת** מקבל מוחין דגדלות ב' שהם **נְשָׁמָה**

עסק התורה באופן זה, קביעות מקרא, משנה, תלמוד, קבלה, בכוונותיהם. ויכוין לקשור **נפשך בשרשה**
העליון על ידי התורה, ועל ידי כך יתוקן האדם העליון.
בן איש חי, שנה שניה, פתיחה לפרשת אחרי – מרבה תורה, מרבה חיים. נראה לי בסייעתא דידוע
דאורות המוחין נקראים "חיים", **והלומד תורה בחלק הסוד שבה, ממשיך אורות המוחין שנקראים**
"חיים". וזה שאמר "מרבה תורה", "מרבה" דיקא, **שלומד גם בחלק הסוד שבה**, אז מרבה אורות המוחין
שנקראים "חיים". ולכן התורה נקראת "לחם", דכתיב "לכו לחמו בלחמי", כי ידוע דהלחם רומז לאורות
המוחין, שהם שלושה הווי"ת **בסוד חכמה בינה דעת שמספרם "לחם"**, **ועל ידי עסק התורה, מרבה**
באורות אלו. גם עוד נראה לי, נקראת "לחם" שהוא אותיות "מלח", המורה על הקיום, דלא סריח, ועושה
קיום לבשר שנמלח בו, כן התורה קימת לעד ולא תשתנה, והיא עושה קיום להעוסק בה. גם עוד, כמו שהמלח
יש לו כוח להפליט הדם מן הבשר, **כן התורה מפלטת הזוהמה והסיגים מן האדם העוסק בה**.
בן איש חי, שנה ראשונה, חיי שרה סעיף י"א – אין לחלוץ התפילין עד שילמוד בהם תחלה, אחד המרבה
ואחד הממעיט, **כי לא יזכה האדם לקנות ג' חלקי נר"ן אלא אם כן לומד בתפילין, וביותר אם לומד**
בתפילין דר"ת, וכמו שכתב מחב"ר משם מהר"ם פירש ז"ל, ע"ש.
159

תהילים נ"א י"ב – לב טהור ברא לי אלהי"ם ורוח נכון חדש בקרבי.
160

ע"ח ש"י ד פ"א די"ז ע"ד – ודע כי נר"ן מתלבשים תוך פנימיות הכלים, שהוא הגוף. אך הנשמה לנשמה אין
יכולת בגוף האדם לסובלה, ונשארת מבחוץ בסוד אור מקיף. וכשהוא מקיף את המוח, מדור הנשמה, אז הוא
בחינת מקיף אל הנשמה, וכשהיא מקפת את **הלב שהיא מדור הרוח**, אז הוא בחינת מקיף אל הרוח. וכשהיא
מקפת לכבד מדור הנפש, אז הוא מקיף לנפש.
161

בית לחם יהודה ש"ו פ"ב – אך צריך שמירה מן האחוריים. כלומר מן העונות הבאים כלאחר יד שלא
כמתכוין, וכל שכן בהיותו בבחינת נפש ורוח, שעלול יותר לחטוא שלא במתכוין.
162

פתגם חסידי ידוע – מה שאסור אסור ומה שמותר מיותר. אפילו שרבותינו הקדושים התירו על פי הכלל כוחא
דהתירא עדיף, עם כל זאת מפרשים רבותינו את הפסוק קדושים תהיו, קדש עצמך במותר לך. לכן חייב האדם
לקבל על **עצמו ולא לאחרים** חומרות וסיגים, כדי שהתהקדש ויעלה במעלות ההשגה. לכן צריך הוא להשביע
את נשמתו בתורה ובמצוות, ולהתרחק מהתאווה הבאה מהקליפות. לעומת זאת עצת היצר הרע היא לפתות את
האדם ולהורידו ממדרגתו עד שיעבוד עבודה זרה.
ספר התניא, ליקוטי אמרים פ"ז – אך מי שהוא בזוללי בשר וסובאי יין, למלאת תאות גופו ונפשו הבהמית,
שהוא בחינת יסוד המים מארבע יסודות הרעים, שבה שמשמנו מדת התאוה, הנה על ידי זה יורד חיות הבשר
והיין שבקרבו, ונכלל לפי שעה ברע גמור שבשלוש קליפות הטמאות, וגופו נעשה להן לבוש ומרכבה לפי
שעה, עד אשר ישוב האדם ויחזור לעבודת ה' ולתורתו.
גמרא שבת דק"ה ע"ב – והתניא רבי שמעון בן אלעזר אומר, משום חילפא בר אגרא, שאמר משום רבי
יוחנן בן נורי, המקרע בגדיו בחמתו, והמשבר כליו בחמתו, והמפזר מעותיו בחמתו, יהא בעיניך כעובד עבודה
זרה, **שכך אומנתו של יצר הרע, היום אומר לו עשה כך, ולמחר אומר לו עשה כך, עד שאומר לו עבוד**

לַנְּשָׁמָה הנקראים חיה, שהם מוחין גדולים שמאירים בפנים, והארתם נמשכת לאחור, והחיצונים לא יכולים לינוק ממנו, **אָז¹⁶³ אֵינוֹ זוּטָא כְּלָל וְעִיקָר** אפילו שלא במתכוון, כי אין חטא בא על ידו. אבל אפשר שאחרים יסיתו אותו, והוא חוטא, כמו האדם הראשון¹⁶⁴, **וּדֵי בָּזֶה** במשל וראיה מגוף האדם התחתון, להבין את העליון.

עבודה זרה, והולך ועובד. אמר רבי אבין, מאי קראה - לא יהיה בך אל זר, ולא תשתחוה לאל נכר, **איזהו אל זר, שיש בגופו של אדם, הוי אומר זה יצר הרע.**
גמרא יבמות ד"כ ע"ב – אמר אביי, כל המקיים דברי חכמים נקרא קדוש, אמר לו רבא וכל שאינו מקיים דברי חכמים קדוש הוא דלא מיקרי, רשע נמי לא מיקרי, אלא אמר רבא **קדש עצמך במותר לך.**
163

בית לחם יהודה ש"ו פ"ב – אז אינו חוטא כלל ועיקר. אפילו שלא במתכוין, כי אין חטא בא על ידו. אבל אפשר שאחרים מסיתים אותו וחוטא, כענין אדם הראשון שהסתה אותו חוה, וכחוה שהסית אותה הנחש. כי אף על פי שהיה להם בחינת נשמה לנשמה מאו"א דאצילות, כמבואר בסוף פרק א' דשער ט"ל, עם כל זה חטאו על ידי הסתת אחרים. ובהכי ניחא נמי מאי דאמרינן בתקונים תיקון ע' דקנ"ד סוף ע"א וז"ל - ואם בר נש איהו נשמתיה באורח אצילות, אם חב חובין מטי עד ספירן ועונשיה איהו כפים דרגיה, אמר ליה רבי אליעזר, אבא וכי חובא איהו בבר נש דתליא נשמתיה מההוא אתר, וכי אית ליה חובין, והא כתיב לא יאונה לצדיק כל און. אמר ליה אין, הדא הוא דכתיב כי אם עונותיכם היו מבדילים ביניכם לבין אלהיכ"ם. מאי מבדילים, אלא דסליק ההיא נשמתא דאצילותא מניה, ואתפרש מניה, יעו"ש. ופירש בכסא מלך דקס"ח ע"ב וז"ל - דסליק האי נשמתא דאצילות מניה, זה שכתב הרב שכל מי שיש לו נשמה דאצילות אין חטא בא על ידו, וכמו שכתוב בזוהר קדושים דף פ"ג ריש ע"א - אבל מסטרא דאצילות לית אפרשותא תמן ובן מתמן אין חטא בא על ידו. ואדם הראשון היתה בו זיהרא עילאה מאצילות, ולכך פגמו גדול, כמו שכתוב כאן ואם בר נש וכו'. וזכה חנוך ונטלה, כי כשנגמר בדעתו וחטא,]נ"ל שצ"ל לחטוא. ור"ל אף על פי שעדיין לא חטא, וזהו כדמיון הג"ר דז"א שמסתלקין כדי שלא יפגמו, כנזכר בפרק י' דשער י"א[מסתלקת ממנו הנשמה דאצילות, כי לא יגורך רע, וכן היה לירבעם, וכיוצא בו, עד כן לשונו, והיינו כשניסת על ידי אחרים, כי מעצמו אינו חוטא כלל ועיקר, כמו שכתב רז"ל. וקשה קצת ממשה רבינו ע"ה שהכה בסלע.
164

סיבת חטאו של האדם הראשון היתה לא מצד עצמו, אלא הוא חטא בגלל שהסיתה אותו חוה לאכול מעץ הדעת, ואת חוה הסית הנחש. עוד סיבה לחטאו היא, כשנברא האדם הראשון, היו כלולים בו כל הנשמות, ובכללם נשמות של עמי הארץ, והם הם שגרמו לו לעבור על מצוות בוראו.
בית לחם יהודה שט"ו פ"ב – להוליד נשמות צדיקים. אף על פי שהבחירה ביד האדם, מכל מקום אם נשמתו ממקום גבוה תהיה מזוככת מאד, ואינה מתאווה לחטוא, ואם אינה מבוררת מן זוהמת הקליפות היא עלולה לחטוא, כמבואר בשער הגלגולים הקדמה וא"ו דף ח' סוף ע"א, ודף כ"ה ע"א יעו"ש. ומה שהחטא אדם הראשון אף על פי שנשמתו היא גבוה מאד, כי הוא כולל כל מהצב הנשמות, הטעם הוא לפי שהיו כלולים בו גם נשמות עמי הארץ, **ומצדם בא לו החטא.** אם כן לפי שנברא מזווג דאחור באחור, ולא היתה נשמתו מתוקנת לגמרי, כמו שכתוב בדברינו בפרק ל"ו דשער ג' ה' וכאשר קטרגה, יעוש"ב.
שער הגלגולים, הקדמה ו' – דע, כי כאשר נבראו כל העולמות, ואפילו עולם האצילות, נתהוה בתחלה בסוד **זווג אחור באחור.** ואחר כך חזר להתהוות בבחינת פנים בפנים. והנה גם בחינת נשמות של בני אדם, היו כך, כי תחלה נתהוו בבחינת אחור באחור. ואחר כך מן העת אשר נברא אדם הראשון ואילך, עד ביאת המשיח, התקון הנעשה מאז ואילך, הוא לאותם הנשמות, שאז נתהוו בבחינת אחור באחור, שיהיו עתה חדשות יוצאות מזווג פנים בפנים. לפי שאחר שנתהוו בתחלה מאחור באחור, ירדו עם גלות השכינה למטה בתוך הקליפות, וכאשר איזה צדיק מכוין איזו כונה גמורה טובה, יכול להמשיך על ידי כונתו ההיא איזו נשמה חדשה. פירוש, שהנשמה שבתוך הקליפה, תתעלה משם ולמעלה, בסוד חדשים לבקרים רבה אמונתך, ושם תתחדש, ואחר כך תרד משם בעולם הזה מבחינת פנים בפנים, ועתה הם תחילת ברייתם, ונקראים חדשות. ואלו הנשמות מוכנות שלא לחטוא כשאר הנשמות.

הרב ז"ל לא טרח וביאר את בחינת היחידה, שהוא בחינת גדלות ג', הפרצוף החמישי, וביאר רק את בחינות הנרנ"ח, פשוט הוא כי אין מציאות שיהיה לאדם את בחינת היחידה, אפילו[165] לא למשיח.

וְנַחֲזוֹר[166] **לָעִנְיָן, כִּי בִּהְיוֹת זוֹ"ן** הגדולים **בְּסוֹד נֶפֶשׁ לְבַד** והם בבחינת מוחין דעיבור, אז **הוּצְרְכוּ** זו"ן]דכ"ה ע"ג 50[**לִהְיוֹת** שמורים שם בסוד העיבור, בדרך משל **בְּתוֹךְ מְעִי הָאֵם** דוגמת הוולד הנמצא ברחם האימא ומוגן על ידה, וכל זה כדי **שֶׁלֹּא יֹאחֲזוּ בָּהֶם זָרִים** והקליפות לינוק מהם. בתוך מעי אימא נמצאים זו"ן בסוד העיבור והבירור[167] **וַאֲפִילוּ**[168] **שָׁם** בתוך מעי אימא זו"ן בסוד העיבור ובירור הסיגים[169], זו"ן **עוֹמְדִים אָזוֹר בְּאָזוֹר** ר"ל אפילו שזו"ן נמצאים בתוך מעי אימא, ואימא מגינה

165

ארבע מאות שקל כסף דס"ח ע"ג – ונראה לעניות דעתי לעניניות דעתי חיים, כי מלך המשיח יהיה, ודאי אדם צדיק נולד מאיש ואישה, אלא שביום ההוא יגדל צדקתו עד קץ הימין, ויזכה במעשיו לנרנח"י, חמשה בחינות אלו של קדושה, ואז ביום ההוא בזמן הקץ, תבוא **נשמה של הנשמה שלי** הנתונה בגן עדן ותנתן לאיש הצדיק ההוא, ואז זכה להיות גואל, והוא על דרך משה רבינו ע"ה, כי הוא ילוד אישה, והגדיל מעט עד שהשלים חלק נשמתו.

166

הגהות וביאורים)ט(– אמר המגיה עיין שער החשמל פרק ב'.

167

ע"ח שער הכללים פ"ד ד"ו ע"ג – ודע כי במעי אמא מה שהוא נכלל מה שהוא יותר זך וברור, ומזה נעשה פרצוף ז"א, וכל נקודה מאותן הנקראת מאנין תבירין, היתה כלולה מעשר ספירות. והנה כשנתקן פרצוף א"א ואו"א עלה האור יותר זך ומזה נעשה פרצופים הנ"ל, ואמנם נשאר קצת אור שלא יוכל להתברר שהיה עב בלתי זך, והנה מג"ר כח"ב שבכל נקודה מז' נקודות תבירין, ועתה כשנתקן זו"ן הוברכו גם הג"ר של כל אחד ואחד מהנקודות אשר מהם נעשו פרצוף א"א, ואו"א, מהג"ר והיותר עב, מהג"ר שלא יוכל לעלות בג' הנ"ל, הנה הוא לוקחם ז"א לעצמו, כי אף על פי שאינו ראוי לבחינת או"א, ראוין הם לז"א, ואז הוברכו מהם ואוכל מתוך פסולת, ומכל ג"ר שבכל אחד ואחד מהז' נקודות נתהווה מהם רישא דז"א, ג' מוחין כח"ב דיליה. בהיותו בסוד עיבור במעי אמא, כי אף על פי ששם הוא ג' כלולים בג', עם כל זה גם העובר יש לו ראש, אפילו היותו במעי אמא. ואחר כך נתבררו ד' בחינות שהם חג"ת ן ז' נקודות, ומהם נתהווה גופא דז"א, ונתברר מהם היותר זך וברור על דרך הנ"ל בג"ר, ונשארו ג' שהם העשר ספירות שבכל נקודה ונקודה שלא נתבררו כלל, עד זמן היניקה, כמו שנכתוב בע"ה. ולפי שהם תחתונים, והקליפה נאחזת בהם מאד, לכן לא יכלו להתברר עתה, והנה זה סוד אשה כי תזריע וילדה זכר וטמאה ז' ימים, והטעם לפי שז"א נשתהה בעיבור כדי להתברר, ונתבררו בו ז' בחינות הנ"ל, שהם כח"ב חג"ת ן, וכשנולד ז"א אז כל הדינין שהיא הפסולת הנשאר מז' בחינות שלא יכלו להתברר יותר, כי היא פסולת וכבר נברר האוכל ויצא הפסולת של ז' בחינות, בסוד דם נדה היוצא בעת הלידה, לכן תטמא ז' ימים, כנגד ז' קליפות ההם. אך אם נקבה תלד שהם ז' קליפות אלו הנ"ל, ועוד ז' קליפות אחרים, שהם הפסולת הנשאר בהם, גם מז' בחינות המלכים שיש בכל אחד מהבחינות הנ"ל, כי הנקבה אינה רק אחר בירור הזכר, לכן טמאה שבועיים, י"ד יום, ז' וז'.

168

בית לחם יהודה ש"ו פ"ב – ואפילו שם עומדים אחור באחור. כדי שלא יחזרו אותן הסיגים היוצאים בדם הלידה, ויתאחזו באחוריהם.

169

ע"ח שי"ח פ"ה מ"ק דפ"ח ע"ג – בענין בירור של זו"ן בעיבור ויניקה, הנה זמן העיבור הוא ט' חדשים, וכבר ידעת כי ז"א יש בו ט' ספירות שלימות, רק שהם בסוד ההעלם ואינם ניכרין אלא הו"ק, אבל בודאי צריך להיות בו י' ספירות גמורות. והנה נודע כי ימי העיבור אינם רק ח' חדשים, מחודש ט' יספיק כנודע, כי ביום אחד שלוקח מחודש ט' יספיק כנודע, ואפילו אותו היום עיקר לקיחתו הוא מפני ספק יום הקליטה כנודע, נמצא כי עיקר

וּבְצֵאתָם ממעי דאימא בזמן הלידה, והוא **בּזְמַן שֶׁבָּא לָהֶם** עליהם, יכולים הם להינזק מהחיצונים.

בחינת **הָרוּחַ**, והוא **בּזְמַן הַיָּנִיקָה,** עם כל זה זו"ן עדיין חלשים, ועדיין צרכים שמירה על ידי אימא[170], שלא

יחזרו הסיגים שיצאו בדם הלידה ויאחזו בהם, **וְאָז הָאֵם** שהיא התבונה[171] **רוֹבֶצֶת** ושומרת **עֲלֵיהֶם** ר"ל

על זו"ן, **בּסוֹד** הפסוק[172] **עַל גּוֹזָלָיו יְרַחֵף**[173] בסוד התגין[174], **וְעִם כָּל זֹאת** אפילו שהאם רובצת על

חדשי עיבור הצריכין הם ח' חדשים לבד. והענין כי כבר ביארנו ענין ברור זו"ן מה הוא, כי הכל נמשך מסוד ז' מלכים קדמאין שמתו ונתבטלו, והיה בהם סיגים כנודע, ואותן הסיגין מעורבים הם עם כל הקדושה שבהם, לכן צריך לנקותם ולברר את הקדושה להוציא ממנה סוד הסיגים, וכבר נודע שהסיגים היוצאין מן הכסף הטהור, אי אפשר שלא יתערב בהם קצת כסף טהור, ואז צריך לנקות את הסיגים פעם שניה, להוציא אותו המיעוט של ניצוצות הכסף הנשאר מעורב בהם. וענין בירור זה תלוי במחשבה עילאה, שהוא אבא, כמו שכתוב פרשת פקודי - במחשבה אתבריררו כולהו, כי הלא יסוד אבא הוא מוציא טיפת המוחין, לצייר ממנו הולד, והאב הוא המברר במוחין שלו הנקרא מחשבה, ומברר הטוב ושדי להו בפומא דאמה, והוא נותן באימא והיא מעברת ממנו. **ואחר כך בהיותן במעי אמא עילאה, הוא מתברר יותר, ומזה תבין הטעם איך הוא סוד העיבור, שיכנוס הז"א תוך מעוי דאימא. והענין כי באימא אין חיצונים נוגעים בה כלל, ואין להם שום אחיזה כלל, ואם כן בהיות הז"א שם, אתברר מעט מעט, והקליפות נפרדין ממנו.** גם הענין הוא כי האורות של ז"א כשהם תוך אורות של אימא, הם מקבלים הארה גדולה מאד, ואז על ידי העירוב הב' אורות ביחד הם מתגברים, **ואז הם מתבררים ומבדיליין הקליפות שבתוכו, ונמצא שעל ידי עיבור ז"א תוך אמא, הוא מתברר.**

170

ע"ח שט"ו פ"א מ"ב דע"ה ע"א – כאשר גברו עונות של התחתונים, ואין בהם כח לקבל השפעה העליונה, אז צריכה האם העליונה למעט אורה כדי שנוכל)שיוכלו(לקבלו, ואז יורדת למטה להיותה רובצת על בניה, כדרך העוף והנשר המתרחפת על בניה, **שלא יטרפוה עופות נכרים, ורובצת עליהם לשומרם,** ואז הוא בזמן שהבנים צריכין לאמם שזה מורה חולשה שבהם, עד שצריכין שמא תרביץ עליהן לשומרן.

171

ע"ח ח"ב שמ"א פ"א מ"ק דפ"ז ע"ב – וזה האור דתבונה נקרא חשמ"ל, ונקרא כנפי נשרים, כי נשר הוא אמא עלאה, וזה סוד כנשר יעיר קנו על גוזליו ירחף יפירוש כנפיו כו' כנזכר במקום אחר, וכאשר היו רוצין הקליפות להתאחז בז"א, לא יכלו, כי אין להם אחיזה באור התבונה.

172

דברים י"ב י"א – כנשר יעיר קנו על גוזליו ירחף.

173

הגהות וביאורים)א(– נוסח אחר, וכיוצא בזמן שבא להם רוח בזמן היניקה, ועדיין האם רובצת על הבנים, וכנשר יעיר קנו על גוזליו ירחף.

174

ירחף – י' רפ"ח, בסוגיית טנת"א רפ"ח הם סוד התגין שמעל האותיות. מפני שהאותיות הם בחינת נפש – עיבור. תגין הם בחינת רוח – יניקה. נקודות הם בחינת נשמה – גדלות א'. טעמים הם בחינת חיה – גדלות ב'.
תרשים ב – כ"ו
ע"ח ש"ח פ"א מ"ת דל"ד ע"ב – כי נודע שהטעמים הם כתר, והנקודות הם חכמה, **והתגין הם בינה,** ואותיות ז"ת.

חסדי דוד דנ"ג ע"ג אות ק"ו – בהנקודות יש גם כן טנת"א, כי האותיות הם הכלים ואורות דב"ן, כשהיו בתוך הכלים נקרא נקודות ואורות דב"ן, כשנסתלקו מתוך הכלים בשבירה, **ונשארו ניצוצין רפ"ח על גבי הכלים, כדי שיחיו בזמן התחייה נקרא תגין.** ואורות דמ"ה החדש נקראים טעמים, לכן הטעמים והנקודות יש להם הברה בקריאתם, והם רומזים על אורות מ"ה כשהם בתוך הכלים שהם האותיות, ועושים תנועה באותיות, משאין כן בתגין, כי הם אורות ב"ן כשנסתלקו מתוך הכלים.

הבנים **הם** עדיין עומדים **אזור באזור** מפחד החיצונים. **ואזור כך** בזמן **גדלות** א' שהם מוחין דגדלות דאחור, **בא להם** המוחין דנשמה דגדלות א', **והם מוזנין מצד אימא**[175] והם מוחין דישסו"ת, **ועדיין חסר להם המוזנין** דחיה, שהם גדלות ב', שהם מוחין **מצד אבא** והם המוחין הבאים מאו"א עילאין, **שהוא חכמה, הנקרא**ים מוחין דחיה **להכנס בהם** ר"ל בזו"ן.

כאן הרב ז"ל כותב כי בבוא מוחין דנשמה חוזרים פנים בפנים ומזדווגים, וזאת סתירה למה שכתב הרב ז"ל בפרקין - **כי בבוא מוחין דנשמה עדיין זו"ן עומדים אחור באחור**. סתירה זאת היא כל כך ברורה בדברי הרב ז"ל, וצריכה ביאור עמוק[176]. **אבל**[177] **עם כל זאת** בבוא מוחין דנשמה, שהם באים מישסו"ת, והם גדלות א', לזו"ן הגדולים

175

יפה שעה (א) – ועדיין חסר להם המוחין דאבא שהוא חכמה, הנקרא חיה להכנס בהם, אבל עם כל זה כבר הם פנים בפנים ומזדווגים, ועדיין הוא חסרון כו'. קשה דלעיל סמוך ונראה כתב ז"ל - אך בעוד שאין בו אלא נשמה בינה, אמת הוא כו', לכן עומדין אז אחור באחור יע"ש. לעניות דעתי ג' תשובות בדבר, כי נודע שאו"א עלאין נקראין בשם אבא דכללות האצילות, וישסו"ת נקרא אמא דכללות. ומה שכתב לעיל שבמוחין דאמא עדיין הם אחור באחור מיירי במוחין דתבונה לבד, הנקרא אמא. ומה שכתב כאן - עם כל זה כבר הם פנים בפנים מיירי במוחין דישסו"ת, כי מוחין דיש"ס הם בערך חיה, והוא חיה בבחינת נרנח"י דנשמה. והעד על זה שהרי כתב רז"ל בשער המוחין דז"א פרק ט' שבעמידת דחול בלחש נמשכים המוחין מבינות דישסו"ת, יע"ש, ובעמידה בלחש במילת באהבה כבר חוזרים פנים בפנים כמו שכתב רז"ל בשלהי השער הזה, שכל המוחין דישסו"ת אינם נקראים מוחין דפנים, ואינם כדאים להחזיר פנים בפנים אלא יעקב ורחל, שהרי בחול כל הזווגים אינם אלא דיעקב ורחל, אבל זו"ן הגדולים צריכים מוחין דאו"א עלאין כדי להחזור פנים בפנים יע"ש. והוא מה שכתב רז"ל - וכבר הם פנים בפנים ומזדווגים, והוא זווג יעקב ורחל הנעשה על ידי ישסו"ת, ועדיין הוא חסרון שאין זה כדי להחזיר זו"ן הגדולים פנים בפנים. ועוד יש לומר שהרי כתב רז"ל בשלהי השער הזה, ובפרק א' משער מ"ד ומ"ן שקודם שנברא אדם הראשון היו זו"ן בגדלותם בבחינת מוחין דאימא, והיה צריך לברא אדם, ולזה צריך זווג, ואדם אין כדי להעלות מ"ן ולגרום הנסירה, ולהחזירם פנים בפנים, מה עשו אבא ואימא, נסרו את הנוקבא והעלו אותם למעלה בחיק או"א, ושם חזרו פנים בפנים ונזדווגו, והולידו נשמת אדם הראשון, והוא הנקרא לעולם וגו', דבחינת אחור באחור שאם היו למטה לא היה אפשר להם לעמוד אלא אחור באחור, יעויין שם. ועיין בפרק ט' דשער המוחין דזעיר אנפין. וזהו מה שכתב רז"ל כאן שאף על פי שעדיין חסר להם מוחין דאבא, על כל זאת כבר היה מציאות שהם פנים בפנים ומזדווגים, ועדיין הוא חסרון, כי זווג זה דבחינת אחור באחור כי היה למעלה כאמור.

176

לפי דברי הרב ז"ל בדרוש זה, זו"ן לא יכולים להתיחד עד בוא להם מוחין דחיה, וזה לשון הרב ז"ל - **ובבוא חיה, אין יכולין אז לאחוז החיצונים אפילו באחוריים, מרוב האור שמאיר החיה באחוריים, ונגדלים יותר, ואז חוזרת פנים בפנים ומזדווגים ביחד.** וכאן משמע כי כבר בבוא בחינת מוחין דנשמה, חוזרת הנוקבא פנים בפנים וזו"ן מתייחדים. את הסתירה בדברי הרב ז"ל מתרץ מרן הרש"ש בהגהתו הקדושה כאן בפרקין, ותרוצו של הרש"ש מחולק לב' תירוצים, כאשר התירוץ הראשון הוא על פי פשט דברי הרב, והתירוץ השני הוא עמוק מני ים.

התרוץ הראשון

מרן הרש"ש מחלק את המוחין הבאים לזו"ן מאבא ואימא (שהם או"א עילאין, וישסו"ת, כאשר אבא הוא או"א עילאין, ואימא היא ישסו"ת), לשני חלקים. החלק הראשון הם מוחין הבאים מאימא, שהם מוחין דנשמה דאימא, הנקראים בינה דאימא, והחלק השני הם מוחין הבאים מאבא, שהם מוחין דנשמה דאבא, הנקראים בינה דאבא. המוחין הבאים מאימא נקראים נשמה בערך המוחין הבאים מאבא הנקראים חיה. עוד יש לדעת כי המוחין הבאים מאימא, הנקראים בינה דאימא, נקראים אחור בערך המוחין הבאים מאבא, שהם בינה דאבא. ומה שכתב הרב בתחילת הסוגיה כי כאשר זו"ן מקבלים מוחין דנשמה הם עומדים אחור באחור מפחד אחיזת

החיצונים, הכוונה היא על **מוחין דנשמה דאימא, הנקראים בינה דאימא, והם בחינת נשמה דנשמה**, שהם **מוחין דאחור** בערך המוחין שזו"ן מקבלים מאבא. וכאשר זו"ן מקבלים **מוחין דנשמה דאבא, הנקראים בינה דאבא והם בחינת חיה דנשמה**, שהם מוחין **דפנים** בערך המוחין שזו"ן מקבלים מאימא. לכן המוחין הבאים מאימא נקראים נשמה, בערך המוחין הבאים מאבא הנקראים חיה, אפילו שהמוחין הבאים מאבא, הם בעצם נשמה דאבא, עם כל זאת הם מוחין **דחיה בערך המוחין הבאים מאימא**.

תרשים ב – כ"ז.

יוצא לפי תירוץ זה, כאשר מקבלים זו"ן מוחין דנשמה מצד האימא הם עומדים אחור באחור מפחד החיצונים, ולא יכולים ליתיחד. וכאשר הם מקבלים מוחין דנשמה מצד אבא הם חוזרים פנים בפנים ומתיחדים. וזאת לשון הזהב של מרן הרש"ש - ונראה לעניות דעתי לומר כי לעיל מיירי בזמן שבאים לזו"ן מוחין מצד בינה דאימא לבד, שאז אינם חוזרים פנים בפנים, עד בא להם מוחין מצד בינה דאבא, והכא מיירי בזמן שבאים להם מוחין מצד בינה דאמא ובינה דאבא, שהם בחינת נשמה דנשמה ונשמה דחיה, ואז חוזרים פנים בפנים ומזדווגים, ומשמעינן הכא כי אף על פי שעדיין לא נגמר כניסת המוחין, לא דאבא ולא דאמא, כבר הם יכולים לחזור פנים בפנים ולהזדווג. עם כל זה התירוץ הזה דחוק וקשה, מפני שבהמשך דברי קודשו של הרב ז"ל הוא כותב **ועדיין הוא חסרון**. ועוד קשה תירוץ זה, ידוע כי סדר כניסת המוחין הוא לא בדרך זאת, כי אי אפשר לזו"ן לקבל מוחין מקומה עליונה דאבא, עד שלא נשלמים זו"ן לקבל מוחין מהמדרגה היותר תחתונה, שהיא מדרגת אימא. לכן זו"ן מקבלים מוחין בדרך זאת, תחילה נכנסים גדלות א', שהם מוחין דישסו"ת, קודם **מוחין דנשמה דאימא**, שהם נשמה וחיה דתבונה. אחר כך **מוחין דחיה דאימא**, שהם נשמה וחיה דישראל סבא. ואחרי שזו"ן מקבלים את כל המוחין מצד אימא, הם מתחילים לקבל מוחין מצד אבא, כאשר תחילה הם מקבלים **מוחין דנשמה דאבא**, שהם נשמה וחיה דאימא עילאה. ואחר כך **מוחין דחיה דאבא**, שהם נשמה וחיה דאבא עילאה

תרשים ב – כ"ח.

וכך הוא בתפילות דחול ושבת, כאשר בימות החול זו"ן הם בנה"י דא"י ומקבלים מוחין מישסו"ת, ונשלמים המוחין דישסו"ת במשך כל ימות השבוע, עד נשמת כל חי בשבת. ואחרי שזו"ן מקבלים את כל בחינת המוחין דישסו"ת, זו"ן מתחילים לקבל מוחין דא"א עילאין, ומוחין דא"א עילאין מתחילים להיכנס בנשמת כל חי עד סוף תפילת החזרה דמוסף, ועולים זו"ן עד הגרון דז"א, מדרגה אחר מדרגה, כמו שנבאר לקמן, ובכל מדרגה ומדרגה, זו"ן מקבלים מוחין דא"א עילאין, עד שנשלמים בכל הבחינות דמוחין אלו. ואחרי שנשלמין המוחין דא"א העילאין, מקבלים זו"ן מוחין דא"א, ועולים עד דגולגולתא דא"א, ויעקב ורחל עולים לדיקנא דא"א.

תרשים ב – כ"ט.

מרן הרש"ש מביא ראיה לדברי קודשו - ואל תתמה על סדר כניסת המוחין באופן הנזכר, ואיך נכנס בינה דאבא קודם גמר כניסת החכמה וכתר דאמא, כי כך הוא הסדר בכל זמן כנודע, ואין מקום להאריך.

ר"ל שיש מציאות של כניסת מוחין מצד אבא לפני שנגמרים להיכנס כל המוחין מצד אימא. וכן כך כתב מרן הרש"ש בנהר שלום, עם כל זאת הרש"ש לא מסביר את המציאות הזאת.

בנהר שלום דל"ז ע"א – ואין תימא איך נמשכים מוחין דאחור דבחינות עליונות קודם שתשתלם בחינה התחתונה בפנים בפנים, כי כן הוא הסדר האמיתי, שכיון שאנו צריכים להמשיך כל הבחינות שנכנסו בליל פסח אחור ופנים, הרי הם מדריגה אחת שצריך להמשיך, בתחילת בחינות האחור, ואחר כך בחינות הפנים כנודע, וכנזכר בפרק ח' משער המוחין, ובסוף פרק ד' משער הצלם, ובכמה מקומות.

נחזור לביאור דברי קודשו של רבינו הרש"ש בהגהה - ולמיא לכל זה היא תפלת לחש לשחרית דחול, שבה נכנסו המוחין מצד בינות דישסו"ת, ועל ידי כך חזרו פנים בפנים ונזדווגו. ר"ל בכל ימות החול דא"א עילאין לא משפיעין מוחין לזו"ן, המוחין שמקבל זו"ן הם מישסו"ת הנקראים גם או"א תתאין, והם בחינת גדלות א', הפרצוף השלישי, והם מוחין דנשמה הכללית. בתפילת שחרית הוא תיקון הכלים הפנימים, מנחה הוא בתיקון הכלים האמצעים, ובערבית תיקון הכלים החיצונים. כאשר תפילת שחרית דחול)וגם מנחה(מתחלקת התפילה, לתפילת לחש, ותפילת חזרה. כאשר בתפילת הלחש נכנסים לזו"ן המוחין דבינות דישסו"ת,

שהם בינה דתבונה, ובינה דישראל סבא, כאשר הבינה דתבונה היא בעצם **נשמה דתבונה**, ובינה דישראל סבא היא **נשמה דישראל סבא**. ובברכת שים שלום דלחש יש יחוד וזיווג בין הזכר לנקבה.

שער הכוונות, דרושי העמידה, דרוש ו' – ולכן באומרך ברוך אתה הוי"ה המברך את עמו ישראל בשלום אמן, תכוין להמשיך טפת זרע החמש חסדים להוציאים מתוך היסוד דאימא, הנתון תוך דעת דז"א, ולהוציא גם מתוך הדעת ולהוציאים משם, ולהורידם עד היסוד דז"א, הנקרא גם כן שלום. ולכן תכוין בזו ההוי"ה של חתימת ברכה זו בניקוד שורק כנודע, כי זאת ההוי"ה בניקוד שורק היא ביסוד כנ"ל, ובשם ספר התיקונים. גם תכוין כי אותיות שורק הוא אותיות **קשר**, ושרק הכל אחד. פירוש כי היסוד מחבר ומקשר כל העולמות **ומחבר יחד זו"ן והיו לבשר אחד**, ותכוין לקשר על ידי היסוד כל העשר ספירות דז"א בעשר ספירות דנוקבא. ודע שע"י כוונה זו יועיל לך מאד לענין הזכירה... זהו ענין בשלום, פירוש כי שני היסודות של הזכר ושל הנקבא נקראים שלום, ולכן בתיבת בשלום תכוין אל חיבור שם של יאהדונה"י **שהוא חיבור ז"א בנוקבא**, גם לפי שהחסדים הם מים, והגבורה אש, ומתחברים ועושים שלום ביניהם, ונעשין חיבור שם יאהדונה"י.

וזאת ראיה מוצקה לרבינו הרש"ש כי כאשר מקבלים את בחינת מוחין דנשמה, חוזרים הזכר והנקבה פנים בפנים, ומתיחדים. וממשיך מרן הרש"ש - **ובחזרה נכנסו המוחין מגל חכמות דיסו"ת**, ר"ל בחזרת התפילה, זו"ן מקבלים מוחין דחכמות דיסו"ת, שהם חכמה דתבונה, וחכמה דישראל סבא, שהם בעצם בחינת **חיה דתבונה, וחיה דישראל סבא**, ואחרי שקבלו את המוחין דחיה דיסו"ת שוב פעם הזכר והנקבה מתייחדים בברכת שים שלום.

ונשאלת השאלה מי הזכר והנקבה שמתיחדים בברכת שים שלום. הרי הרב ז"ל כתב שאין זיווג לזו"ן אלא בחזרת מוסף דשבת, ולא בימי החול. כאן רבינו הרש"ש מבאר כי הזיווג הזה הוא לא של זו"ן הגדולים, אלא של **יעקב ורחל הקטנים**, שהם בחינת עטרות היסוד דזו"ן, והם זו"ן הקטנים, אשר המקום האמיתי שלהם הוא בנה"י דזו"ן.

תרשים ב – ל.

כאשר זו"ן מקבלים מוחין דנשמה דיסו"ת, יעקב ורחל מקבלים בערכם מוחין דאו"א, ומתיחדים בברכת שים שלום דתפילת הלחש בנה"י דזו"ן, בסוד איהו בנצח ואיהי בהוד.

תרשים ב – ל"א.

ובתפילת החזרה זו"ן מקבלים מוחין יותר מעולים, שהם חיה דיסו"ת, יעקב ורחל עולים לחג"ת דזו"ן, ושם מתיחדים. ועל זה כותב מרן הרש"ש - **ועל ידי כך עלו יעקב ורחל לחג"ת דז"א, ושם חזרו פנים בפנים ונזדווגו**, בברכת שים שלום דחזרה.

תרשים ב – ל"ב

שער הכוונות, דרושי העמידה, דרוש ב' – הנה עתה אשר נתהפכו יעקב ורחל פנים בפנים, ונמצא יעקב כנגד קו הנצח דז"א, ורחל כנגד קו ההוד דז"א, לפי שהזכר יונק מן הימין לעולם, והנקבה יונקת מן השמאל לעולם, וזה סוד מה שכתוב בתיקונים - **איהו בנצח ואיהי בהוד**, ר"ל איהו יעקב עומד בנצח דז"א, ואיהי רחל עומדת בהוד דז"א. ונודע כי כל הנצחים דא"א ואו"א כולם מתלבשים זה בזה, וכולם בנצח דז"א. נמצא כי בהיות יעקב בנצח דז"א גם כן הוא עומד בכל שאר הנצחים. ועל דרך זה רחל, בהיותה בהוד דז"א עומדת גם כן בכל שאר ההודות. ואם כן מה שכתוב בתיקונים איהו בנצח ואיהי בהוד, ר"ל כי יעקב עומד בצד ימין, אשר שם כל הנצחים דא"א, ודאו"א, ודז"א, ורחל עומדת בצד שמאל, אשר שם כל ההודות דא"א, ודאו"א, ודז"א. גם זהו מה שכתוב בתיקונים דנצח אקרי אספקלרייא דנהרא, והוד אקרי אספקלרייא דלא נהרא, והכוונה היא על יעקב ורחל, כי יעקב העומד בנצח, אקרי אספקלרייא דנהרא, ורחל העומדת בהוד, איהי אספקלרייא דלא נהרא. גם זהו מה שכתוב בספר התיקונים כי הוי"ה אדנ"י אינון פרודות, דא בנצח ודא בהוד, וכד אינון בתפארת אינון כחדא יאהדונה"י. והכוונה היא על רחל ויעקב העומדים פרודים, דא בנצח ודא בהוד, וכד יעקב ורחל אינון בתפארת אז שניהם חיבור אחד, כי אין שם הפרש שתי קוים כמו בהיותם בנצח והוד. וכן על דרך זה בחזרת העמידה של שליח ציבור, אשר אז יעקב ורחל בחו"ג דז"א.

רבינו הרש"ש נכנס לסוגיא שלא קשורה לסוגיא בהגהה שבפרקין, והיא זיווגים הנעשים בי"ג מידות הרחמים ובנפילת אפים. ובאמת יש בי"ג מידות הרחמים ונפילת אפים ג' מיני זיווגים, האחד הוא זיווג דנר"ן, הוא זיווג לבירור נפשות שנמצאים בקליפות, ולעלותם למקומם האמיתי, זיווג זה לא שייך בכלל לסוגיא זאת. הזיווג השני נקרא זיווג דכ"ד שעות דכללות זו"ן דיום דים תמול שלשום. והזיווג השלישי הוא זיווג יעקב ורחל

בחב"ד דזו"ן, והוא הזיווג הפרטי שבכל תפילה דיום חול. הזיווג שרבינו הרש"ש מבאר הוא זיווג דחב"ד דיעקב ורחל, וזה לשון קודשו - **ואף על פי שבספר הכוונות כתב שאין זיווג ליעקב ורחל אלא בנפילת אפים**, ומשמע שכיון שעעליין לא נכנסו המוחין לחכמות דישסו"ת אין זווג. כבר כתב בשער מו"ח צ"ל בשער הזיווגים דאין זה אלא כאשר יעקב ורחל מתיחדים **בזווג הגדול דחב"ד דז"א**, אבל לא בזווגים הקטנים של יעקב ורחל דנה"י וחג"ת דז"א, שזיווגים אלו כבר היו בתפילת הלחש ותפילת החזרה כנ"ל.

תרשים ב – ל"ג.

ע"ח שט"ו פ"א מ"ב דע"ה ע"ג – מדרוש שלוח הקן תבין שיש ג')מיני(יחודים אל זו"ן, הנקרא נ"ר, והם הוי"ה אהי"ה, הוי"ה אלהי"ם, הוי"ה אדנ"י, והם נגד ג' פרצופים שיש)בנוקבא דז"א(בזו"ן. אחד י' ספירות דאחוריים שהם עיבור שלה בעמידה דלחש, שהיא למטה בנה"י שבו, שהוא גם כן פרצוף שלם דעיבור, ואז חיבורם פנים בפנים נקרא הוי"ה אדנ"י. וכשהזווג פנים בפנים בסוד פרצוף שלו דיניקה, עם פרצוף שלה דיניקה, דאז הוא נקרא חג"ת דז"א, ואז היא עולה עד שם בחזרת עמידה, אז הוא חיבור הוי"ה אלהי"ם. וכשהזווג פנים בפנים בסוד פרצוף גדלות שבו, עם פרצוף גדלות שבה, שאז נקרא חב"ד דזעיר אנפין, ועלתה עד שם, אז הוא חיבור הוי"ה אהי"ה, שכבר הוא בחינת בינה הנקרא אהי"ה שלימה, בעשר ספירות דגדלות, ואז הוא בעת נפילת אפים, שנבקע היסוד)דאמא(ביעבור. או נראה לי שאינו אלא בשחרית דשבת, ועיין במקומו ותראה כי כל עמידה דלחש וחזרה דחול בשחרית יש זווג, ואם כן איך]אמר שאין[זווג אלא בנפילת אפים, ובזה מתורץ כי בכל אחד יש זווג, אלא שהזיווג עליון הוא בנפילת אפים, ואינם דיעקב ורחל הקטנים דלחש, והבן מאד.

שער הכוונות, דרושי ויעבור, דרוש ב' – ואחר כך בעת נפילת אפים, מזדווגים יעקב ורחל גם כן, ונותן יעקב ברחל בסוד זווג גם את הה' חסדים, ונעשים אז אותם הטפות של החסדים וגבורות האלו בחינת נפש.

שער הכוונות, דרושי העמידה, דרוש ו' – האמנם עתה אנו צריכים לבאר ענין אחד, והוא כי הנה בסוף ברכת אבות ביארנו שהזיווג הזה הוא זווג יעקב ברחל, וכפי מה שנתבאר עתה בברכה זו נראה שהיא זווג ז"א עצמו עם נוקבא, וממנו אנו ממשיכין ומורידין טפה זרעית של החסדים בברכת שים שלום. אמנם ענין זה הוא בזה האופן, דע כי אף על פי שאנו אומרים שזה הזווג הוא דיעקב עם רחל, עם כל זה יש עוד זווג אחר גם כן, והוא זווג ז"א עצמו הנקרא ישראל עם לאה מן החזה ולמעלה. ובזה נתיישבה שאלה הנזכרת. עוד יש טענה אחרת והוא כי הנה אי אפשר ליעקב להזדווג ברחל אם לא על ידי מה שמקבל מן ז"א כנודע, ולכן צריך שכל תיקון תפילותינו תהיה בז"א עצמו, כדי שממנו ימשך וירד שפע אל יעקב בהזדווגו עם רחל. והנה בביאור של י"ג מדות של ויעבור נתבאר ענין זה היטב בתכלית הביאור, ועיין שם. אמנם קיצורו של דבר הוא כי הנה בתחילת הכל נכנסין המוחין ברישא דז"א, ואחר כך בשים שלום יורדת הטפה של החסדים ממוחין דז"א, ואמנם אינה יורדת לגמרי עד סיום פי היסוד שבו, אבל תיכף בהגיע אל מקום החזה דז"א אשר שם הוא בחינת היסוד העליון דז"א כמבואר אצלנו, והנה שם גם כן הוא פי היסוד דאימא המתלבש בז"א, ועד שם היו מחיצות יסוד דאימא מעכבות את הטפה מלירד במרוצה, ובהגיע שם טרם תרד למקום המגולה מן החזה ולמטה, שאין שם מחיצות, ותרוץ בכח תיכף למטה עד היסוד בו, אז אנו מקדימין לקחת את הטפה ההיא בהגיעה אל החזה, ועל ידי תיקון י"ג מידות של רחמים דויעבור, אנו מחלקין אותה לג' חלקים, חלק אחד **לחיבוק א', והוא מעולה מאד**. וחלק הב' לצורך **זווג ז"א עם לאה מן החזה ולמעלה**, אשר זה סוד תיקון י"ג מידות של רחמים, כמבואר אצלנו שם במקומו. וחלק הג' יורד למטה עד פי היסוד דז"א, ומשם יוצא וניתן **בדעת דיעקב, ומשם יורד אל פי היסוד שלו, ונותנו אל רחל טפת מ"ד**.

התרוץ השני והוא העיקרי

להבין את התרוץ העמוק הזה יש לדעת כמה הקדמות מדברי הרב ז"ל, מרן הרש"ש ואחרוני המקובלים.

א - בסוגיה זאת זו"ן הם **זו"ן הגדולים**, שהם ו"ק דמ"ה וב"ן דז"א, כללות ז"א, והם ישראל ולאה)או רחל הגדולה(. יעקב ורחל הם עטרות היסוד דזו"ן הגדולים, הנקראים נוקבא דז"א, והם מלכות דמ"ה וב"ן דז"א, ונקראים גם **זו"ן הקטנים**. ואפילו שז"א הוא בחינת זכר, והמלכות בחינת נקבה, עם כל זה כל פרצוף כולל בתוכו בחינת מ"ה וב"ן, שהם זכר ונקבה של אותו פרצוף.

תרשים ב – ל"ד.

רחובות הנהר ד"ז ע"ד - וזו"ן נתקנו ונעשו מז"ת דמ"ה, ומז"ת דב"ן, כי יצאו ונתוספו להם ט' ספירות עליונות להשלים י' ספירות לכל מלכות מז' מלכיות דז"ת דב"ן, ומאלו הט' ספירות העליונות שניתוספו לכל מלכות הוא שלקח העתיק אותם השבעה כתרים דז"ת דב"ן כנ"ל, אלא שהוא ספק אם לקחם אם לאו. ונתחברו ו"ק שהם ז"א דמ"ה, עם ו"ק שהם ז"א דב"ן, ונכללו אלו באלו, ונתלבשו אלו באלו, והלבישו לתנה"י דא"א מהטיבור ולמטה מכל צדדיו, פנים ואחור, **ונקראים זו"ן הגדולים**, כי ו"ק דב"ן נקרא רחל הגדולה, מלכות שבגופו, ולפעמים נקרא בשם לאה, וו"ק דב"ן נקרא בחינת חשבון דאותיות דז"א. וכן נתחברו מלכות נוקבא דזעיר אנפין דמ"ה, עם מלכות נוקבא דז"א דב"ן, ונכללו אלו באלו, ונתלבשו אלו באלו, והלבישו לתנה"י דזו"ן הגדולים, **ואלו נקראים יעקב ורחל**, ובכללותם נקראים נוקבא דז"א. וכשנמשכים צלמי המוחין מא"א לזו"ן, הנה הצלם דמוחין דאבא נמשך ומתפשט בו"ק דמ"ה, הנקרא ז"א דכורא, והם בחינת אותיות עצמם. וצלם דמוחין דאימא נמשך ומתפשט בו"ק דב"ן, הנקרא נוקבא דז"א, והם בחינת מספר וחשבון דאותיות דז"א, וזה בערך ו"ק דמ"ה. אמנם בערך מלכות דב"ן נקרא גם הם בחינת אותיות ממש. ואחר כך יוצא הארת הבינות והגבורות מוחין שנתפשטו בזו"ן, ובונים ומתקנים את יעקב ורחל, כמו שכתוב בכוונת ברכת אבות בע"ה, **ואלו יעקב ורחל הם המלכיות הנקרא עטרת דיסוד דו"ק דמ"ה וב"ן דזו"ן הגדולים עצמם**, לא המלכיות דמ"ה וב"ן הנזכר לעיל, שהם המלך השביעי, כי אותם יש להם בחינת אותיות ומספר, וכמו שכתוב בפרק ז' משער י"ד, שער או"א, עיין שם. והם דוגמת בינות דאו"א וכל אלו הזו"ן הגדולים, עם הנוקבא שהם יעקב ורחל הגדולים, עם הקטנים, כולם תיקונם וזיווגם נתקן ונעשה על ידי האנשים לבד, וכולם נקראים בחינת דכורא, בערך הנוקבא הכוללת הנתקנת על ידי הנשים, אשר יש בה כל הפרטיות הנזכר לעיל, **ועיין מאד להבין ענין זה היטב.**

ע"ח ש"ט פ"ז דמ"ו ע"ב - דע כי אין לך ספירה וספירה, אפילו בעשר ספירות הפרטיות שבכל פרצוף ופרצוף, **שאין בו בחינת זכר ונקבה**, והם ב"ן דנקודות, ומ"ה החדש. ואמנם אין ענין ב"ן הזה, והנקבה זו, בחינת מלכות העשירית שיש בכל ספירה וספירה, שהיא בחינה עשירית שבכל ספירה וספירה אלא שיש בכל ספירה עשר בחינות וכולם דמ"ה, ועשר בחינות וכולם דב"ן. והתשע ראשונות דמ"ה וב"ן הם נקרא ט' בחינות הראשונות של ספירה ההוא, והבחינה עשירית שהוא מלכות שבאותו ספירה עצמה, היא כלולה ממ"ה וב"ן. כלל הדברים בקיצור נמרץ, **כי אין לך שום ניצוץ קטן בכל האצילות, שאין בו מ"ה וב"ן.**

שער הגלגולים, הקדמה כ"ו – והנה חמש בחינות זווגים יש שם למעלה, ומכל יסוד מהם יצאו ניצוצות כנזכר, וזה סדרם כפי מעלת מדרגתם.

זווג א' - הוא ז"א הנקרא ישראל, עם נוקביה הנקראת רחל, וזמן זווג זה, הוא במוסף דשבת, כי אז רחל נגדלת בכל ארך ז"א ממש כמוהו, ואז מזדווגים יחד על ידי היסוד האמיתי של ז"א. **זווג ב'** - הוא זווג יעקב עם רחל, וזמנו בשחרית של ימי החול, והוא מזדווג עמה על ידי היסוד שלו האמיתי. **זווג ג'** - הוא זווג יעקב עם לאה, אחר חצות לילה, ואז שניהם נגדלים, ומתפשטים בארך כל ז"א כלו, על ידי מציאות יסוד אחד שבו. **זווג ד'** - הוא זווג ישראל עם לאה, במנחה דימי החול, והיא אינה מתפשטת רק בשיעור חצי העליון, שהוא עד החזה שלו, ואז הוא מזדווג עמה ביסוד עצמה שהיה לו בתחלה אל ז"א, בהיותו בבחינת שש קצוות בלבד, כמבואר אצלנו בענין התפלות. **זווג ה'** - הוא זווג יעקב עם לאה, בתפלת ערבית דימי החול, והוא בחצי העליון של ז"א, ואז הוא על ידי בחינת היסוד האחר.

ב - אין זיווג לזו"ן הכוללים בימי החול. הזיווג בימי החול הוא של יעקב ורחל עטרות היסוד דזו"ן, ויש עוד זיווג של זו"ן דכ"ד שעות הנעשה במילת ויעבור די"ג מידות הרחמים.

ג - כאשר התחיל תהליך תיקון עולם האצילות אחרי שבירת הכלים דעולם הנקודים, המאציל העליון תיקן את בחינת פרצופי חג"ת נה"י דזו"ן, שהם בחינת נפש ורוח הכוללים דזו"ן, ואין לבני ישראל שום תיקון בפרצופים אלו, הרומזים על ששת ימי בראשית, כי הם מתוקנים על ידי המאציל העליון בכללות ובפרטות של כל חלק שבעולמות והפרצופים. וכך הוא בכל הפרצופים מרום המעלות עד תחתית עולם העשיה, כל פרצוף ופרצוף נקרא זו"ן בערך שלושה הפרצופים שמעליו. עבודת האדם במשך ששת אלפי שנה היא לתקן את שלושת הפרצופים העליונים דזו"ן, החסרים תיקון, והם פרצוף הבינה דזו"ן, הנקראת אימא, שהם פרצופים ישסו"ת. פרצוף החכמה דזו"ן, הנקרא אבא, שהם פרצופי או"א עילאין. ופרצוף הכתר דזו"ן, הנקרא א"א. ועל ידי תיקון זו"ן דאצילות, מתקנים כל פרצופי זו"ן דכל העולמות מתחתית העשיה עד רום המעלות,

כאשר כל פרצוף וכל עולם עולה בערך עליית זו"ן דאצילות, בין הפרצופים שמעל זו"ן, ובין הפרצופים
והעולמות שמתחת זו"ן.

תרשים ב – ל"ה.

ע"ח ש"כ פ"ח דצ"ט ע"ג – וביאור הדבר, כי תחלה היה לו בחינת עצמו שהוא רוח, ובחינת נוקבא הכוללת
בו, והוא נפש. ובלקחו מיש"ס ותבונה כל אותן הצלמים, אז יש לו נשמה שלימה, כי הרי יש"ס ותבונה נקרא
בינה כנודע. ובלקחו אותם שנית מן או"א עלאין, הנקרא חכמה, יש לו חיה בשלימות. ובלקחו אותן ג' כלים
מא"א, הנקרא כתר, נשלם בו יחידה בשלימות.

רחובות הנהר ד"ח ע"ב – והענין ידוע, **כי הזו"ן דאצילות דכל פרט כבר הם שלמים מצד עצמם, מבחינת
ו"ק דכללות האצילות**, שהם השני פרצופים חיצון ואמצעי, נה"י וחג"ת הכוללים, כל אחד כלול מה' פרצופים
עם נרנח"י דנפש ורוח הכוללים מלובשים בהם, **וזה מצד המאציל העליון, ואינם חסרים מהז"א לעולם.**

וכל אותם המוחין והצלמים שמקבלים הזו"ן מישסו"ת, שהם העיבור, יניקה, ומוחין דגדלות ראשון, הוא בירור
ותיקון ה' פרצופים דפרצוף השלישי, הנקרא בינה דזו"ן, הנתקן על ידי ישסו"ת, הנקרא בינה, נשמה דאצילות,
וכנזכר בתחילת פרק ח' משער המוחין עיין שם. ונמשכים להם ה' בחינות נרנח"י דנשמה, בה' צלמי המוחין
מלובשים בה' פרצופי ישסו"ת, לה' פרצופי בינה הנזכרים דזו"ן, ועל ידי כך נגדל קומת ז"א עד שיעור כל
קומת ישסו"ת, שהוא עד חזה דא"א, כי הלביש לה' פרצופי ישסו"ת, כי על ידי התלבשות ההי' צלמי המוחין
הנזכרים בה' פרצופי ישסו"ת. ואחר כך כל פרצוף עם הצלם דמוחין שבו, מתפשט בו"ק דכל פרצוף מה'
פרצופי בינה דזו"ן, נגדל כל פרצוף ונעשה בן י' ספירות גמורות, כשיעור אותו הפרצוף שנתפשט בו. באופן כי
כשלקח ז"א כל גדלות ראשון, שהם נרנח"י דנשמה, אז כבר הוא גדול כשיעור ישסו"ת, ונקרא בשם ישסו"ת,
שהם נרנח"י דנשמה דאצילות, וישסו"ת דנשמה עתה נקרא בשם או"א עילאין, כי כפי עליית הזו"א בישסו"ת, ולקיחתו
המוחין דנשמה מהם, כך עליית ישסו"ת באו"א עילאין, ולקיחתם המוחין דחיה מהם, וזה בערך האצילות.
אמנם בערכם גם אלו נקראים מוחין דנשמה. וגם או"א עלו וקבלו מוחין מא"א, ונקרא בשם א"א, על דרך זה.
וא"א בשם אח"פ, שהם אורות דס"ג דא"ק. ואח"פ בשם אורות דע"ב דחכמה דא"ק. ואורות דע"ב בשם אורות
שערות גולגלתא, כתר דא"ק. וכן נוקבא הכוללת דאצילות, הנקרא נוקבא דז"א, עלתה לקבל מוחין מהז"א
הכולל, ונגדלה כמהו, ונקראת עתה בשם ז"א דאצילות. והבריאה עלה למקום הנוקבא הנזכרת דאצילות,
ונקראת בשם נוקבא דאצילות. והיצירה עלה למקום הבריאה, ונקרא בשם בריאה. ועשיה עלה למקום היצירה,
ונקרא בשם יצירה. הרי בעלות הזו"ן דאצילות לקבל מוחין דנשמה, ונתקן ונגדל פרצוף השלישי הנקרא בינה
שלהם כנזכר, עלו גם כן פרטי פרצופי כל העולמות עליונים ותחתונים, וקבלו גם הם מוחין דנשמה כל פרצוף
מפרצוף שעליו, כפי סדר עליית הזו"ן כנז"ל. **וכן בעלות הזו"ן דאצילות עוד לקבל מוחין דחיה**, הנקרא
קטנות וגדלות שני, מאו"א עילאין, כגון בשחרית ומוסף דשבת ויו"ט, או בליל פסח, והוא מישסו"ת שעלו כבר
ונקראין בשם או"א עילאין כנזכר לעיל, מהם מקבלים מוחין דחיה לפרצוף הד' דזו"ן, הנקרא חכמה, על דרך
סדר קבלתם המוחין דנשמה כנזכר לעיל, ועל ידי כך נגדל הז"א עד שיעור קומת או"א עילאין, שהוא עד הגרון
דא"א, ונקרא עתה בשם או"א עילאין.)וישסו"ת שכבר נקראים בשם או"א עילאין, עולים עתה ומקבלים
מוחין דחיה מא"א, והוא מאו"א עילאין. ספר כתב יד(שעלו כבר ונקראים א"א, מהם מקבלין מוחין דחיה,
ונקרא עתה בשם א"א. ואו"א עילאין עולים עתה ומקבלים מוחין דחיה מא"א, שעלה כבר ונקרא בשם אח"פ,
ונקרא עתה בשם ע"ב דא"ק, ואורות אח"פ לגולגלתא דא"ק, ונקרא בשם הגולגלתא. וכן נוקבא דז"א עולה
עתה למקום ישסו"ת. והבריאה למקום ז"א. ויצירה למקום נוקבא. והעשיה למקום הבריאה. **וכן על דרך זה
בעלות הזו"ן דאצילות עוד לקבל מוחין דיחידה מא"א**, כגון במנחה דשבת, והוא מישסו"ת שעלו כבר
ונקראים בשם א"א, מהם מקבלים עתה מוחין דיחידה, לפרצוף החמישי דזו"ן הנקרא כתר, על דרך סדר קבלת
המוחין דנשמה. **ועל ידי כך נגדל הז"א עד שיעור קומת א"א, שהוא עד טבורא דא"ק**, אשר שם שורשו
ונקרא בשם א"א. וישסו"ת עולים לאו"א, שהם אורות דס"ג דבינה דא"ק, שורשי ישסו"ת. ואו"א לע"ב
דחכמה דא"ק, שהוא שורשם. וא"א לגולגלתא כתר דא"ק, שהוא שורשו. וכן נוקבא דז"א עולה עתה למקום
או"א עילאין. והבריאה למקום ישסו"ת, שהוא שורשו. והיצירה למקום ז"א, שהוא שורשו. והעשיה למקום
נוקבא דז"א דאצילות, שהוא שורש העשיה.

ד - עוד צריך לדעת כי כל פרצוף נקרא ז"א בערך הפרצופים שמעליו, והוא בחינת נפש רוח, וצריך להשתלם
במוחין דנשמה, חיה ויחידה.

תרשים ב – ל"ו.

זו"ן מקבלים את כל המוחין שלהם דרך פרצופי ישסו"ת, שהם אימא, והם מעל פרצופי זו"ן. כך שאת מוחין דנשמה הם מקבלים מישסו"ת, וכאשר זו"ן מקבלים מוחין דנשמה, ישסו"ת מקבלים גם הם מוחין דנשמה בערכם, כאשר בערך זו"ן מוחין אלו נקראים מוחין דחיה. בשלב זה זו"ן עולים למקום ישסו"ת, וישסו"ת למקום או"א עילאין, ונקראים או"א עילאין. ובאותו זמן עולים גם או"א עילאין ומקבלים מוחין דנשמה בערכם, ובערך זו"ן הם מוחין דיחידה. וכן א"א עולה ומקבל מוחין מאח"פ דא"ק, וכן כל פרצוף ופרצוף שמעליו מוחין דנשמה בערכו, כך הוא מתחתית העולמות עד גבוה מעל גבוה שומר. גם הפרצופים והעולמות התחתונים עולים כל אחד מדרגה, וכל אחד מקבל מהפרצוף שמעליו עד רום המעלות.

תרשים ב – ל"ז.

אחר כך מקבל זו"ן מוחין דחיה, גם כאן קבלת המוחין היא על ידי ישסו"ת, הנקראים עתה או"א עילאין, ובזמן שזו"ן מקבלים מוחין דחיה, כל פרצוף ופרצוף מקבל מוחין דיחידה בערכו, מהפרצוף אשר מעליו.

תרשים ב – ל"ח.

אחר כך זו"ן מקבל מוחין דיחידה, וזה הוא תכלית שלמותו ועליתו, גם כאן קבלת מוחין דיחידה היא על ידי פרצופי ישסו"ת שעלו לא"א. כל פרצוף ופרצוף מקבל מוחין דחיה בערכו, מהפרצוף אשר מעליו.

תרשים ב – ל"ט.

<u>ה</u>- גם הפרצופים והעולמות שמעל א"ק יש בחינת קבלת מוחין, מהבחינות שמעלתם. יוצא לפי זה כי כאשר זו"ן מקבלים את מוחין דיחידה, שהם מוחין דכתר, והוא הפרצוף החמישי העליון דזו"ן, זו"ן הם בתכלית השלמות. וכל העולמות והפרצופים מלמעלה עד למטה הם בתכלית השלמות הערכם, וכולם נמצאים במקום שורשם. כך שא"א עלה לגולגולתא דא"ק, ושם שורשו. או"א עילאין עלו לע"ב דחכמה דא"ק, ושם שורשם. ישסו"ת עלו לאח"פ דא"ק, שהם ס"ג דבינה דא"ק, ושם שורשם. זו"ן עלו לא"א, ושם שורשם. נוקבא עלתה לאו"א עילאין, ושם שורשה. והבריאה עלתה לישסו"ת, ושם שורשה. יצירה עלתה לז"א דאצילות, ושם שורשה. והעשיה לנוקבא דאצילות, ושם שורשה. הרב חסדי דוד עולה למעלה מעולמות א"ק, לעולמות המלבוש ועולמות הטהירו, ומסיים במשפט - **והמבין יבין כי אי אפשר לדבר יותר**.

שער ההקדמות די"א ע"א – כל א"ק כולו הוא רק ז"א ומלכות, מ"ה וב"ן בערך הקודם אליו.

חסדי דוד דנ"ב ע"א אות ע"ו – ז"א יש בו נפש רוח שלמים, כל בחינה כלולה מכ"ה בחינות, דכן צריך להיות בכל בחינה כדי שתהיה שלימה, בכל בחינה צריך שיהיה בה ה' בחינות נרנח"י, וכל אחד מהחמש כלולה מנרנח"י, הרי ה' פעמים ה' הם כ"ה בחינות. וחסר לז"א כל הכ"ה בחינות דנשמה, וכ"ה דחיה, וכ"ה דיחידה. וכשמקבל המוחין מישסו"ת הנקרא נשמה דכללות האצילות, ונכנסים בכלי הבינה דז"א, אז יש לו כ"ה בחינות דנשמה שלימה, וכשמקבל המוחין מאו"א עילאין, הנקרא חיה דכללות האצילות, ונכנסים בכלי החכמה דז"א, אז יש לו כ"ה בחינת דחיה שלימותא. וכשמקבל המוחין מא"א הנקרא יחידה דכללות האצילות, ונכנסים בכלי הכתר דז"א, אז יש לו כ"ה בחינות דיחידה שלים. אמנם כל זה הוא בערך הכללות, **כי ישסו"ת גם כן נקרא זו"ן בערך או"א עילאין**, ואין בהם רק נפש רוח, וצריכים עיבור, יניקה, ומוחין כדי להשלים להם נשמה, חיה, יחידה, וכשמקבלים מוחין מאו"א עילאין, הנקרא בערכם נשמה, אז יש להם נשמה שלימה לישסו"ת. וכשמקבלים המוחין מא"א הנקרא בערכם חיה, אז יש להם לישסו"ת חיה שלימה. וכשמקבלים המוחין מאח"פ דא"ק, הנקרא בערכם יחידה, אז יש להם לישסו"ת יחידה שלמה, כי מה שכתב דישסו"ת הם נקראים נשמה, והם ממשיך מוחין דגדלת לזו"ן, הוא בערך זו"ן, אמנם בערך מה שלמעלה מהם נקרא זו"ן, וחסרים נשמה, חיה, יחידה, וצריכים לקבלם מג' מקומות שלמעלה מהם, דהיינו מאו"א עילאין, ומא"א, ומאח"פ דא"ק, כי אלו נקראים נשמה, חיה, יחידה בערך ישסו"ת. וכן או"א עילאין נקרא חיה בערך זו"ן, ונשמה בערך ישסו"ת, וזו"ן בערך מה שלמעלה מהם, וחסרים נשמה חיה, יחידה, וצריכים עיבור, יניקה, מוחין כדי להשלימם, ומקבלים אותם מג' מקומות שלמעלה מהם, הנקרא בערכם נשמה, חיה, יחידה כי דא"ק היא יחידה. וכן א"א נקרא יחידה בערך זו"ן, וחיה בערך ישסו"ת, ונשמה בערך או"א עילאין, אמנם בערך א"ק הא"א נקרא זו"ן, ואין בו רק נפש רוח, וחסר נשמה, חיה, יחידה, וצריך עיבור, יניקה, מוחין כדי להשלימו, ומקבלם מג' מקומות שלמעלה ממנו, הנקרא בערכו נשמה, חיה, יחידה, דהיינו מאח"פ דא"ק, ומשערות הראש ע"ב דא"ק, דהוא חכמה דא"ק חיה, ומקרוץ היו"ד א"א דא"ק יחידה, כי אח"פ הם מס"ג, ושערות הראש מע"ב ממוחין דא"ק, והם ישסו"ת ואו"א עילאין

דא"ק. נמצא כי א"א כשמקבל מישסו"ת דא"ק, אז יש לו נשמה, וכשמקבל מאו"א עילאין דא"ק, אז יש לו חיה, וכשמקבל מא"א דא"ק אז יש לו יחידה. כי כמו שזו"ן דאצילות שהם נפש רוח דכללות האצילות, כן א"א דאצילות שהם זו"ן דכללות א"ק, ואין בו רק נפש רוח בערך כללות א"ק, נשלמו בו הנשמה, חיה, יחידה מישסו"ת, ואו"א, וא"א דא"ק, שהם נשמה, חיה, יחידה דכללות א"ק. וכן א"א עצמו נקרא יחידה בערך האצילות, **אמנם בערך שלמעלה הימנו נקרא גם הוא זו"ן**, ואין בו רק נפש רוח, וחסר לו נשמה, חיה, יחידה, כי הרי כל כללות א"ק עומד במקום חצי מלבוש התחתון כנודע, כי כללות המלבוש הוא סוד עסמ"ב, וכשנחלק המלבוש ונקפל חצי התחתון שהוא סוד מ"ה וב"ן, והלביש לחצי העליון שהוא ע"ב ס"ג, המקום הפנוי הנ"ל שהוא במקום שהיה חצי מלבוש התחתון נקרא אויר אויר קדמון, והכדור הנעשה בתוכו שבתוכו עומדים י' ספירות דא"ק נקרא טהירו, ועל גבי הטהירו בין אויר קדמון למלבוש עומדים י' ספירות דא"ק סתימאה. הרי כי א"א עומד במקום מ"ה וב"ן, שהוא סוד חצי המלבוש התחתון, **ולכן נקרא זו"ן בערך מה שלמעלה ממנו**, וצריך עיבור, יניקה, מוחין להשלימו, ומקבלם מג' מקומות שלמעלה ממנו, דהיינו מא"ק סתימאה עילאה נשמה, ומאויר קדמון חיה, ומהמלבוש יחידה. **והמבין יבין כי אי אפשר לדבר יותר.** וכן נוקבא דז"א דאצילות נקרא זו"ן בערך ז"א, וחסרה נשמה, חיה, יחידה, וצריכא עיבור יניקה, מוחין להשלימה, ומקבלת אותם מג' מקומות שלמעלה הנקראים בערכה נשמה, חיה, יחידה, מז"א נשמה, מישסו"ת חיה, מאו"א עילאין יחידה. וכן בריאה אין בה רק נפש ורוח בערך נוקבא דז"א דאצילות, ומקבלת נשמה, חיה, יחידה מג' מקומות שלמעלה ממנה, הקרא בערכה נשמה, חיה, יחידה, דהיינו מנוקבא דז"א דאצילות נשמה, ומז"א חיה, ומישסו"ת יחידה. וכן יצירה נקרא זו"ן בערך בריאה, ומקבלת נשמה, חיה, יחידה מג' מקומות שלמעלה ממנה, הנקרא בערכו נשמה, חיה, יחידה, דהיינו מהבריאה נשמה, ומנוקבא דז"א דאצילות חיה, ומז"א דאצילות יחידה. וכן עשיה נקרא זו"ן בערך יצירה, ומקבלת נשמה, חיה, יחידה מג' מקומות, הנקרא בערכה נשמה, חיה, יחידה, דהיינו מיצירה נשמה, ומבריאה חיה, ומנוקבא דז"א דאצילות יחידה. **באופן שאין פרצוף בעולם נשלם בכל בחינותו עד שיעלה ג' מדריגות למעלה ממדרגתו.** ולכן במנחת שבת שאז נשלמים כל העולמות, עולה א"א דאצילות, לא"א דא"ק. ואו"א עילאין, לאו"א דא"ק. וישסו"ת, לישסו"ת דא"ק. וז"א, לא"א דאצילות. ונוקבא דז"א, לאו"א עילאין דאצילות. ובריאה, לישסו"ת דאצילות, הנקרא בריאה דאצילות. ויצירה, לז"א דאצילות, הנקרא יצירה דאצילות. ועשיה, לנוקבא דז"א דאצילות, הנקרא עשיה דאצילות. ואז נשלמו כולם בבחינת נרנח"י, וזו היא מדרגתן האמיתי.

נ - אם לא היה חוטא האדם הראשון בחטא עץ הדעת, היה מתקן את כל העולמות, ומחזירם לשורשם האמיתי, ובגלל חטא האדם הראשון, מעלה זאת תהיה בזמן בוא משיח צידקינו, כאשר ז"א יהיה בשורשו האמיתי, שהוא כתר דא"ק.

תרשים ב – מ.

איפה שלימה על אוצרות חיים די"ח ע"א אות י"ב – עוד כתב הרב שם, וז"ל - והנה אם אדם הראשון לא היה חוטא בעץ הדעת, היה יכול להעלות על ידי תפלותיו של יום השבת ההוא את העולמות, עליות אחרות יותר גבוהות במאד מאד, עליה אחר עליה, בכל תפילה ותפילה, שהם תפילת ערבית, ושחרית, ומוסף, ומנחה, ואין אנחנו עתה מאריכין סדר עלייתן, אבל נזכיר בקצרה העליה האחרונה הגדולה שבכולן, והיא במנחת שבת, כי אז היו עולין תכלית העליה, והוא כי עולם האצילות היה עולה כפי מקומו הראשון שהוא במקום אדם קדמון לכל קדומים הנזכר אצלינו ביאורו באורך גדול, והיה חוזר כל המציאות אל שורשו הראשון עד כאן לשונו. ונראה לעניות דעתי ברשות קובה"ו, שסדר העליות שהיו עולין אם לא חטא אדם הראשון כך הוא, על ידי תפילת ערבית של שבת קודש, היו עולין זו"ן דאצילות בכתר דא"א דאצילות, בז' תקוני גולגלתא, אשר בהם מתגלים ז"ת דעתיק, וזהו מה שכתוב ואור החמה יהיה שבעתים, **וזה יהיה אחר ביאת משיח צדקנו במהרה בימינו אמן**, ואז אין כל אומה ולשון יכול לשלוט בישראל. והבריאה במקום אבא. והיצירה והעשיה במקום אימא. וכל זה עדיין לא באו מוחין דפנים, כי עדיין הם מטבור א"ק ולמטה, ואף על פי שזו"ן הם פנים בפנים. וזה דומה למה שאנאנו עושים בערבית של ליל שבת, כי בנשמת שאנאנו ממשיכין לזו"ן למ"ד מ"ם מכחב"ד חג"ת דישסו"ת, שנקראין מוחין דאחור, בערך המוחין אשר נמשכין לזו"ן מאו"א עילאה, שהם נקראים מוחין דפנים, כמו שכתב הרש"ש בספר נהר שלום דף יו"ד ע"א בסופו, וע"ב, יעו"ש באורך, ובהקדמת רחובות הנהר דף ה' ע"ג, דהמוחין הבאין מישסו"ת נקראין בחינת אחור, והבאים מאו"א נקראין פנים. ואחר כך על ידי תפילת שחרית של שבת קודש, היה אדם הראשון אם לא היה חוטא, היה ממשיך לזו"ן מוחין דאה"פ, והיו עולים זו"ן

ומלבישים לאח"פ, והבריאה עולה לא"א דאצילות, ויצירה ועשיה לאבא דאצילות. אחר כך על ידי תפילת מוסף של אדם הראשון היו עולים זו"ן לע"ב דא"ק, והבריאה בס"ג דא"ק, שהוא אח"פ, ויצירה ועשיה בא"א דאצילות. ואחר כך במנחה של שבת קודש היו עולים זו"ן בכתר דא"ק, והבריאה בחכמה דא"ק, והיצירה והעשיה במקום בינה דא"ק. הרי שהשמ"ה וב"ן עלו כולם לשרשם, שהם ע"ב וס"ג דא"ק. וזהו שכתב הרב בפרקין ואז יתבטל מ"ה, ואז לא יהיה רק שני אורות של ע"ב וס"ג, ר"ל שעולים כל העולמות ונכללין בע"ב וס"ג דא"ק, ונקראין על שם ע"ב וס"ג. ועל אלו העליות שעולין עד כח"ב דא"ק כתב הרש"ש, ואז יחזור למקומו לגן עדן לעשות חיובו הראשון.

ז - עוד צריך לדעת כי כל תורת הרב ז"ל בסוגיא זאת היא **בערכין**, כי מוחין דנשמה שהם ישסו"ת נקראים אחור, בערך המוחין דחיה שהם או"א עילאין הנקראים פנים. עם כל זאת המוחין דבינה שהם בחינת הנשמה, מתחלקים לב' חלקים, האחד המוחין הבאים מהתבונה, והשני המוחין הבאים מישראל סבא. כאשר המוחין הבאים מהתבונה נקראים אחור, בערך המוחין המוחין הבאים מישראל סבא הנקראים פנים בערך המוחין הבאים מהתבונה. וכן הוא במוחין דחיה שהם או"א עילאין הנקראים פנים, בערך המוחין דנשמה הנקראים ישסו"ת. כאשר מוחין דאימא עילאה נקראים אחור, בערך המוחין הבאים מאבא עילאה הנקרא פנים בערך המוחין הבאים מאימא עילאה.

תרשים ב – מ"א.

לפי זה יוצא כי מוחין דנשמה הנקראים אחור, נחלקים לב' בחינות, אחור דאחור, ופנים דאחור. ומוחין דחיה הנקראים פנים, נחלקים גם כן לב' בחינות, אחור דפנים, ופנים דפנים. עוד צריך לדעת כי אפילו שאנו אומרים כי ז"א מקבל מוחין דנשמה מישסו"ת, עם כל זה מדובר באופן כללי, אבל בפרטות המוחין מישסו"ת מתחלקים לב' חלקים, האחד מוחין מהתבונה, והשני מוחין מישראל סבא. כאשר המוחין דתבונה הם בחינת נשמה, בערך המוחין דישראל סבא הנקראים חיה. כלומר ב' הבחינות האלו הם באמת בחינת נשמה כללית, עם זאת בחינת הנשמה הזאת מתחלקת לנרנח"י פרטים, ואת בחינת הנשמה דנשמה ז"א מקבל מהתבונה, ואת בחינת החיה דנשמה מקבל מ'ז"א מישראל סבא. וכן הוא במוחין דחיה שמקבל ז"א מאו"א עילאין, גם בחינת החיה נחלקת לנרנח"י פרטים, כאשר את בחינת הנשמה דחיה ז"א מקבל מאימא עילאה, ואת בחינת החיה ז"א מקבל מאבא עילאה, כמבואר בדברי מרן הרש"ש.

תרשים ב – מ"ב.

נהר שלום די"ג ע"ב – באופן כי הענין **חיצוניות ופנימיות הוא בערכין**, כי האור היותר זך ופנימי, נקרא פנימיות לאור היותר גרוע וחיצון ממנו, אמנם הכלים דכל הפרצופים יקראו חיצוניות אמיתי, לאורות והנרנח"י המלובשים בהם. גם הו"ק דכל פרט נקרא חיצוניות בערך הג"ר, והכל ענין אחד, כי הו"ק נקראים כלים, כי הכלים דכל העשר ספירות הם מן הו"ק, שנחלקין לתרין תרין פרקין, להיות כלים לכל העשר ספירות כנודע. וכל אורות הם מן הג"ר שמתפשטים ומתלבשים בכל העשר ספירות שהם אותם התרין תרין פרקין, וגם אחר ההתחלקות וההתפשטות הנזכר לא נשתנו האורות והכלים מכמו שהיו, כי התרין פרקין דכל כלי מן הו"ק שנעשו כלי לכל פרט, אינם אלא בחינת ו"ק לאותו הפרט, והאור שהוא פרק אחד מן הג"ר, הוא הג"ר דאותו הפרט. וכן על דרך זה הולכים ומתחלקים ונפרטים הכלים והאורות הנזכרים לאין קץ, ואינם משתנים כלל מכמו שהיו, אלא שבזה עולים ומתבררים יותר, ומזככים יותר. **גם כללות פרצופי האחור נקראים חיצון בערך פרצופי הפנים**, והוא הדבר אשר דברנו פרצופי האחור דזו"ן נקראים ו"ק בערך פרצופי הפנים, הנקראים בערכם ג"ר, ובירור ותיקון פרצופי האחור דזו"ן, הוא בירור ותיקון דכלים ואורות דנשמה, והוא על ידי ישסו"ת הנקרא נשמה בערך זו"ן, והם הו"ק דאו"א, והם חיצוניות לאו"א עילאין, הנקרא חיה, שהוא הפנים, ונקרא אצילות בערך ישסו"ת הנקראים בערכם בי"ע. ובירור ותיקון פרצופי הפנים דזו"ן הנקרא ג"ר, הוא על ידי או"א עילאין, הנקרא ג"ר בערך ישסו"ת.

ח - עוד צריך לדעת כי על פי **דרוש הדעת** כל י' ספירות מתחלקים לי"ב פרצופים, שהם עתיק ונוקבא דעתיק, א"א ונוקבא דא"א, ד' פרצופים אלו הם בחינת שורשי המוחין, והם בכתר. או"א עילאין, וישסו"ת, ד' פרצופים אלו הם בחינת המוחין. זו"ן ויעקב ורחל, ד' פרצופים אלו הם בחינת הגוף, והם ו"ק בערך המוחין. ועוד לפי **דרוש הדעת** הקדוש, כל בחינת ד' פרצופים מתחלקים לג"ר ו"ק. כאשר עתיק ונוקבא דעתיק הם ג"ר דשורשי המוחין, וא"א ונוקבא דא"א הם ו"ק דשורשי המוחין. או"א עילאין הם ג"ר

דמוחין, וישסו"ת הם ו"ק דמוחין. זו"ן הם ג"ר דגופא, ויעקב ורחל)בדרוש הדעת הרב ז"ל קורא לרחל הקטנה בשם לאה(הם ו"ק דגופא.

תרשים ב – מ"ג.

נהר שלום דמ"א ע"ג, דרוש הדעת – ונתחיל מן הראשון הנה ספירת הכתר היא נשמת האצילות, ונחלק לג' מוחין חב"ד, שהם נר"ן, ג' חלקי הנשמה. כיצד, עתיק ונוקבא חכמה ובינה, והם נשמה ורוח, ואריך ונוקבא הם זו"ן שבכתר, ונקרא דעת, ונפש, ושלשתם ג' חלקי הנשמה. אחר כך ספירת חכמה ובינה הם רוח דאצילות, ונחלקים לג' מוחין חב"ד, שהם נר"ן, ג' חלקי הרוח. כיצד, או"א חכמה ובינה, והם נשמה ורוח, והדעת שהוא זו"ן שבהם, שהם ישסו"ת, נקרא נפש, ושלשתם שלשה חלקי הרוח. ואחר כך ספירת הדעת, היא נפש דאצילות, ונחלק לשלשה מוחין חב"ד, שהם נר"ן, ג' חלקי הנפש. כיצד, זו"ן חכמה ובינה, והם נשמה ורוח, והדעת של הדעת שהוא זו"ן שבהם, הם יעקב ולאה, ונקראים נפש, ושלשתם הם ג' חלקי הנפש. וכל הבחינות הנזכרים כלולים מעשר, ומתלבשים זה בתוך זה. ונמצא כפי זה, כי הדעת בכל מקום הוא זעיר שבבחינה היא, ואם כן כמו שזעיר היה בו בתחילה קטנות, שהם ו"ק, ואחר כך נתוספו בו ג"ר, כן ב' הבחינות יש שם בדעת, דעת עליון כח"ב שבו, דבוק תחת או"א, ודעת תחתון שהם ו"ק, והם למטה בז"א בקטנותו.

טו- עוד למדנו כי בבוא מוחין מוחין לפרצוף אחד מהפרצוף העליון, הפרצוף שמתחתיו מקבל מוחין גם כן בערכו. לדוגמה כאשר זו"ן מקבלים את בחינת מוחין דנשמה, הפרצוף שמתחת לזו"ן שהם יעו"ר מקבלים את בחינת המוחין דחיה בערכם. וכאשר זו"ן מקבלים מוחין דחיה, יעו"ר מקבלים מוחין דיחידה בערכם.

תרשים ב – מ"ד.

לפי זה יוצא כי כאשר זו"ן מקבלים את בחינת מוחין דנשמה, שהם מוחין דגדלות א', **זו"ן עדיין עומדים אחור באחור, ולא מתיחדים,** כי עדיין יש פחד מאחיזת החיצונים. עם כל זאת יעו"ר מקבלים את בחינת מוחין דחיה בערכם, **והם הם חוזרים פנים בפנים ומתיחדים.** וכך הוא בסדר התפילות דיום חול ושבת, כי בששת ימי החול זו"ן מקבלים מוחין דנשמה בלבד, שהם הפרצוף השלישי, ורק ביום שבת מקבלים מוחין דחיה, והזיווג שלהם נעשה רק בחזרת מוסף של שבת קודש. ורק **יעקב ורחל, הנקראים עטרות דיסוד הם מתיחדים בימי החול.** לכן בתפילת הלחש כאשר זו"ן מקבלים מוחין הנקראים בינות דישסו"ת, יעו"ר זיווגם הוא בנה"י דז"א. ובתפילת החזרה זו"ן מקבלים מוחין הנקראים חכמות דישסו"ת, יעו"ר עולים מדרגה וזיווגם הוא בחב"ד דזו"ן. ובנפילת אפים יש זיווג יותר גבוה, והוא בחב"ד דזו"ן. כל זה מבואר בדברי הרב ז"ל ובדברי מרן הרש"ש.

ע"ח ש"כ פ"ט דק"א ע"א – והנה בעמידת **לחש דחול** הם לוקחים אחור ופנים דאמא דישראל סבא ותבונה, **ובחזרה** הם לוקחים אחור ופנים דחכמה דישסו"ת. **ולכן עדיין אין זווג אלא ליעקב ורחל,** אלא שהוא במקום גבוה בחג"ת דז"א כנודע.

עם הקדמות אלו אפשר להבין את תירוצו הנפלא של רבינו הרש"ש. והמשך ההגהה - **עוד יש לומר כי** לעיל בתחילת הסוגיה, מיילי מדובר **בזווג דזו"ן הגדולים הכוללים** הנקראים ישראל ולאה)או רחל הגדולה(, **שאין זווגם לך בשבת** בחזרת מוסף דשבת, וביותר פרטות במילת אחד דשמע ישראל בקדושת הכתר, **אחר שמקבלים מוחין דאו"א עלמין,** שהם חיה לכללות, והכא וכאן בסוף הסוגיה שהרב ז"ל כותב שמספיק מוחין דנשמה להחזירם פנים בפנים מיילי מדובר **בזווג דיעקב ורחל** עטרות דיסוד הנקראים זו"ן הקטנים **שמזדווגים בחול,** המוחין האלו שבאים מישסו"ת, **בערך זו"ן** הגדולים הם נשמה, ובערך יעקב ורחל הם חיה, כי הם מדרגה שלישית שלהם, ר"ל בערכין ישסו"ת הם מדרגה א', ויעקב מדרגה ב', ויעקב מדרגה ג'. לכן מי שמזדווג ביום חול הם זו"ן הקטנים שהם יעקב ורחל עטרות היסוד. וביום שבת זו"ן הגדולים. לכן בתחילת הדרוש שהרב כתב - בעוד שאין בו אלא נשמה עדיין יש פחד מהחיצונים שלא יתאחזו באורות האחוריים שהוא נפש לבד כיון שצריכין שמירה לכן צריכין להיות אחור באחור. מדובר על זו"ן הגדולים שעומדים אחור באחור כשהם מקבלים מוחין דנשמה. עם כל זאת כאשר זו"ן מקבלים את בחינת מוחין דנשמה, יעקב ורחל מקבלים בערכם מוחין דחיה, והם חוזרים פנים בפנים ומזדווגים. ועל זה חוזר הרב ז"ל בסוף הסוגיה וכותב - ואחר כך בגדלות, בא להם הנשמה דגדלות, והם מוחין מצד אמא, ועדיין חסר להם

כבר הם ר"ל יעקב ורחל עטרות דיסוד דז"א, שהם זו"ן הקטנים עומדים **פנים**[178] **בפנים**[179] כי קבלו

בערכם מוחין דחיה, **ומזדווגים** זו"ן הקטנים שהם יעקב ורחל. **ועדיין הוא חסרון** לזו"ן הגדולים, כי

המוחין מצד אבא, שהוא חכמה, הנקרא חיה להכנס בהם, אבל עם כל זה כבר הם פנים בפנים ומזדווגים. ר"ל
בזמן שזו"ן מקבלים מוחין דנשמה, שהם גדלות א', יעקב ורחל מקבלים בערכם מוחין דחיה, שהם גדלות ב'
בערכם, לכן עומדים יעקב ורחל פנים בפנים ומזדווגים.
תרשים ב – מ"ה.

נהר שלום די"ג ע"ד – והלאוין דרבנן הם ביסוד דכח"ב, שהם **זו"ן הקטנים** דאו"א וישסו"ת, ודחו"ב
הכוללים דזו"ן.

לסכום הסוגיה והבנת דברי רבינו הרש"ש. בימות החול המוחין שמקבלים זו"ן הגדולים שהם ו"ק דמ"ה
וב"ן דז"א הם מהפרצוף השלישי, והם פרצופי ישסו"ת, שהם בחינת מוחין דנשמה. בבחינת מוחין אלו **לא
יכולים זו"ן לחזור פנים בפנים ולהזדווג**. ורק כאשר זו"ן הגדולים מקבלים מוחין מהפרצוף הרביעי, והם
פרצופי או"א עילאין, שהם מוחין דחיה, מזדווגים זו"ן הגדולים בחזרת מוסף דשבת קודש. עם כל זאת כאשר
זו"ן מקבלים מוחין דנשמה מישסו"ת בימות החול, יעקב ורחל שהם עטרות דיסוד דז"א, מקבלים בחינת מלכות
דמ"ה וב"ן דז"א, מקבלים מוחין דחיה בערכם. **וחוזרים יעקב ורחל פנים בפנים,** ומזדווגים בג' מקומות, א' –
בתפילת הלחש בקומת נה"י דזו"ן, ב' – בתפילת החזרה בקומת חג"ת דזו"ן, ג' – בנפילת אפים בקומת חב"ד
דזו"ן. לעומת יעקב ורחל זו"ן מתיחדים רק ביום שבת קודש, כאשר הם מקבלים מוחין מהפרצוף הרביעי,
מוחין דחיה. וזיווג זו"ן הוא רק בחזרת ש"ץ. וכל זה לפי פשט סוגיה זאת בהגהת מרן הרש"ש. רק צריך לדעת
בפרטות מתחלקים בחינות נתינת המוחין להרבה בחינות, לדוגמא המוחין הבאים לזו"ן מישסו"ת בימות החול
הם רק מנב"י דישסו"ת, ובערבית של שבת קודש זו"ן מקבלים מוחין מחג"ת דישסו"ת, ואת בחינת מוחין
דחב"ד דישסו"ת מקבלים זו"ן בתפילת שחרית של שבת עד נשמת כל חי. וכך נשלמים לזו"ן כל המוחין
דפרצוף השלישי, שהם מוחין דנשמה, ועדיין הם עומדים אחור באחור. מנשמת כל חי עד סוף תפילת שחרית
של שבת זו"ן מקבלים את בחינת נה"י דפרצוף הרביעי, שהוא בחינת מוחין דחיה. בתפילת החזרה של ש"ץ
דשחרית של שבת זו"ן מקבלים את בחינת חג"ת דפרצוף הרביעי, כאשר במילת באהבה חוזרים זו"ן לעמוד
פנים בפנים. ובתפילת הלחש דמוסף מקבלים חב"ד דפרצוף הרביעי. ובתפילת החזרה דמוסף מקבלים זו"ן
מוחין דחו"ב וחג"ת נה"י **דכתר** של הפרצוף הרביעי. ובקדושת כתר ניתנים מוחין דכתר דכתר של הפרצוף
הרביעי לזו"ן. כאן זו"ן נשלמים בכל הבחינות של המוחין דחיה, ומזדווגים **באחד** דשמע ישראל שבקדושת
הכתר. בתפילת מנחה דשבת זו"ן מקבלים מוחין מהפרצוף החמישי, שהם מוחין דיחידה מא"א. גם כאן
מתחלקים המוחין לתפילת הלחש, וחזרה. כאשר בתפילת לחש דמנחה מקבלים מוחין מנה"י דמוחא סתימאה,
ובחזרה מחג"ת דמוחאה סתימאה.
עוד, כל הבחינות האלה של קבלת מוחין דזו"ן הם באופן כללי ביותר, וכל בחינה ובחינה נפרטת לבחינת ו"ק
וג"ר, פנים ואחור. כמו שמבואר בסדור רבינו הרש"ש.
תרשים ב – מ"ו.
177

בית לחם יהודה ש"ו פ"ב – אבל עם כל זה הם פנים בפנים ומזדווגין. מבואר בהגהות השמ"ש ובהרב יפה
שעה, עיי"ש.
178

הגהות וביאורים)ב(– אמר המגיה עיין לקמן שער ו' פרק ח' ד"ה והנה ע"ס ע"ב, ומה שכתוב בגליון שם.
179

שמש)א(– נ"ב צ"ע, והלא כבר כתב לעיל בפרק זה שאינם חוזרים פנים בפנים עד בא להם החיה, שהם
מוחין דאבא. ונראה לעניות דעתי לומר כי לעיל מיירי בזמן שבאים לזו"ן מוחין מצד בינה דאימא לבד, שאז
אינם חוזרים פנים בפנים, עד בא להם מוחין מצד בינה דאבא, והכא מיירי בזמן שבאים להם מוחין מצד בינה
דאמא ובינה דאבא, שהם בחינת נשמה ונשמה דחיה, ואז חוזרים פנים בפנים ומזדווגים, ואשמעינן
הכא כי אף על פי שעדיין לא נגמר כניסת המוחין, לא דאבא ולא דאמא, כבר הם יכולים לחזור פנים בפנים

עדיין לא קיבלו מוחין דחיה הכללית, מפני שהם עדיין עומדים אחור באחור, והם לא יכולים להזדווג. **אמנם**[180] **אזר**[181] **כך בבוא להם גם המוחין דזזיה** שהם גדולות ב', מאו"א עילאין, זו"ן הגדולים חוזרים פנים בפנים, ומזדווגים, **ואחר שקיבלו שלמות מוחין דחיה**, מקבלים זו"ן מוחין **דיזזידה** שהם גדלות ג', מא"א, אז זו"ן עולים בדיקנא דא"א, ושם תכלית מקומם עד בוא משיח צידקינו, **ואזר**[182] **כך** הם מקבלים **מקיף דזזיה, ואזזר**[183] **כך מקיף דיזזידה, או הם שלימים** בתכלית השלמות, כי אי אפשר יותר מחמשה בחינות נרנ"חי פנימים, ובב' מקיפין, **ואין זה אלא בעלותם** של זו"ן הגדולים לגולגולתא דא"א[184], שהוא בטבור דא"ק, וזו"ן הקטנים עולים **בדיקנא דא"א** כמו בזמן מנחה דשבת, **ודי בזה. (נ"א אזזר כך יבא להם גם הזזיה ויזזידה פנימי, ומקיף זזיה, ואזזר כך מקיף יזזידה, ואו הם שלמים, ואין זה וכו').**

ולהזדווג. ואל תתמה על סדר כניסת המוחין באופן הנזכר, ואיך נכנס בינה קודם גמר כניסת החכמה וכתר דאמא, כי כך הוא הסדר בכל זמן כנודע, ואין מקום להאריך. וראיה לכל זה היא תפלת לחש דשחרית דחול, שבה נכנסו המוחין מצד בינות דישסו"ת, ועל ידי כך חזרו פנים בפנים ונזדווגו, ובחזרה נכנסו המוחין מצד חכמות דישסו"ת, ועל ידי כך עלו יעקב ורחל לחג"ת, ושם חזרו פנים בפנים ונזדווגו. ואף על פי שבספר הכוונות כתב שאין זווג אלא בנפילת אפים, ומשמע שכיון שעדיין לא נכנסו המוחין דחכמות דישסו"ת אין זווג. כבר כתב בשער או"א)צ"ל שט"ו(דאין זה אלא בזווג הגדול דחב"ד, אבל לא בזווגים הקטנים דנה"י וחג"ת, שאלו כבר היו בלחש ובחזרה כנ"ל. עוד יש לומר כי לעיל מיירי בזווג דזו"ן הגדולים הכוללים, שאין זוווגם רק בשבת, אחר שמקבלים מוחין דאו"א עלאין, שהם חיה לכללות, והכא מיירי בזווג דיעקב ורחל שמזדווגים בחול, כי בערכם המוחין הנמשכין מישראל סבא ותבונה לזעיר ונוקבא בחול בערך זו"ן, הם נשמה ובערך יעקב ורחל הם חיה, כי הם מדרגה שלישית שלהם.
180

הגהות וביאורים)ג(– עיין תו"ח דף ע"ה ע"א.
181

בית לחם יהודה ש"ו פ"ב – אחר כך בבוא להם גם החיה והיחידה. הם מוחין דבנה"י דאבא הנקרא חיה, ומוחין דבנה"י דא"א הנקרא יחידה.
182

בית לחם יהודה ש"ו פ"ב – ואחר כך מקיף חיה. הוא אור חוזר היוצא מדרך שערי רישא.
183

בית לחם יהודה ש"ו פ"ב – ואחר כך מקיף יחידה. הם היו"ד מקיפין דיושר, כנזכר בפרק א' דשער מ"ה, ולאו דווקא אחר כך מקיף דיחידה, כי מקיף דיחידה הוא נעשה קודם מקיף דחיה, כמבואר בסוף פרק ג' דשער מ"ב.
184

בזמן מנחה דשבת זו"ן הגדולים מקבלים מוחין מא"א, ועולים עד גולגולתא דא"א, שהוא טבור דא"ק. יעקב ורחל שהם עטרת היסוד דז"א, והם זו"ן הקטנים, **והם ו"ק בערך זו"ן הגדולים הנקראים ג"ר.** לכן בעלות זו"ן הגדולים לחב"ד דא"א, זו"ן הקטנים הנמצאים מדרגה אחת תחת זו"ן הגדולים, והם ו"ק דזו"ן הגדולים, יהיו נמצאים בחג"ת דא"א, ששם הוא דיקנא דא"א כידוע.
תרשים ב – מ"ז.

עֵץ חַיִּים

לְרַבֵּינוּ חַיִּים וִיטַאל

שֶׁקִּיבֵּל מִמָּרָן הָאֲרִ"י זלה"ה

שַׁעַר ו'

שַׁעַר הָעֵקוּדִים

פֶּרֶק ב'

חֵלֶק הַתַּרְשִׁימִים טַבְלָאוֹת וְצִיּוּרִים

שִׁמְזַת חַיִּים

הקדמה קצרה

דע כי כל התרשימים הציורים והטבלאות, הם אך ורק לשכך את האוזן, ולשבר את העין. וכל הציורים הם לא שלמים.

כתב הרי"ח הטוב ברב פעלים ח"ב בסוד ישרים ה' - אך דע לך כי סדר התלבשות המחצבים שכתב מהרח"ו בשערי קדושה עד עולם הזה שאנחנו עומדים בו. וכן סדר התלבשות הפרצופים אשר בכל מחצב ומחצב, וסדר התלבשות העולמות זה בזה, והיושר והעיגולים, לא אית אינש דכיל למנלע רזא דנא, איך היא עשוי, איך הוא עומד, ולא אפשר לשכל אנושי לצייר כל הנזכר על אמתתם, ועל בוריין מפני כי שכל האנושי בהיותו עצור ומונח בגוף גשמיי, אי אפשר לי להשיג דבר רוחני, והוא זה דומה לאדם סומא מן הבטן שלא ראה מאורות מימיו, דודאי אי אפשר לו לצייר מראות השמש והירח הנראין לעיני הבריות, וכל שכן מה שיש למעלה למעלה.

וכן כתב ברב פעלים ח"א בסוד ישרים א' - סוף דבר הכל נשמע, ה' אחד ושמו אחד, ואין לו גוף ולא דמות הגוף, ואין לו שום ציור, ותמונה ודמיון כלל ועיקר, וגם כל העולמות וספירות הקדושים למעלה אין להם ציור ודמיון של גופים האלה כלל, ואין מי שיוכל לידע איך הוא עמידתם וסדרם, איך עומדים עולמות היושר ועולמות העיגולים, ואיך מתחברים זה עם זה, ואיך נמשך השפע מזה לזה, ואיך הוא תוארם ומראיהם, ואיך הוא מהות השפע המחיה אותם, ומקיים אותם, וכמה הוא שיעור אורכם וגובהן ורחבם, ואיך הם נכללים זה בזה, ומלבישים זה לזה, כי בכל זאת אין שום שכל אנושי יוכל לדעת, ולהבין, ולהשיג, כלל ועיקר.

הרב ז"ל כתב בשער אח"פ תחילת פ"א וז"ל - כבר ידעת כי אין בנו כח לעסוק קודם אצילות עשר ספירות, ולא לדמות שום דמיון וצורה כלל ח"ו, אך לשכך האזן, אנו צריכים לדבר דרך משל ודמיון, לכן אף אם נדבר במציאות ציור שם למעלה, אין הדבר רק לשכך האזן. אמנם דע כי עשר ספירות דאצילות הם שתי עניינים. האחד הוא התפשטות הרוחניות, והשני הוא כלים ואברים אשר העצמות מתפשט בהם. והנה צריך שיהיה לכל זה שורש למעלה לשתי בחינות אלו, ולכן צריכין אנו לדבר בסדר המדרגות מראש עד סוף, והנה נתחיל ונאמר כי הלא הא"ס ב"ה אין בו שום ציור כלל ח"ו כמבואר.

הרב ז"ל כתב בשער טנת"א פ"א - והנה אף על פי שאנו מכנים וקוראים כאן כנויים אלו כגון אדם ראש אזנים וכיוצא אינו רק לשכך האזן לשיובנו הדברים לכן אנו מכנים כנויים אלו במקום גבוה, עד כאן לשונו.

וכן הרמ"ק בפרדס רימונים ש"ו פ"א - וציירו להם המקובלים צורות ביריעות גדולות וקראום אילן. הרב ז"ל כתב בסוף ש"ה פ"ד וז"ל - ואמנם דבר גלוי הוא כי אין למעלה גוף ולא כח גוף חלילה. וכל הדמיונות והציורים אלו לא מפני שהם כך חס ושלום. אמנם לשכך את האוזן לכשיוכל האדם להבין הדברים העליונים הרוחניים בלתי נתפסים ונרשמים בשכל האנושי, לכן ניתן רשות לדבר בבחינת ציורים ודמיונים, כאשר הוא פשוט בכל ספרי הזוהר. וגם בפסוקי התורה עצמה כולם כאחד עונים ואומרים בדבר הזה כמו שאמר הכתוב עיני ה' המה משוטטים בכל הארץ. עיני ה' אל צדיקים. וישמע ה'. וירח ה'. וידבר ה'. וכאלה רבות וגדולה מכולם מה שאמר הכתוב ויברא אלהים את האדם בצלמו בצלם אלהים ברא אותו זכר ונקבה וגו'. ואם התורה עצמה דברה כך גם אנחנו נוכל לדבר כלשון הזה, עם היות שפשוט הוא שאין שם למעלה אלא אורות דקים, בתכלית הרוחניות, בלתי נתפשים שם כלל, וכמו שאמר הכתוב כי לא ראיתם כל תמונה, וכאלה רבות. ואמנם יש עוד דרך אחרת כדי להמשיך ולצייר בה הדברים העליונים, והם בחינת כתיבת צורת אותיות, כי כל אות ואות מורה על אור פרטי עליון, וגם תמונת זו דבר פשוט הוא כי אין למעלה לא אות, ולא נקודה, וגם זה דרך משל וציור לשכך את האוזן כנזכר. ולכן נבאר עתה ההקדמה הנזכר על דרך ציור האותיות גם כן ובבחינת ציורים אלו, הן ציור האדם, והן ציור אותיות, שתיהן מוכרחים להבין עניו האורות העליונים, כאשר תראה ספרי הזוהר בנויים על שתי בחינות הציורים האלה, עד כאן לא.

ולכן גם אנחנו הרשינו לעצמינו לצייר ציורים, תרשימים וטבלאות, אך ורק כדי לשכך את האוזן, ולשבר את העין, כדי להבין את הסוגייה.

אח"י

תרשימים שער ו' פרק ב'

סדר שמות שמות ההיכלות והשערים בעץ חיים

שם היכל	שער	שם השער	פרקים														
אדם קדמון	א	עיגולים ויושר	א	ב	ג	ד	ה										
	ב	השתלשלות י"ס דרך עגו'	א	ב	ג												
	ג	סדר אצילות למהרח"ו	א	ב	ג												
	ד	אח"פ	א	ב	ג	ד	ה										
	ה	טנת"א	א	ב	ג	ד	ה	ו	ז								
	ו	עקודים	א	ב	ג	ד	ה	ו	ז	ח							
	ז	מטי ולא מטי	א	ב	ג	ד	ה										
נקודים	ח	דרושי נקודות	א	ב	ג	ד	ה	ו									
	ט	שבירת הכלים	א	ב	ג	ד	ה	ו	ז	ח							
	י	תיקון	א	ב	ג	ד	ה										
	יא	מלכים	א	ב	ג	ד	ה	ו	ז	ח	ט	י					
הכתרים	יב	עתיק	א	ב	ג	ד	ה										
	יג	א"א	א	ב	ג	ד	ה	ו	ז	ח	ט	י	יא	יב	יג	יד	
או"א	יד	או"א	א	ב	ג	ד	ה	ו	ז	ח	ט	י					
	טו	זווגים	א	ב	ג	ד	ה	ו									
	טז	הולדת או"א וזו"ן	א	ב	ג	ד	ה	ו	ז								
ז"א	יז	ז"א	א	ב	ג	ד											
	יח	רפ"ח נצוצין	א	ב	ג	ד	ה	ו									
	יט	אנ"ך	א	ב	ג	ד	ה	ו	ז	ח	ט	י					
	כ	המוחין	א	ב	ג	ד	ה	ו	ז	ח	ט	י	יא	יב			
	כא	לידת המוחין	א	ב	ג												
	כב	מוחין דקטנות	א	ב	ג												
	כג	מוחין דצלם	א	ב	ג	ד	ה	ו	ז	ח							
	כד	פרקי הצלם	א	ב	ג	ד	ה	ו	ז								
	כה	דרושי הצלם	א	ב	ג	ד	ה	ו	ז	ח							
	כו	צלם	א	ב	ג	ד											
	כז	פרטי עי"מ	א	ב	ג	ד											
	כח	עיבורים	א	ב	ג	ד	ה										
	כט	נסירה	א	ב	ג	ד	ה	ו	ז	ח	ט						
	ל	פרצופים	א	ב	ג	ד	ה	ו	ז								
	לא	פרצופי זו"ן	א	ב	ג	ד	ה										
	לב	הארת המוחין	א	ב	ג	ד	ה	ו	ז	ח	ט						
	לג	אונאה	א	ב	ג	ד	ה										
נוק' דז"א	לד	תיקון הנוקבא	א	ב	ג	ד	ה	ו	ז								
	לה	הירח	א	ב	ג	ד	ה										
	לו	מעוט הירח	א	ב	ג	ד											
	לז	יעקב ולאה	א	ב	ג	ד	ה										
	לח	לאה ורחל	א	ב	ג	ד	ה	ו	ז	ח	ט						
	לט	מ"ן ומ"ד	א	ב	ג	ד	ה	ו	ז	ח	ט	י	יא	יב	יג	יד	טו
	מ	פנימיות וחצוניות	א	ב	ג	ד	ה	ו	ז	ח	ט	י	יא	יב	יג	יד	טו
	מא	חשמל	א	ב	ג												
אבי"ע	מב-א	דרושי אבי"ע	א	ב	ג	ד	ה	ו	ז	ח	ט	י	יא	יב			
	מב-ב	כללות אבי"ע	א	ב	ג	ד											
	מג	ציור עולמות אבי"ע	א	ב	ג	ד											
	מד	שמות	א	ב	ג	ד	ה	ו	ז								
	מה	מקיפין	א	ב	ג	ד											
	מו	כסא הכבוד	א	ב	ג	ד	ה	ו									
	מז	סדר אבי"ע	א	ב	ג	ד	ה	ו									
	מח	קליפות	א	ב	ג	ד											
	מט	קליפת נוגה	א	ב	ג	ד	ה	ו	ז	ח	ט						
	נ	קיצור אבי"ע	א	ב	ג	ד	ה	ו	ז	ח	ט	י					

טבלת ערכים

עולמות	אדם קדמון	אצילות	בריאה	יצירה	עשיה
פרצופים	ע"י רא"א	אבא	אמא	ז"א	נוקבא
ספירות	כתר	חכמה	בינה	חג"ת נה"י	מלכות
הוי"ה	קוץ של י'	י	ה	ו	ה
אורות	יחידה	חיה	נשמה	רוח	נפש
מלוי	שורש הוי"ה	ע"ב - יוד הי ויו הי	ס"ג - יוד הי ואו הי	מ"ה - יוד הא ואו הא	ב"ן - יוד הה וו הה
טנת"א	שורשים	טעמים	נקודות	תגין	אותיות
נקודות	קמץ	פתח	צרי	סגול, שוה, חולם חיריק, קבוץ, שורוק	אין ניקוד
אדם	גולגלתא	מוח ימין	מוח שמאל	גוף וברית	עטרת היסוד
מל"צ	מ - מקיף, יחידה	ל - מקיף, חיה	מוח	לב	כבד
שנבגל"ה	שורש	נשמה	גוף	לבוש	היכל
י"ב פרצופים	ער"ן ואו"ן	או"א עלאין	ישסו"ת	זו"ן	יער"ר
כל צמא	אורות	מוחין	צלמים	לבושים	כלים
אברים	מוח	עצמות	גידין	בשר	עור
חושים	מוח	ראיה	שמיעה	ריח	דיבור
מחצבים	א"ס	ספירות	נשמות	מלאכים	חושך
צלם	מ' מקיף ב'	ל' מקיף א'	צ' מוח	צ' לב	צ' כבד
דחצ"מ	אלוקות	מדבר	חי	צומח	דומם
יסודות	יולי	מים	אש	רוח	עפר
רקיעים	ערבות	ערבות	ערבות	מכון, מעון, זבול שחקים, רקיע	וילון
גלגלים	גלגל השכל	גלגל היומי	מזלות	ככבים	לבנה
היכלות	קודש קודשים	קודש קודשים	קודש קודשים	אהבה, זכות, רצון, עצם השמים, לבנת הספיר	לבנת הספיר
מלוי הוי"ה		מו - וד י יו י	לז - וד י או י	יט - וד א או א	כו - וד ה ו ה
אהי"ה		קס"א - אלף הי יוד הי	קס"א - אלף הי יוד הי	קמ"ג - אלף הא יוד הא	קנ"ב - אלף הה יוד הה

קמ"ז { הבל הבל / הבל הבל

כוונת מ"ו

א א' בכיור יו"י ג' כ"ו יהוה ושניהם ג' מ"ו מילוי שם ע"ב
לכי העליון כנגד חכמה דאבא. וד' יו' י,
א א' בכיור יוד ג' כ. והם מר"כ דאבא כי במחשבה
לכי התחתון כנגד בינה דאבא. נעשה הבירור.

כוונת נ"ח

אא א' בכיור יוו"י ג' כ"ב. ל"ב וכ"ו ג' אל יהוה
וג' אוכל הנרמז בכמייס
אא וא' בכיור יו"ד ג' כ"ו. וע"ס ג' נ"ח.

כוונת לחם

אא א' בכיור יוו"י ג' כ"ב יכוין כי א' בכיור יוו"י, וא' בכיור יוו"ד,
וא' בכיור יו"ד, בג' ע"ס מס' נ' הוו"ם
אא א' בכיור יו"ד ג' כ"ו. יהוה יהוה יהוה
א א' בכיור יו"ד ג' כ. מספ' לחם.

כוונת ד"ק

ויכוין לטחון ולדקדק לחם זה בל"ב שינים
ועל ידי כן יתברר האוכל כמ"ו ות"ם העולים ד"ק.

א א' ג' מ"ו יוד' ה'י ויו ה'י ד' אלפין דמ"ו ות"ם ג' ד"ק.
לחם וד"ק ג' יעקב.
אא א' ג' נ"ם אל יהוה מ"ו כ"ם ד"ק ג' יצחק.

כוונת פ"ד
בבליעת המאכל

אא א' ג' נ"ם אל יהוה יכוין כי האלפין דוו"י ווו"ד
עס א' דוו"י הס ג' פ"ד כמס'
א ג' כ"ו יהוה אהע"ה שבגרון שהוא אבא
שלשם נדמה המאכל מאבא.

וגם פ"ד ג' מנון שהוא מטט'
דיליה שנו אל יהוה ג' אוכל
כי אוכל נפש הוא כיליה.

גם יכוין יוד' הה' וו הה אדנ"י ג' בליעה.

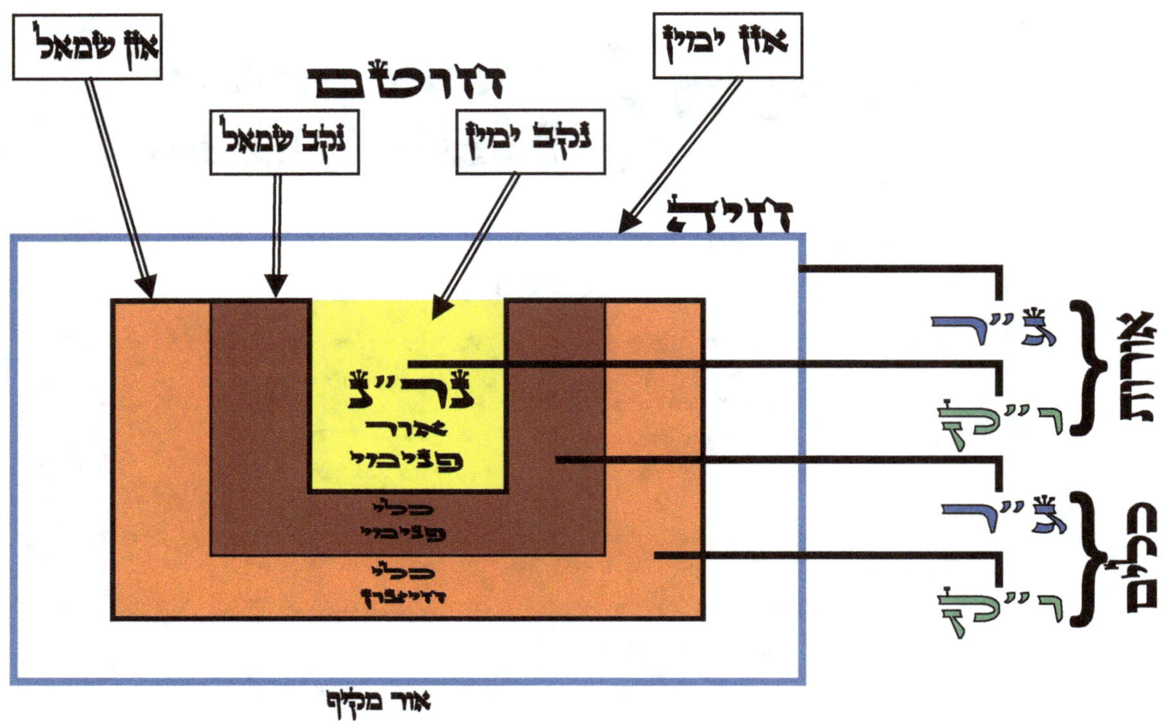

אוזן שמאל
זוטם
אוזן ימין
נקב שמאל
נקב ימין
חוטם
נר"ג
אור פנימי
כלי פנימי
כלי דחיצון
אור מקיף
אורות } ג"ר ר"ת
כלים } ג"ר ר"ת

להמשיך פ"ע דנה"י דמבא לחב"ד דז"א.

אהיה   אהיה אהיה   אהיה   אורות } ג"ר
יהוה   יהוה יהוה   יהוה   ר"ת
יוד הי ויו הי   יוד הי ויו הי   יוד הי ויו הי

ג' כלי בינה דח"א   ג' כלי דעת דח"א   ג' כלי חכמה דח"א
אלף, אלף הא, אלף הא יוד,   יוד הי ויו הי   יוד הי ואו הא   פנימי } ג"ר
אלף הא יוד הא   אמצעי } ר"ת
אלף הא יוד הא   יוד הי ואו הי   י יה יהו יהוה   חיצון
אהיה   יוד הה וו הה   יוד הא ואו הא   כלים

ולדמות הפרק ממלעי דנה"י דמבא לחג"מ דז"א.

אהיה   אהיה אהיה   אהיה   אורות } ג"ר
יהוה   יהוה יהוה   יהוה   ר"ת
יהוה   יהוה   יהוה

ג' כלי גבורה דח"א   ג' כלי ת"ת דח"א   ג' כלי חסד דח"א
יה   יוד הא ואו הא   א אל אלו אלוה   פנימי } ג"ר
אלף, אלף למד, אלף למד הי, י יה יהו יהוה   אלוה   אמצעי } ר"ת
אלף למד הי יוד,   חיצון
אלף למד הי יוד מם   יהוה   אלף למד   כלים
יהוה

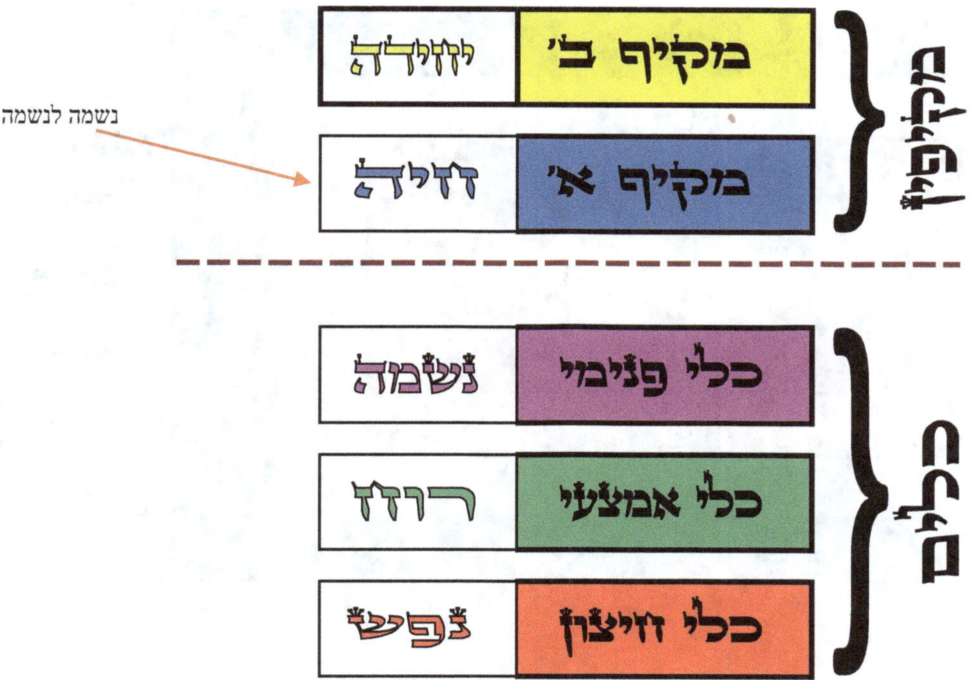
מקיף ב'
יחידה
מקיף א'
חיה
נשמה לנשמה
מקיפים
כלי פנימי
נשמה
כלי אמצעי
רוח
כלי חיצון
נפש
כלים

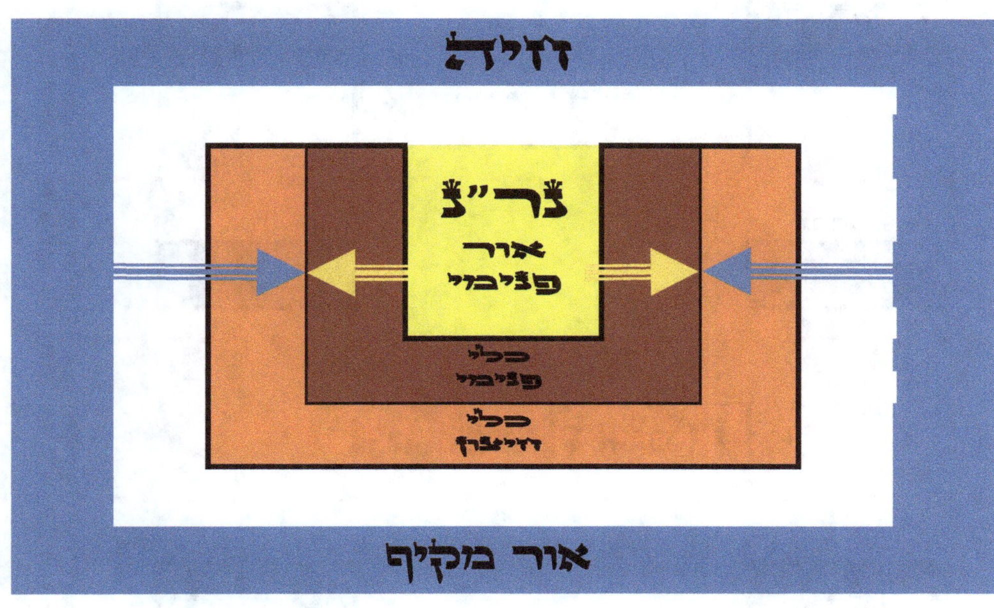
חיה
צ'ר'ינ'
אור פנימי
כלי פנימי
כלי חיצון
אור מקיף

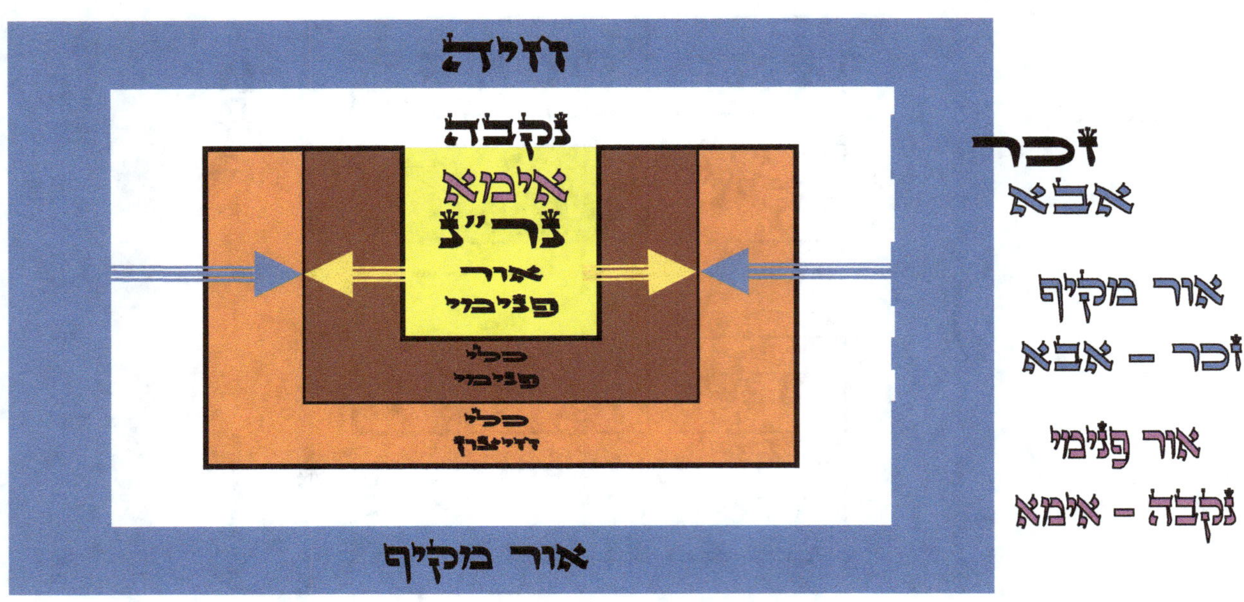
יחיד
נקבה
אימא
ז"א
אור פנימי
כלי פנימי
כלי חיצון
אור מקיף
זכר
אבא
אור מקיף
זכר - אבא
אור פנימי
נקבה - אימא

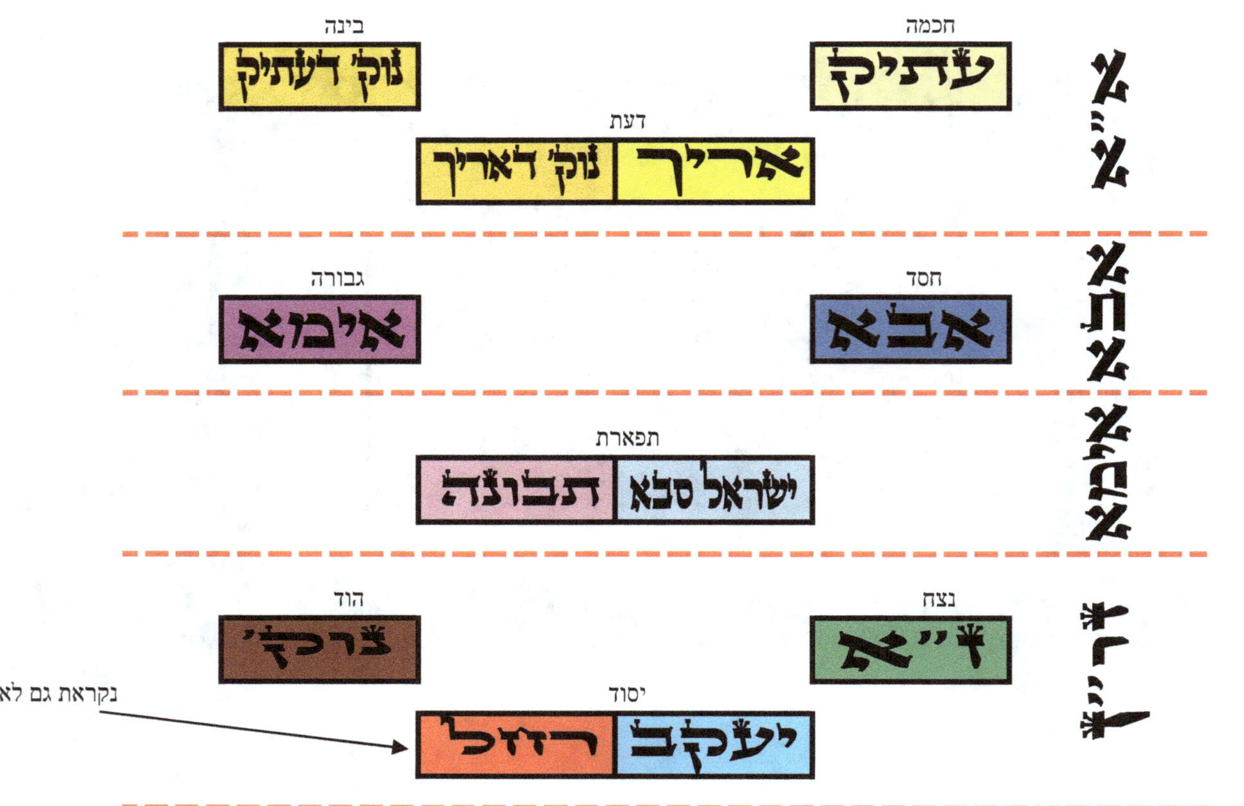
בינה
נוק' דעתיק
חכמה
עתיק
דעת
אריך   נוק' דאריך
א"א
גבורה
אימא
חסד
אבא
אבא אימא
תפארת
ישראל סבא   תבונה
נצח
ז"א
הוד
רחל'
יסוד
יעקב   רחל
נקראת גם לאה
זו"נ

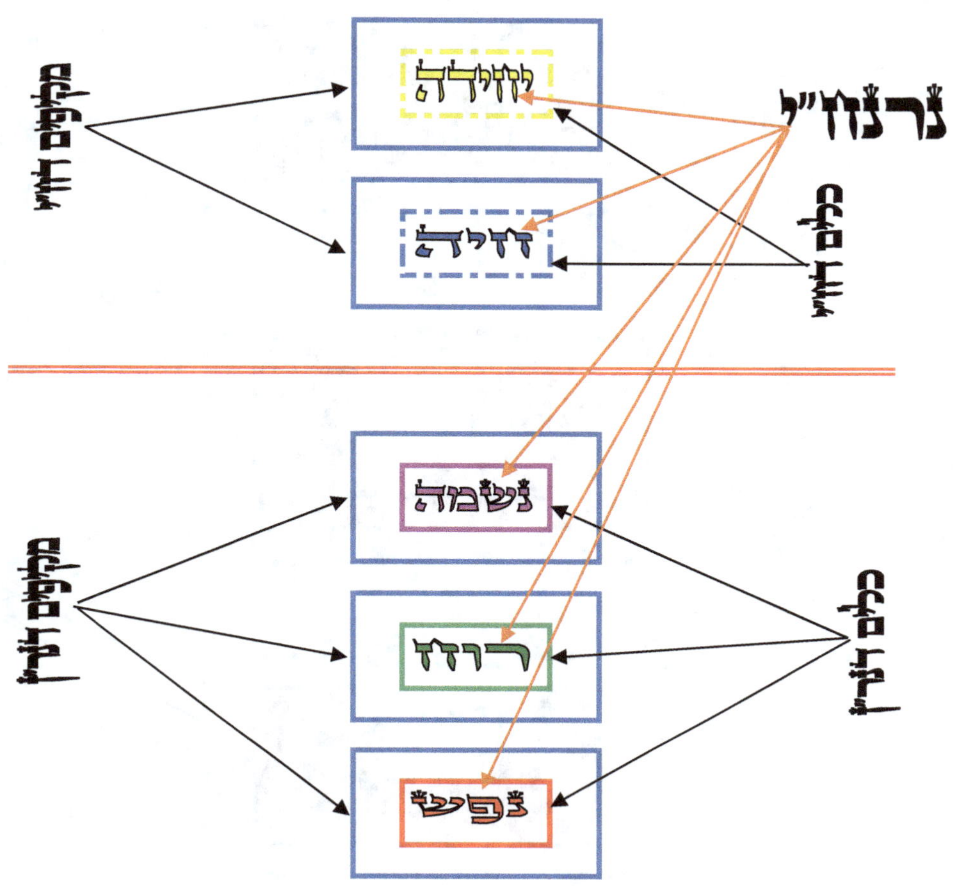

תרשים ב - י

נרנח"י	הוי"ה	עסמ"ב	עולמות	ספירות	פרצופים
יחידה	קוץ י'		א"ק	כתר	א"א
חיה	י	יוד הי ויו הי	אצילות	חכמה	אבא
נשמה	ה	יוד הי ואו הי	בריאה	בינה	אימא
רוח	ו	יוד הא ואו הא	יצירה	חג"תנה"י	ז"א
נפש	ה	יוד הה וו הה	עשיה	מלכות	נוק'

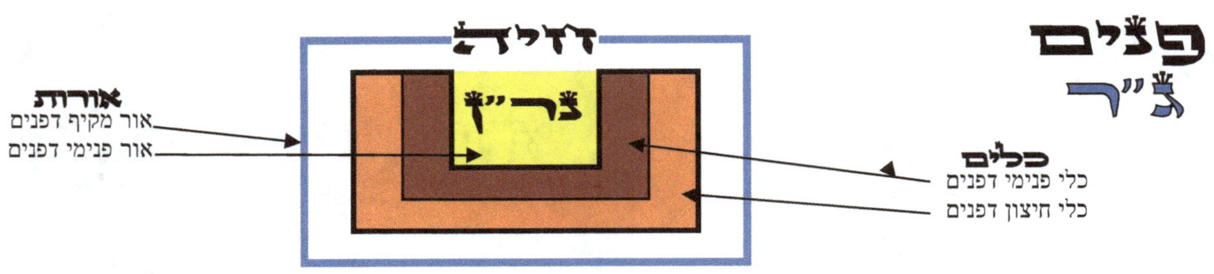
פנים
פ"ר
זו"ן
צ-ר-י"ן
אורות
אור מקיף דפנים
אור פנימי דפנים
כלים
כלי פנימי דפנים
כלי חיצון דפנים

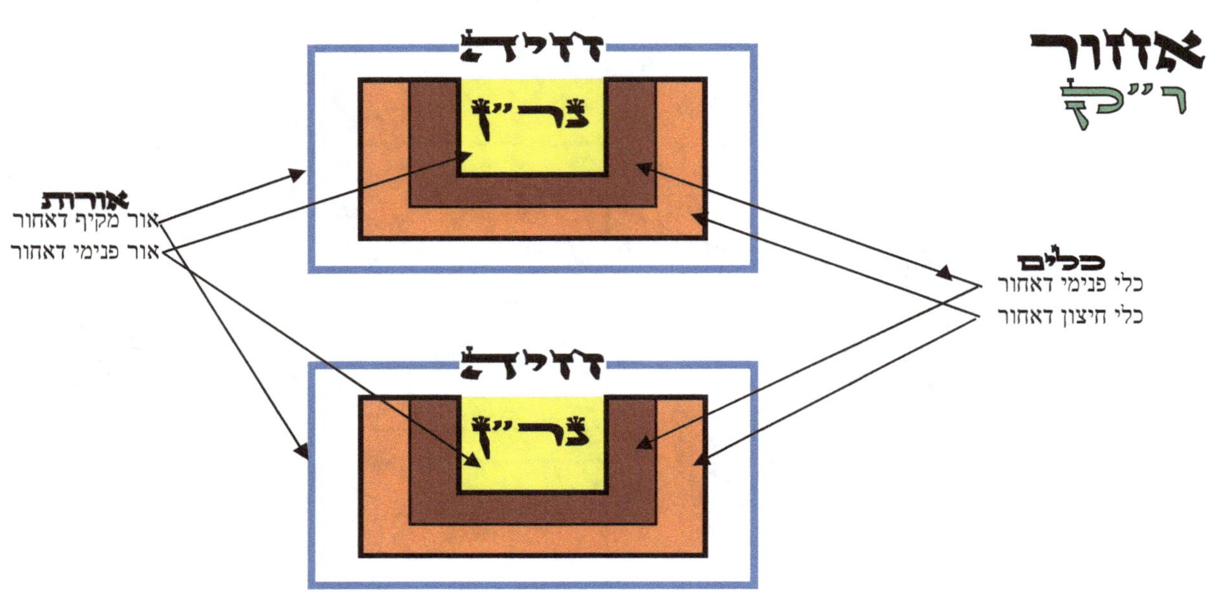
אזור
ר"ק
זו"ן
צ-ר-י"ן
זו"ן
צ-ר-י"ן
אורות
אור מקיף דאחור
אור פנימי דאחור
כלים
כלי פנימי דאחור
כלי חיצון דאחור

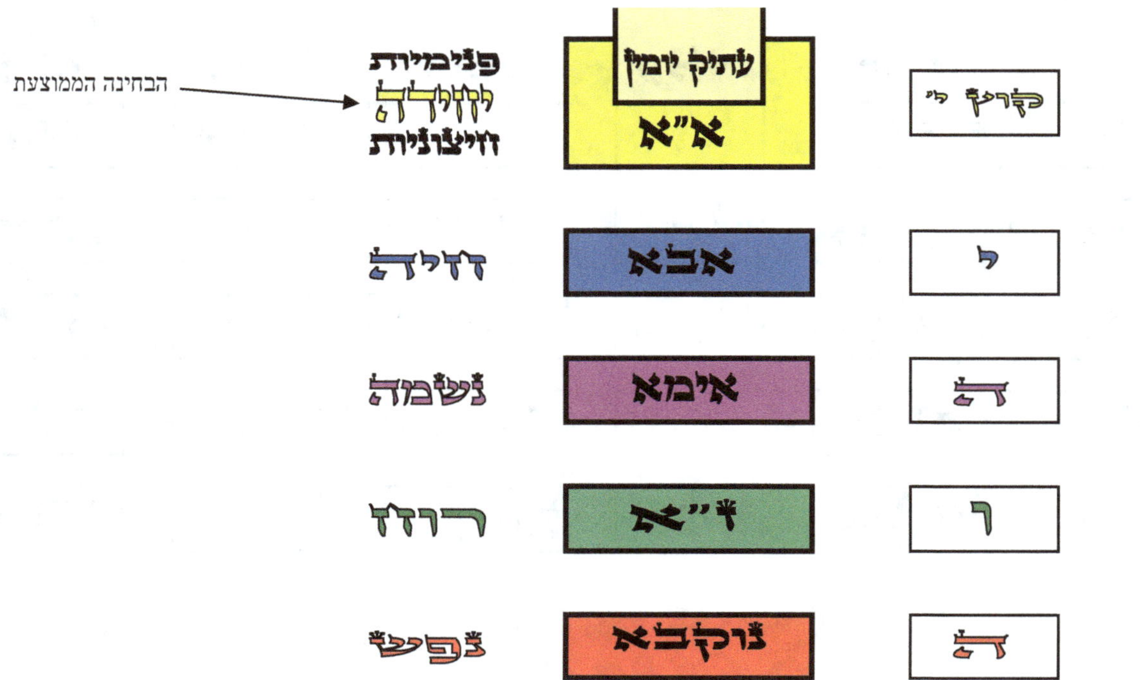
פרק לי
עתיק יומין
א"א
פנימיות
זו"לדה
חיצוניות
הבחינה הממוצעת
אבא
זו"הד
ל
אימא
נשמה
ה
ז"א
רוח
ו
נוקבא
נפש
ה

תרשימים שׁער ו' פרק ב'

ה	ו	ה	י	קוץ של י	אותיות
עפר	רוח	אש	מים		יסודות
עשיה	יצירה	בריאה	אצילות	א"ק	עולמות
נוקבא	ז"א	אימא	אבא	א"א	פרצופים
מלכות	חג"ת נה"י	בינה	חכמה	כתר	ספירות
אותיות	תגין	נקודות	טעמים		טנת"א
ב"ן	מ"ה	ס"ג	ע"ב		מילוי
נפש	רוח	נשמה	חיה	יחידה	נרנח"י
דומם	צומח	חי	מדבר		בטבע

אלמוג   אדני השדה   קוף

הבחינה האמצעית

אדם

רוחניות:

יחידה	חיה	נשמה	רוח	נפש
חיה	חיה	חיה	חיה	חיה
נשמה	נשמה	נשמה	נשמה	נשמה
רוח	רוח	רוח	רוח	רוח
נפש	נפש	נפש	נפש	נפש

צרף:

עצמות	גידים	בשר	עור	דם

לבוש:

מצנפת	כתונת	מכנסים	אבנט	עטרת צפורים

בית:

בית	חצר	שדה	מדבר	אהל

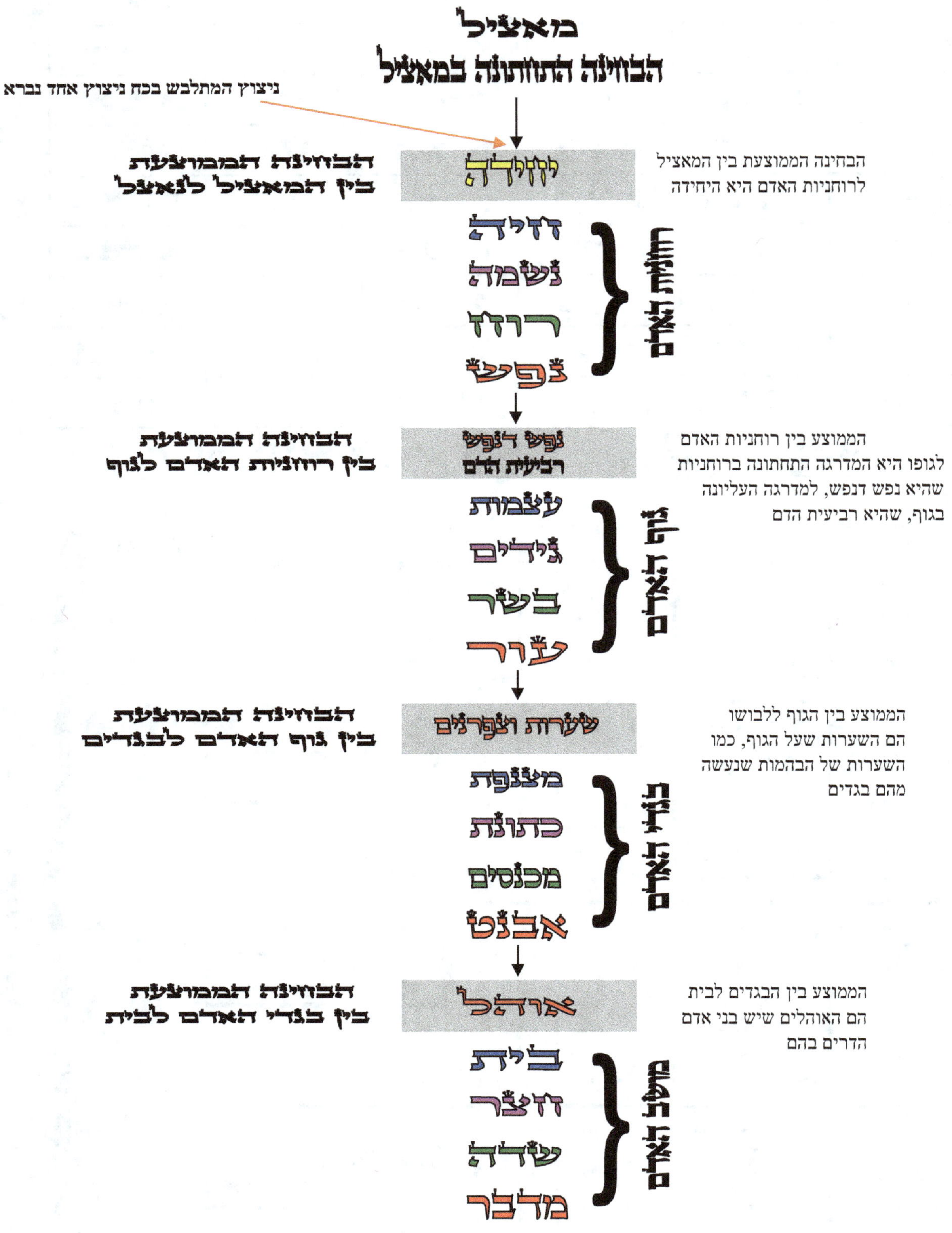

מאציל
הבחינה התחתונה במאציל
ניצוץ המתלבש בכח ניצוץ אחד נברא

הבחינה הממוצעת בין המאציל לרוחניות האדם היא היחידה
הבחינה הממוצעת בין המאציל לנאצל
יחידה

נשמות האדם
חיה
נשמה
רוח
נפש

הבחינה הממוצעת בין רוחניות האדם לגוף
הממוצע בין רוחניות האדם לגופו היא המדרגה התחתונה ברוחניות שהיא נפש דנפש, למדרגה העליונה בגוף, שהיא רביעית הדם
נפש דנפש רביעית הדם

גוף האדם
עצמות
גידים
בשר
עור

הבחינה הממוצעת בין גוף האדם לבגדים
הממוצע בין הגוף ללבושו הם השערות שעל הגוף, כמו השערות של הבהמות שנעשה מהם בגדים
שערות וצפרנים

בגדי האדם
מצנפת
כתונת
מכנסים
אבנט

הבחינה הממוצעת בין בגדי האדם לבית
הממוצע בין הבגדים לבית הם האוהלים שיש בני אדם הדרים בהם
אוהל

מדורי האדם
בית
חצר
שדה
מדבר

לפני נתינת מוחין

טנת"א	עסמ"ב	פרצופים	ספירות	
טעמים	ע"ב	א"א	כתר	שורשים
נקודות	ס"ג	אבא	חכמה	או"א עילאין
תגין	מ"ה	אימא	בינה	ישסו"ת
אותיות	ב"ן	דר"ן	חגתנהי"ם	דר"ן

אחרי נתינת מוחין

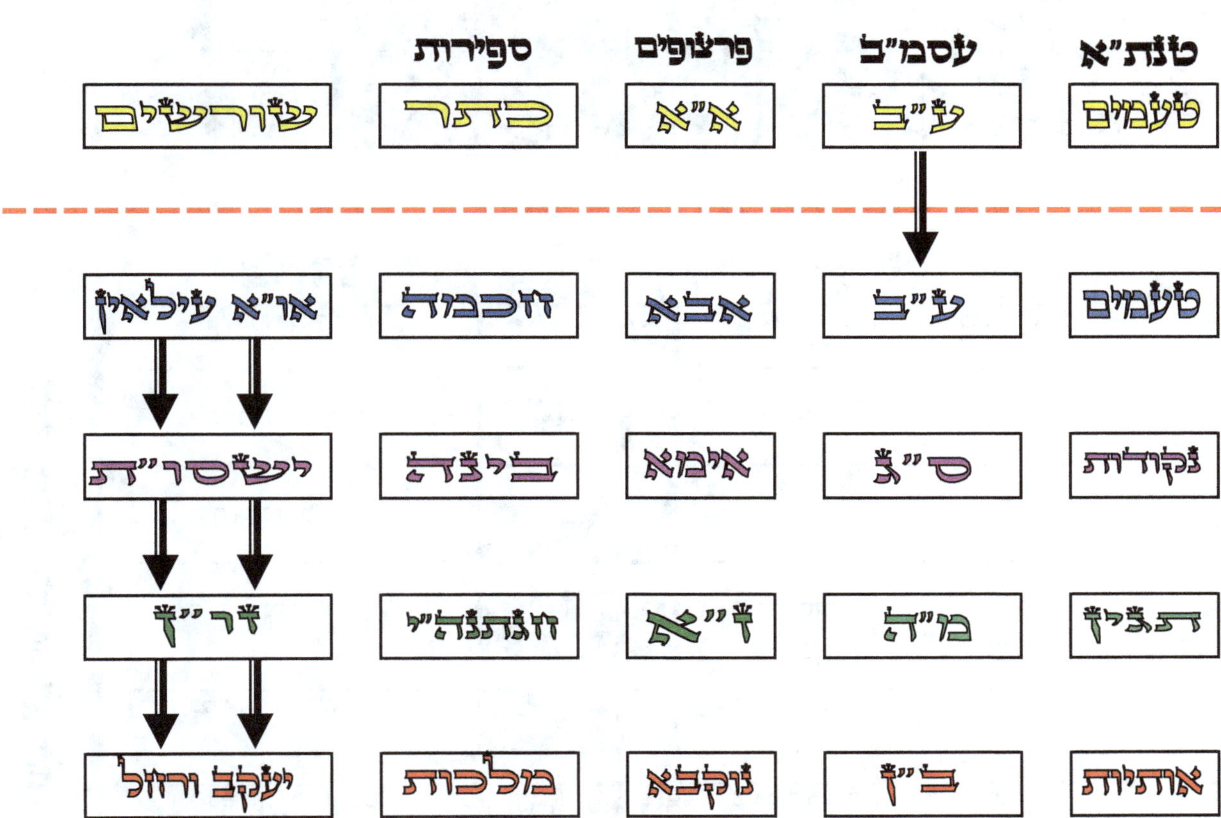

טנת"א	עסמ"ב	פרצופים	ספירות	
טעמים	ע"ב	א"א	כתר	שורשים
טעמים	ע"ב	אבא	חכמה	או"א עילאין
נקודות	ס"ג	אימא	בינה	ישסו"ת
תגין	מ"ה	ז"א	חגתנהי"ם	דר"ן
אותיות	ב"ן	נוקבא	מלכות	יעקב ורחל

מ"ה

מלכות	יסוד	הוד	נצח	תפארת	גבורה	חסד	בינה	חכמה	כתר
כתר	כתר	כתר	כתר	כתר	כתר	כתר	כתר	כתר	כתר
חכמה	חכמה	חכמה	חכמה	חכמה	חכמה	חכמה	חכמה	חכמה	חכמה
בינה	בינה	בינה	בינה	בינה	בינה	בינה	בינה	בינה	בינה
חסד	חסד	חסד	חסד	חסד	חסד	חסד	חסד	חסד	חסד
גבורה	גבורה	גבורה	גבורה	גבורה	גבורה	גבורה	גבורה	גבורה	גבורה
תפארת	תפארת	תפארת	תפארת	תפארת	תפארת	תפארת	תפארת	תפארת	תפארת
נצח	נצח	נצח	נצח	נצח	נצח	נצח	נצח	נצח	נצח
הוד	הוד	הוד	הוד	הוד	הוד	הוד	הוד	הוד	הוד
יסוד	יסוד	יסוד	יסוד	יסוד	יסוד	יסוד	יסוד	יסוד	יסוד
מלכות	מלכות	מלכות	מלכות	מלכות	מלכות	מלכות	מלכות	מלכות	מלכות

ב"ן

מלכות	יסוד	הוד	נצח	תפארת	גבורה	חסד	בינה	חכמה	כתר
כתר	כתר	כתר	כתר	כתר	כתר	כתר	כתר	כתר	כתר
חכמה	חכמה	חכמה	חכמה	חכמה	חכמה	חכמה	חכמה	חכמה	חכמה
בינה	בינה	בינה	בינה	בינה	בינה	בינה	בינה	בינה	בינה
חסד	חסד	חסד	חסד	חסד	חסד	חסד	חסד	חסד	חסד
גבורה	גבורה	גבורה	גבורה	גבורה	גבורה	גבורה	גבורה	גבורה	גבורה
תפארת	תפארת	תפארת	תפארת	תפארת	תפארת	תפארת	תפארת	תפארת	תפארת
נצח	נצח	נצח	נצח	נצח	נצח	נצח	נצח	נצח	נצח
הוד	הוד	הוד	הוד	הוד	הוד	הוד	הוד	הוד	הוד
יסוד	יסוד	יסוד	יסוד	יסוד	יסוד	יסוד	יסוד	יסוד	יסוד
מלכות	מלכות	מלכות	מלכות	מלכות	מלכות	מלכות	מלכות	מלכות	מלכות

ב"ן · מ"ה

ב"ן		מ"ה
ה"ר דכתר דב"ן, ג"ר דחכמה, וד"א דבינה, וז' כתרים דז' תחתונות	**עתיק**	י' ספירות דכתר דמ"ה
ה"ת דכתר דב"ן	**אריך**	י' ספירות דחכמה דמ"ה
ז"ת דחכמה דב"ן	**חכמה**	ה"ר דבינה דמ"ה
ו"ת דבינה דמ"ה	**בינה**	ה"ת דבינה דמ"ה
כללות ט"ס תחתונות דו"ק דב"ן	**ז"א**	כללות ו"ק דמ"ה
ט' ספירות תחתונות דמלכות דב"ן	**מלכות**	י' ספירות דמלכות דמ"ה

תרשים ב - י"ח

ב"ן	מ"ה	ס"ג	ע"ב	
אותיות	תגין	נקודות	טעמים	**ע"ב** טעמים
אותיות	תגין	נקודות	טעמים	**ס"ג** נקודות
אותיות	תגין	נקודות	טעמים	**מ"ה** תגין
אותיות	תגין	נקודות	טעמים	**ב"ן** אותיות

תרשים ב - י"ט

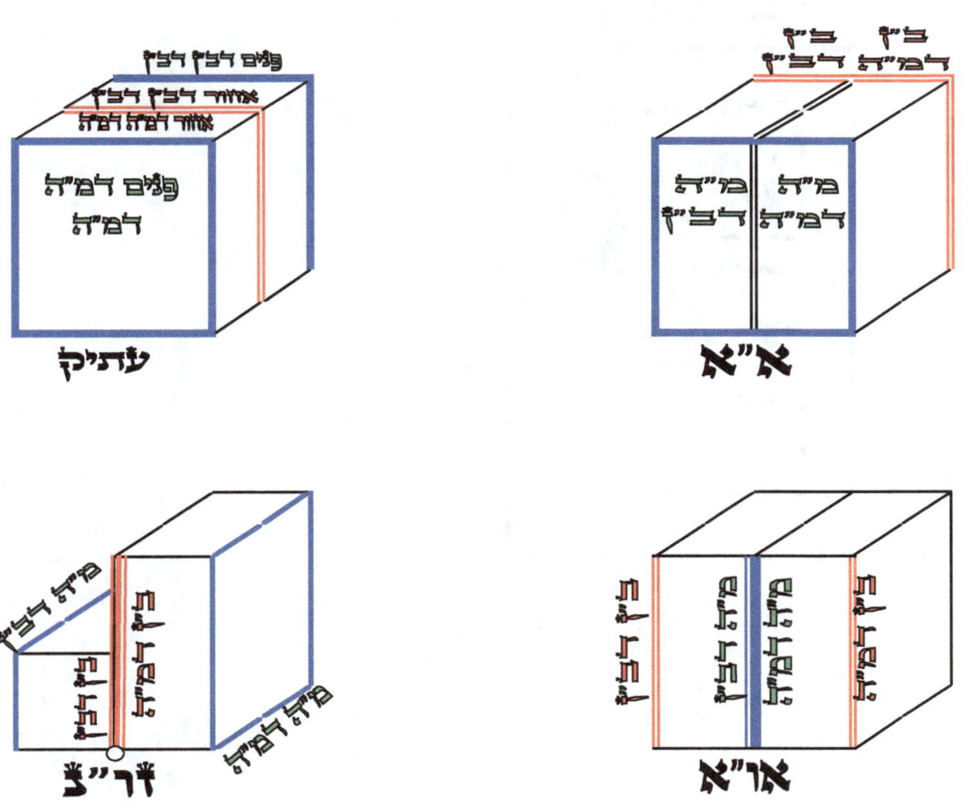

תרשים ב - כ

מקיף כולל דיחידה
מקיף כולל דזהיה
אורות פנימיים
אורות מקיפין פרטים
מקיף דיחידה
פנימי
מקיף דחיה
פנימי
מקיף דנשמה
פנימי
מקיף דרוח
פנימי
מקיף דנפש
פנימי

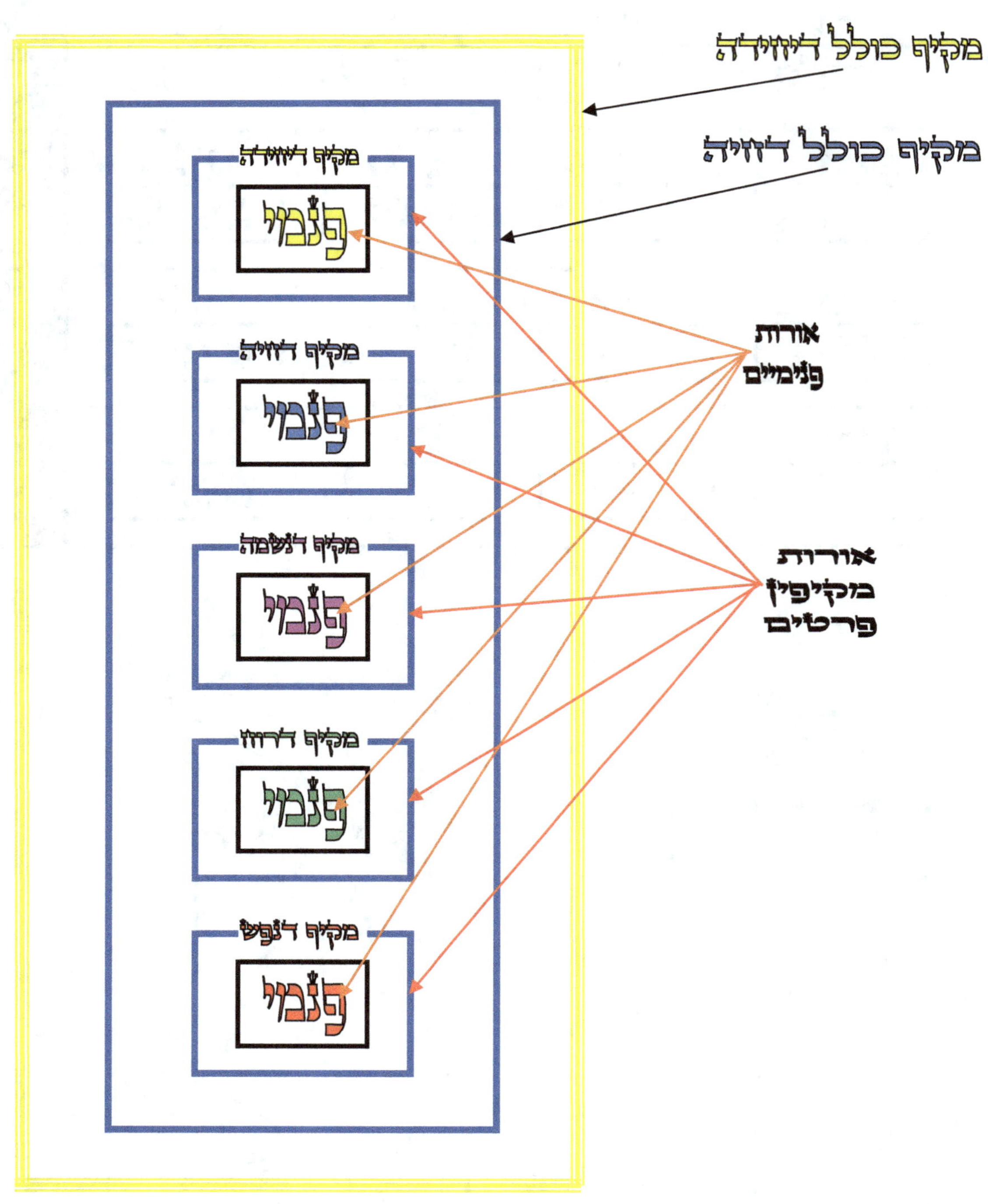

נוקבא
ז"א
פנים
אזור
אזור
פנים
מצב זו"ן
קטנות לפני
קבלת מוחין

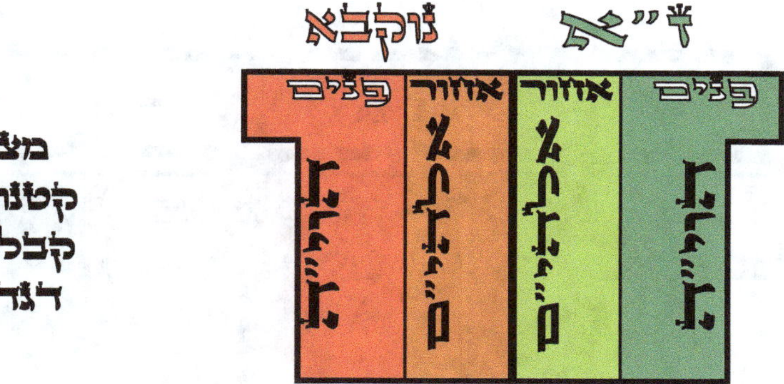

נוקבא
ז"א
פנים
אזור
אזור
פנים
מצב זו"ן
קטנות אחרי
קבלת מוחין
דגדלות א

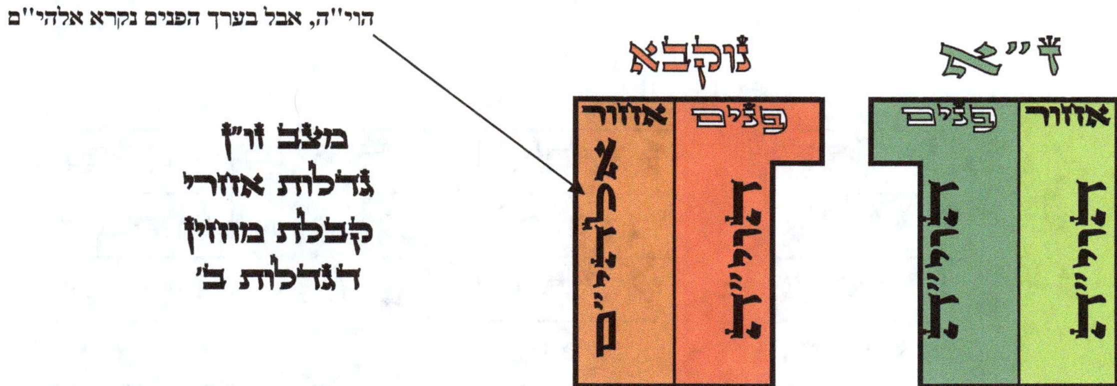

הוי"ה, אבל בערך הפנים נקרא אלהי"ם
נוקבא
ז"א
פנים
אזור
פנים
אזור
מצב זו"ן
גדלות אחרי
קבלת מוחין
דגדלות ב'

תרשים ב - כ"ב

תרשים ב - כ"ג

תרשים ב - כ"ד

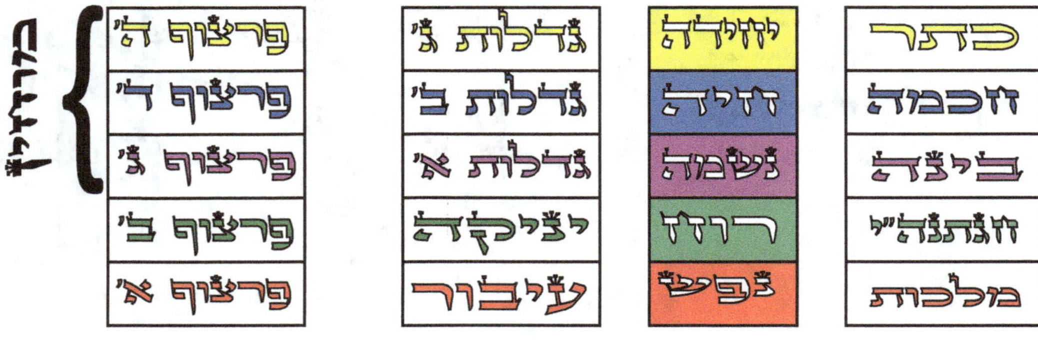

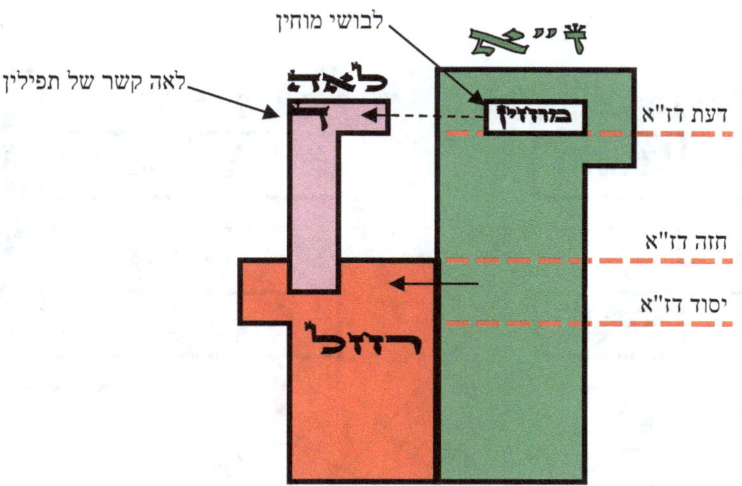
לבושי מוחין
לאה קשר של תפילין
ז"א
לאה
מוחין
דעת דז"א
חזה דז"א
יסוד דז"א
רזל'

מוחין
גדלות ג' | | יחידה
גדלות ב' | טעמים | חיה
גדלות א' | נקודות | נשמה
יציקה תגין | תגין | רוח
עיבור | אותיות | נפש
רפ"ח
כלים

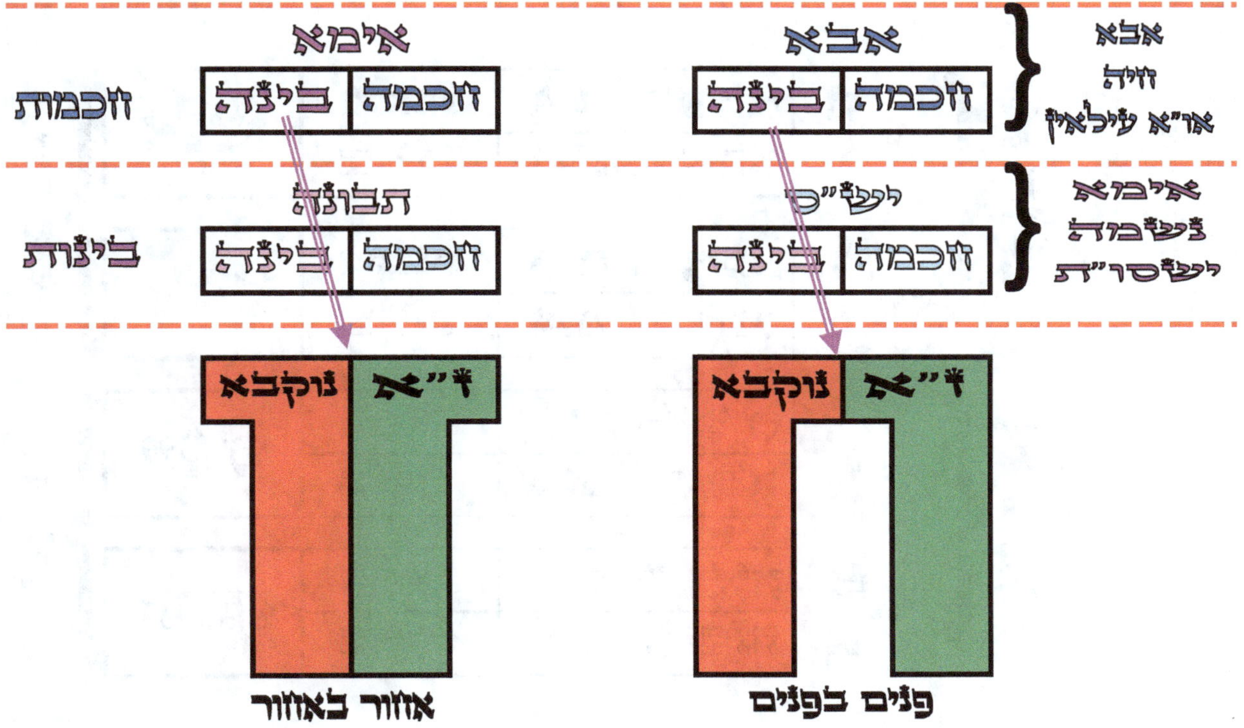
אבא
זו"ן
או"א עילאין
אבא
חכמה בינה | חכמה
אימא
חכמה בינה | חכמה
חכמות
אימא
נשמה
ישסו"ת
רפ"ח
תבונה
חכמה בינה | חכמה
בינות
ז"א נוק'בא
ז"א נוק'בא
אחור באחור
פנים בפנים

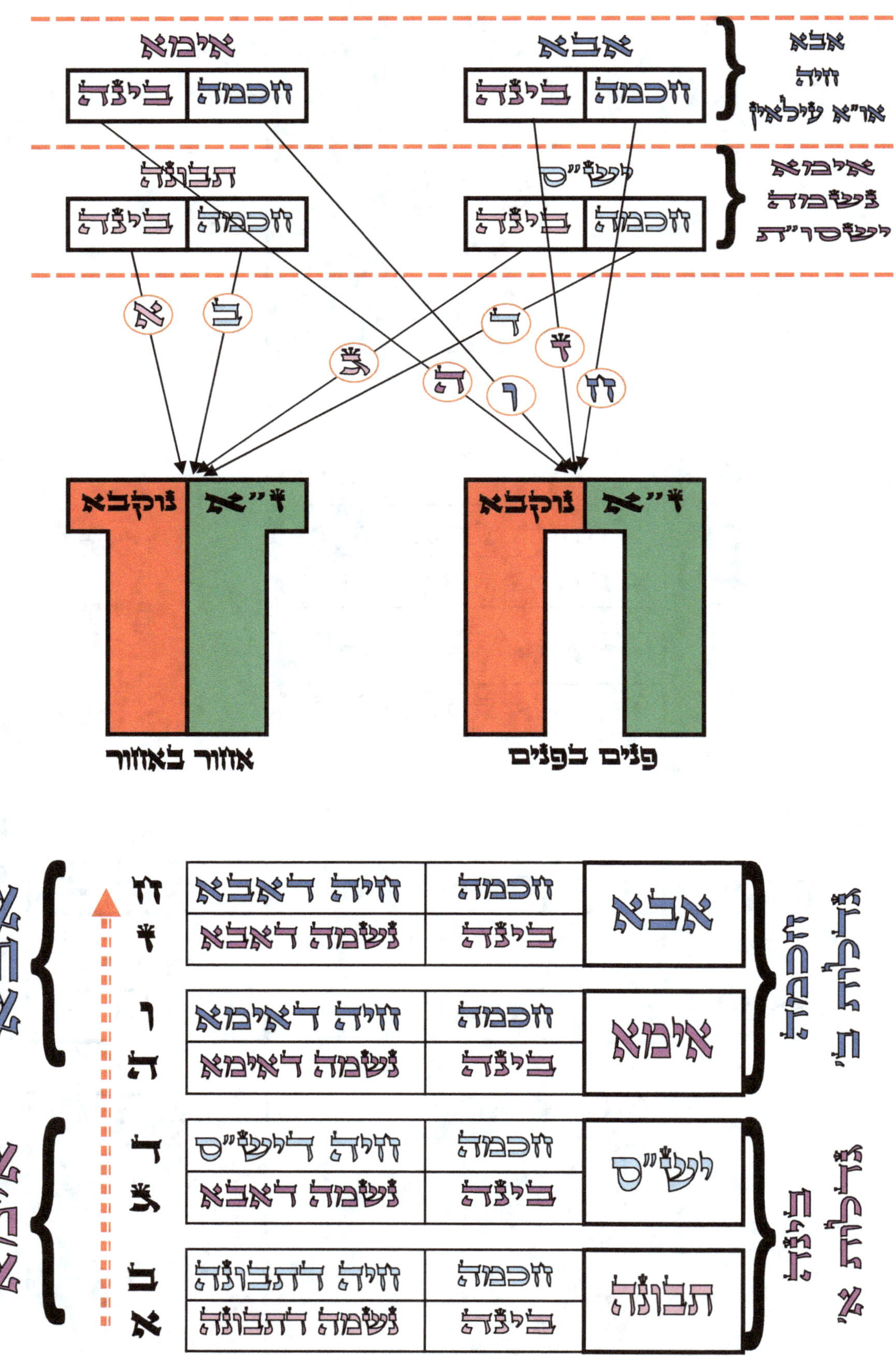
אימא
אבא
זוכמה בינה
זוכמה בינה
אבא
וזיה
או"א עילאין
תבונה
יעפ"ם
זוכמה בינה
זוכמה בינה
אימא
נשמה
ישסו"ת
א
ב
ד
ג
ע
ה
ו
חז
נוקבא ז"א
נוקבא ז"א
אזור באזור
פנים בפנים
חז
זוכמה זיוד דאבא
בינה נשמה דאבא
זוכמה
בינה
אבא
ו
זוכמה זיוד דאימא
בינה נשמה דאימא
זוכמה
בינה
אימא
ה
אבא
ד
ג
זוכמה זיוד דיעפ"ם
בינה נשמה דאבא
זוכמה
בינה
יעפ"ם
ב
א
זוכמה זיוד דתבונה
בינה נשמה דתבונה
זוכמה
בינה
תבונה
אימא

הגדלת פרצופי ז"א

זיווג דזו"ן
הגדולים

לאחר ג'

כתר	בחינה	תפילה
כתר	גולגלתא	
	חג"ת דמוחא סתימאה	תפילת חזרה – מנחה דשבת
	נה"י דמוחא סתימאה	תפילת לחש – מנחה דשבת

לאחר ב'

חכמה	בחינה	פרטים	תפילה
חכמה	כתר	כתר	קדושת כתר דמוסף – אחר דשמע
		כחב"ד / חג"ת / נהי"ם	תפילת חזרה – מוסף דשבת
	חכמה / בינה	כחב"ד / חג"ת / נהי"ם	תפילת לחש – מוסף דשבת
	חג"ת	כחב"ד / חג"ת / נהי"ם	תפילת חזרה דשליח ציבור
	נה"י	כחב"ד / חג"ת / נהי"ם	נשמת כל חי עד סוף תפילת לחש

לאחר א'

בינה		בחינה	תפילה
בינה	שבת	כחב"ד / חג"ת / נהי"ם	שחרית של שבת / קורבנות עד נשמת כל חי
		כחב"ד	ערבית של שבת קודש
		חג"ת / נה"י	מתוקן מבריאת העולם
	חול	כתר	מנחה דערב שבת
		חכמה	תפילת חזרה – יום חול
		בינה	תפילת לחש – יום חול
		חג"ת / נה"י	מתוקן מבריאת העולם

	בחינה	
יניקה / עיבור	חג"ת / נה"י	מתוקן מבריאת העולם

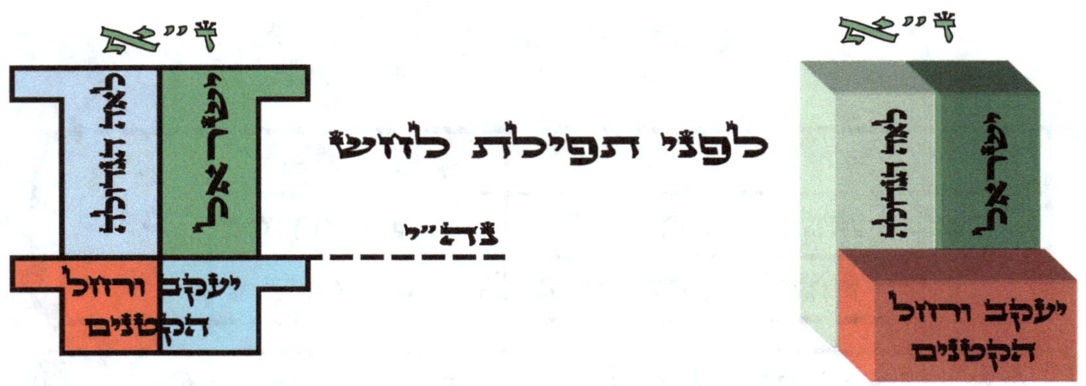
א״יצ
לפני תפילת לחש
בה״י
ישראל
לאה הגבירה
יעקב ורחל הקטנים
א״יצ
ישראל
לאה הגבירה
יעקב ורחל הקטנים

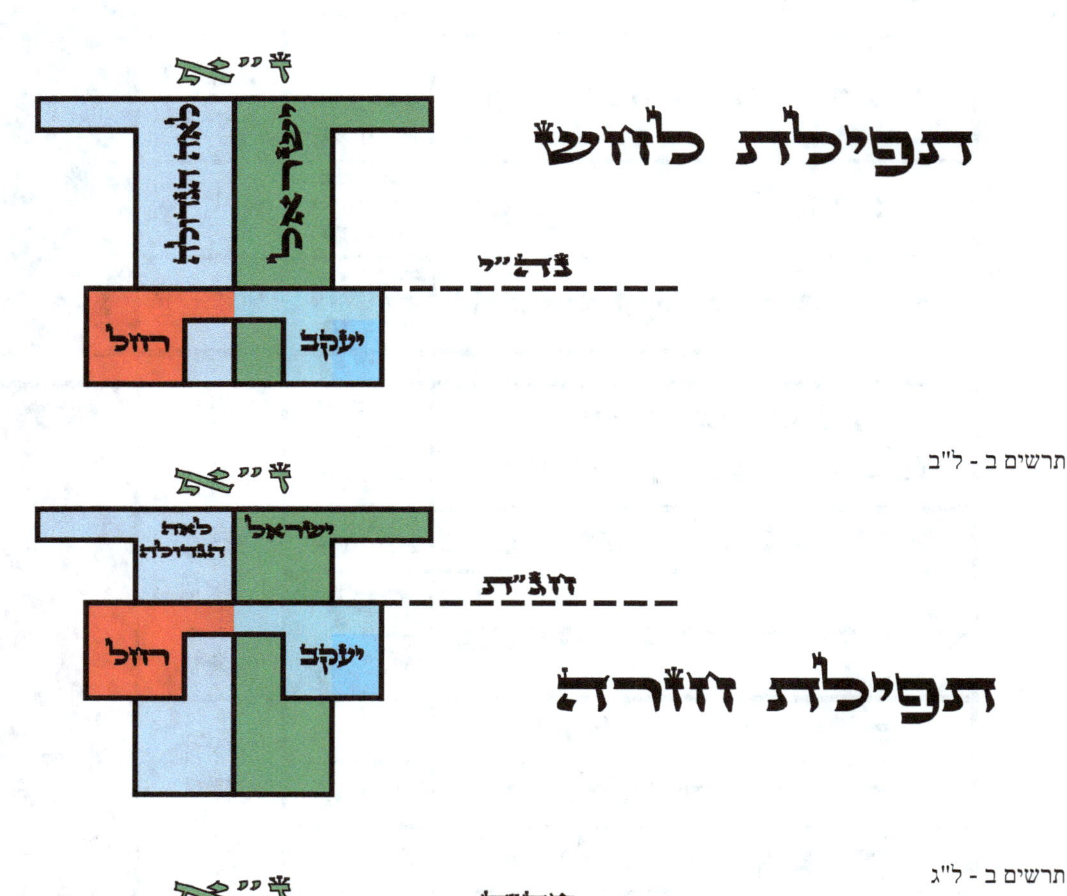
א״יצ
תפילת לחש
ישראל
לאה הגבירה
בה״י
רחל
יעקב

א״יצ
ישראל
לאה הגבירה
חב״ת
רחל
יעקב
תפילת חזרה

א״יצ
חב״ד
רחל
יעקב
לאה הגבירה
ישראל
אחרי תפילת חזרה

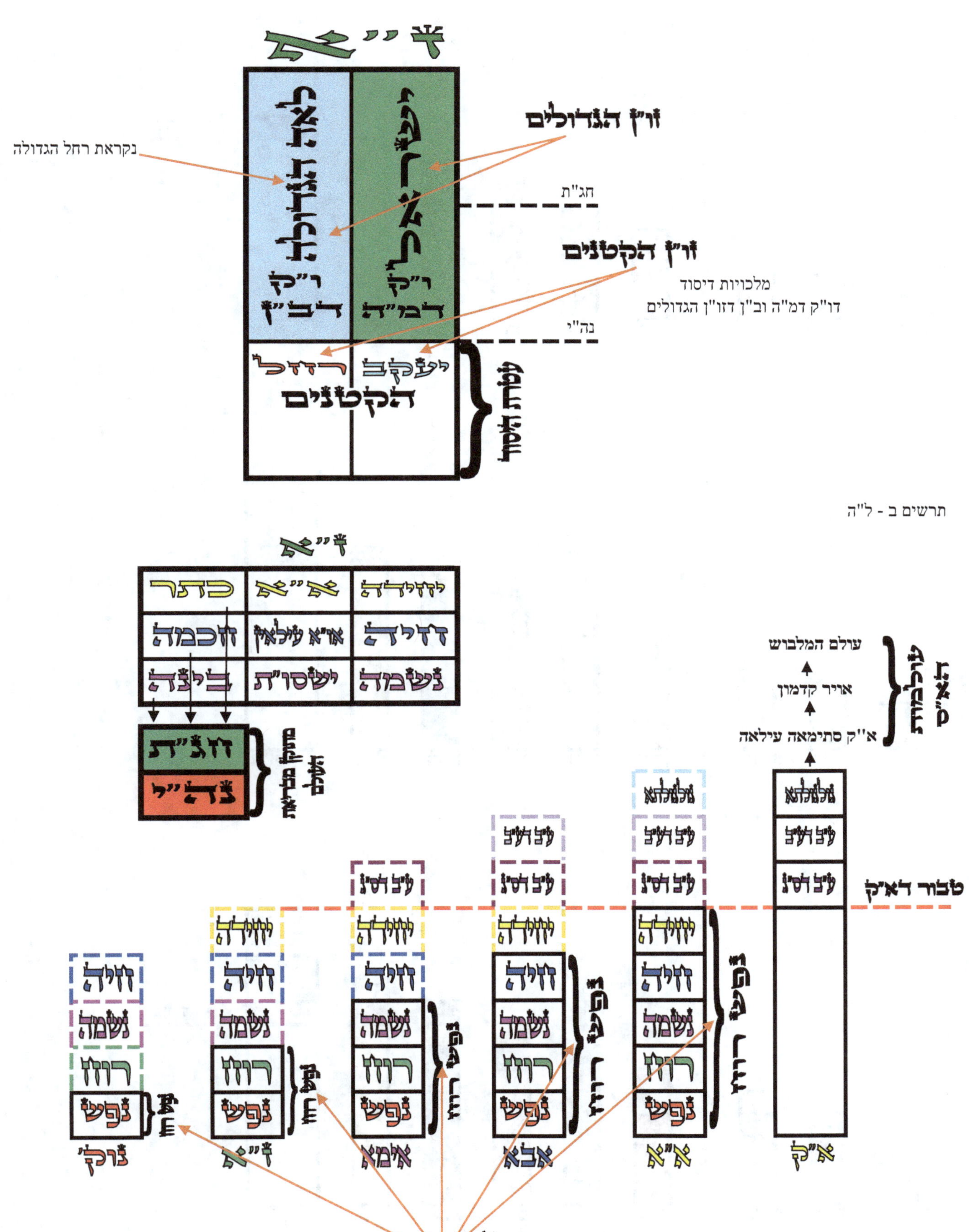
תרשים ב - ל"ד
א"ק
זו"ן הגדולים
נקראת רחל הגדולה
חג"ת
זו"ן הקטנים
מלכויות דיסוד
דו"ק דמ"ה וב"ן דזו"ן הגדולים
נה"י
יעקב רחל
זו"ן הקטנים

תרשים ב - ל"ה
א"ק
כתר א"א יחידה
חכמה אוא עילאין חיה
בינה ישסו"ת נשמה
חג"ת
נה"י
עולם המלבוש
אויר קדמון
א"ק סתימאה עילאה
מלכדלא
ע"ב רע"ב
ע"ב דס"ג
טבור דא"ק
יחידה
חיה
נשמה
רוח
נפש
נוק' נ"א אימא אבא א"א א"ק
מתוקן מבריאת העולם

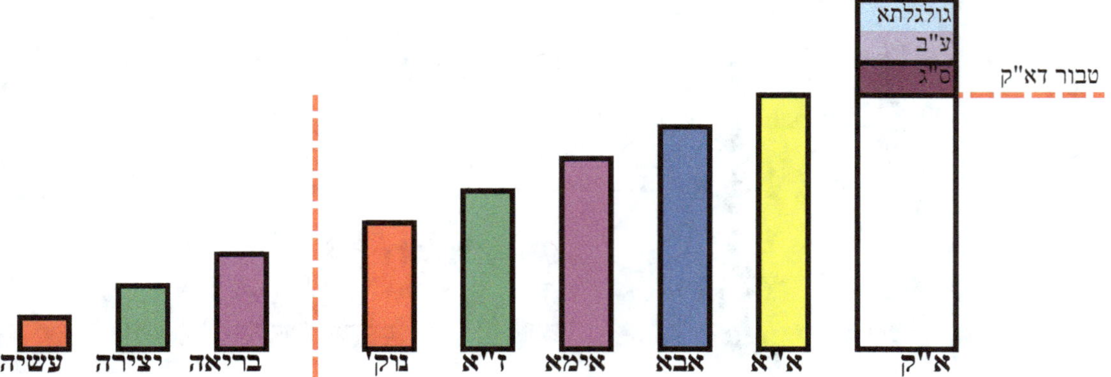

גולגלתא
ע"ב
ס"ג
טבור דא"ק
א"ק
א"א
אבא
אימא
ז"א
נוק
בריאה
יצירה
עשׂיה

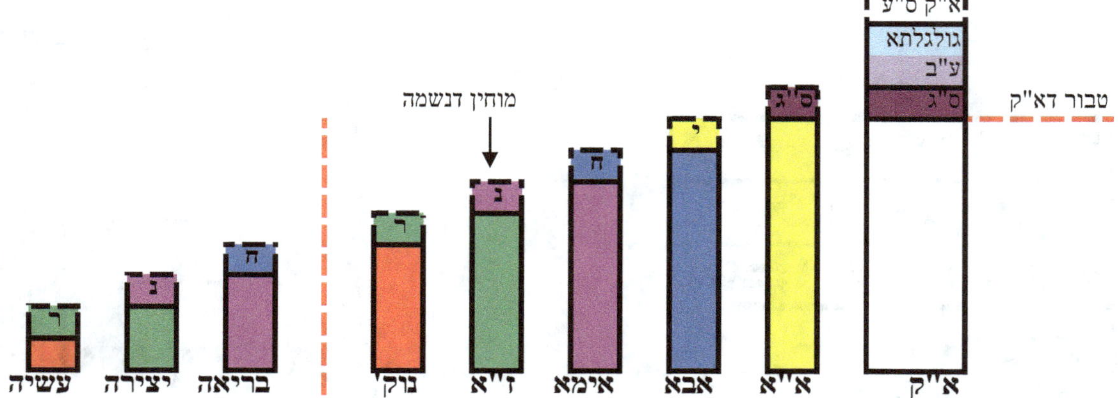

א"ק ס"ע
גולגלתא
ע"ב
ס"ג
טבור דא"ק
מוחין דנשמה
א"ק
א"א
אבא
אימא
ז"א
נוק
בריאה
יצירה
עשׂיה

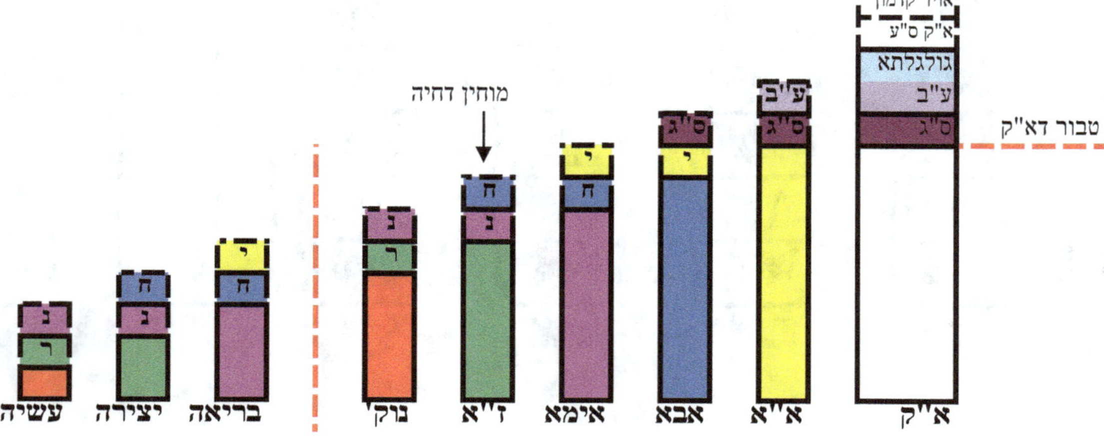

אויר קדמון
א"ק ס"ע
גולגלתא
ע"ב
ס"ג
טבור דא"ק
מוחין דחיה
א"ק
א"א
אבא
אימא
ז"א
נוק
בריאה
יצירה
עשׂיה

תרשׂימים שׂער ו' פרק ב'

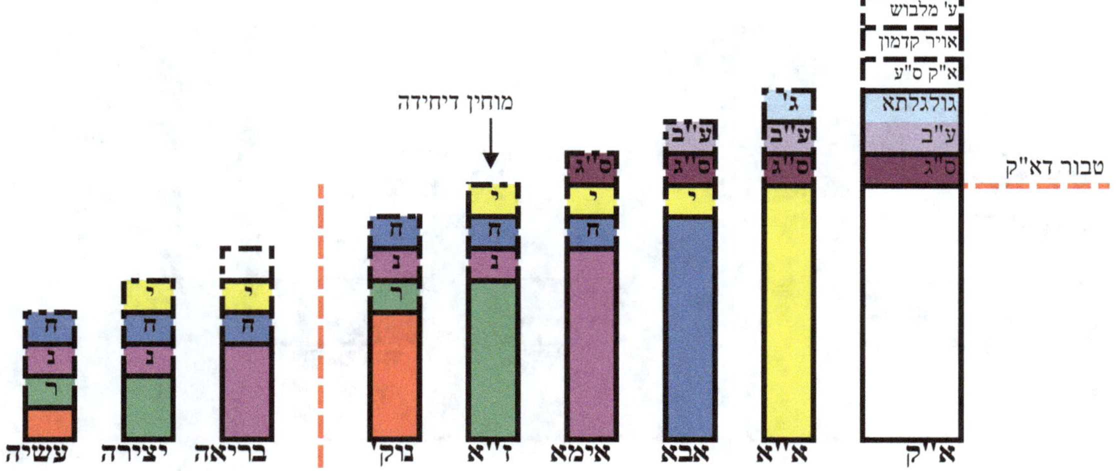

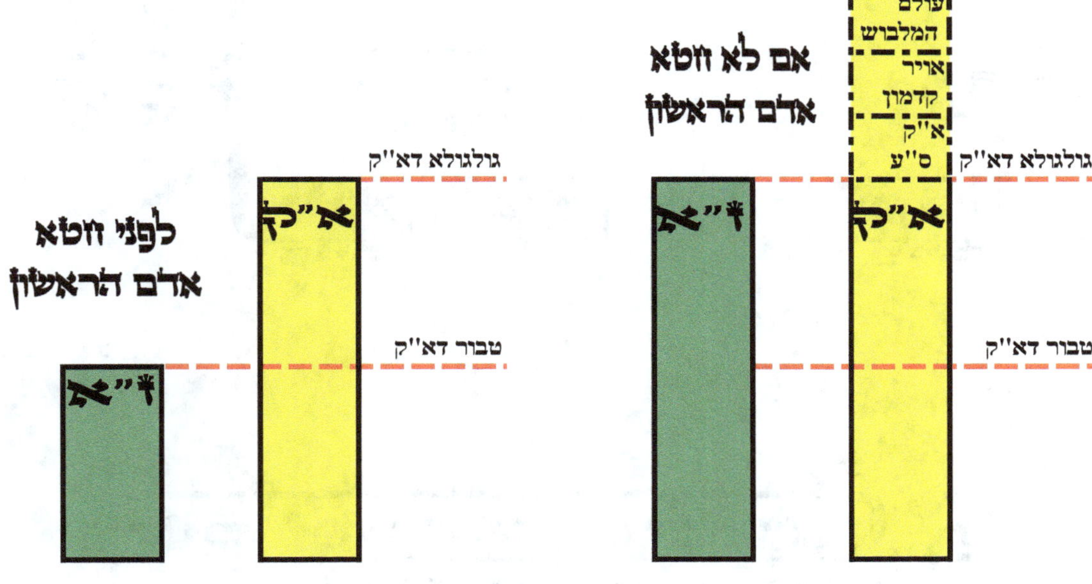

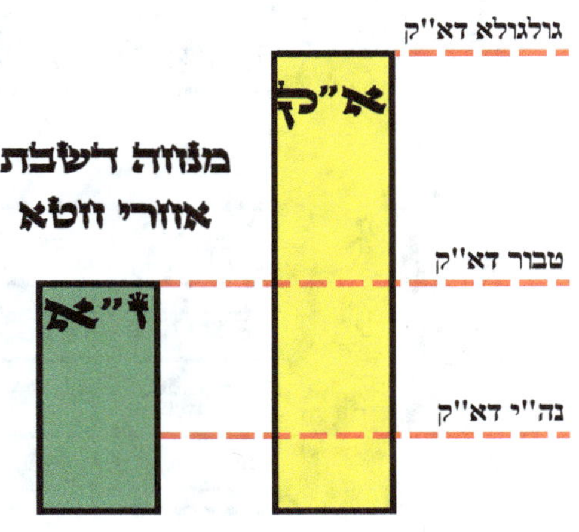

תרשים ב - מ"א

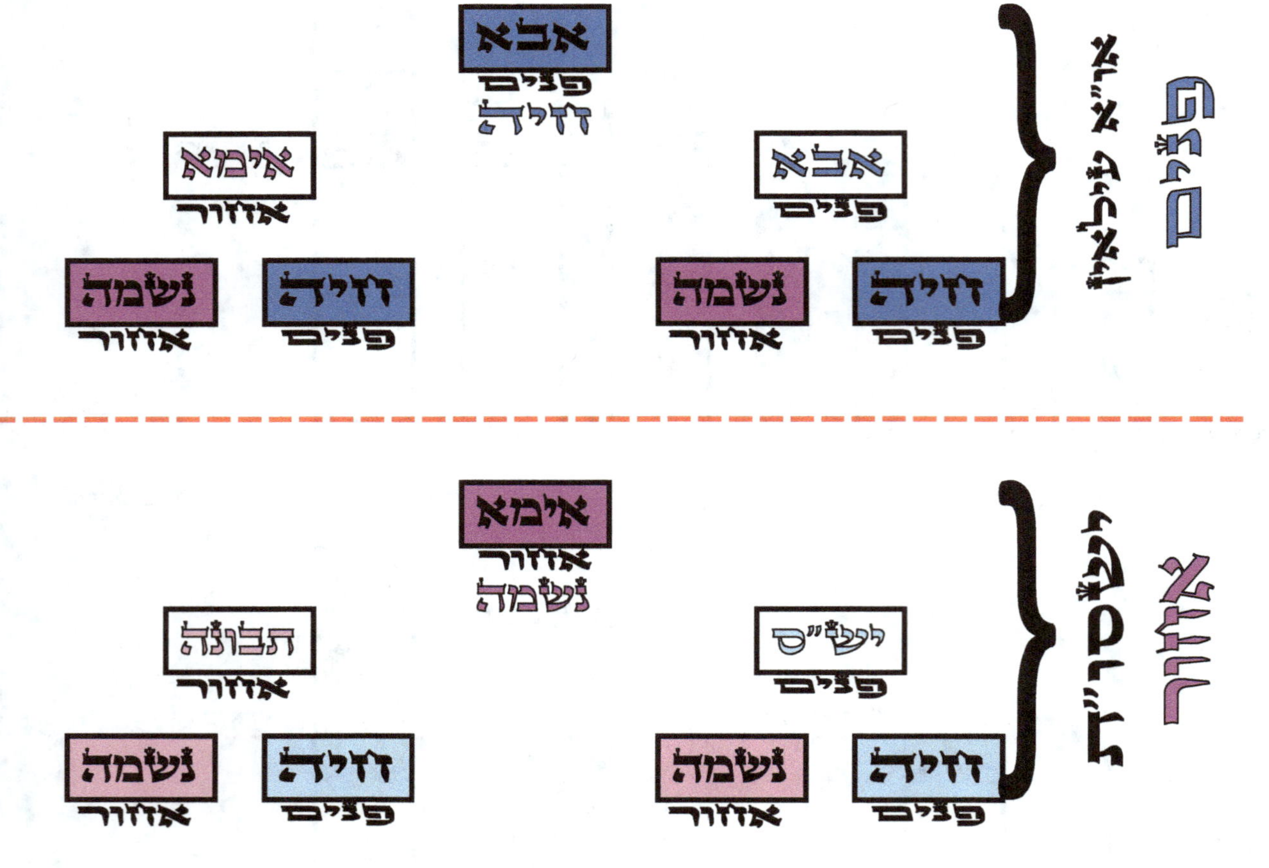

תרשים ב - מ"ב

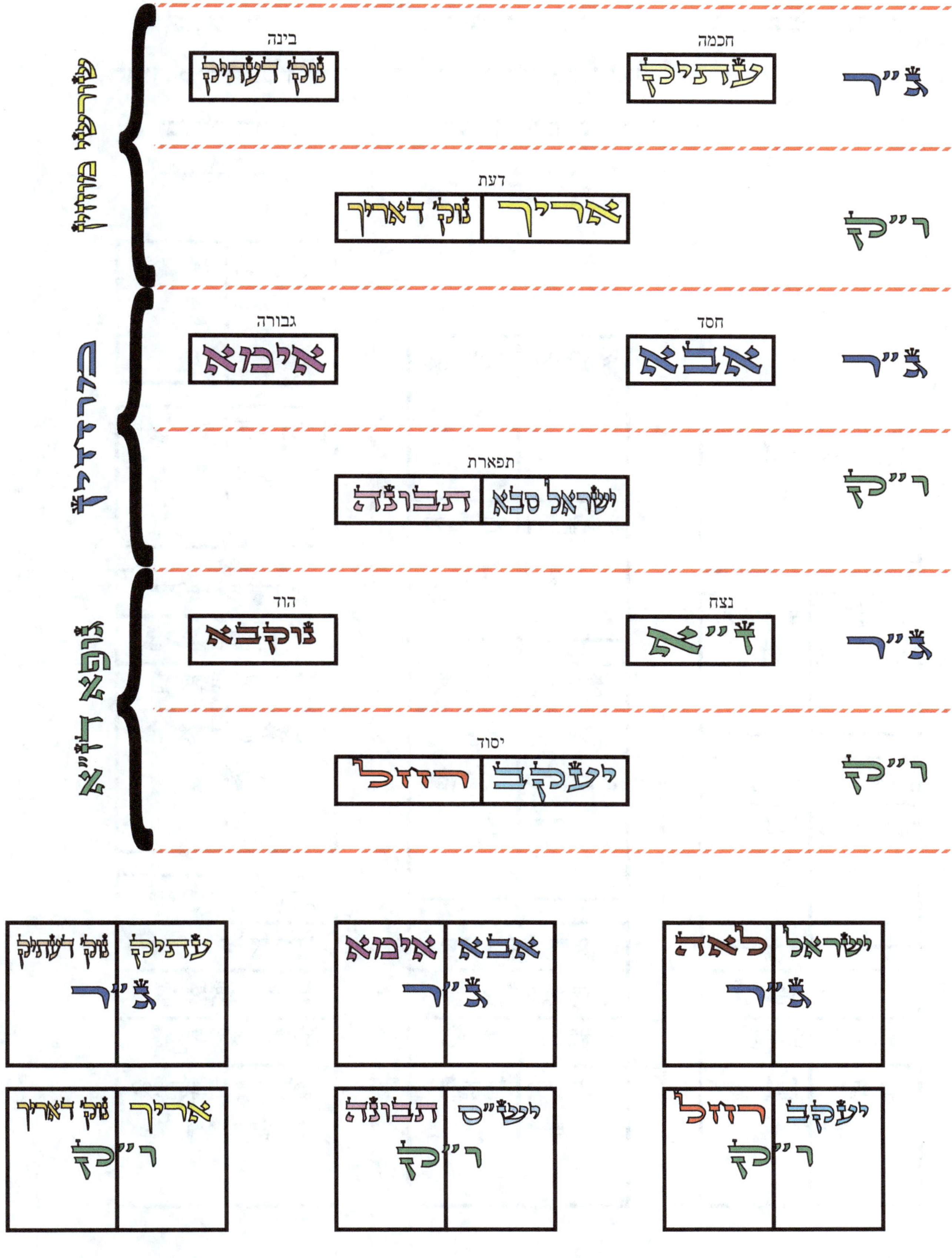

בינה
חכמה
עׂתׂיק דׂעׂתׂיק
עׂתׂיק
ע"ר
דעת
אׂריך נׂקׂ דׂאׂריך
רי"ק
גבורה
חסד
אימא
אבא
ע"ר
תפארת
ישראל סבא תׂבׂונׂה
רי"ק
הוד
נצח
נׂוקׂבׂא
ז"א
ע"ר
יסוד
יעׂקׂב רזׂל
רי"ק
עׂתׂיק נׂקׂ דׂעׂתׂיק
ע"ר
אבא אימא
ע"ר
ישראל לאה
ע"ר
אׂריך נׂקׂ דׂאׂריך
רי"ק
יעׁשׁ"ס תׂבׂונׂה
רי"ק
יעׂקׂב רזׂל
רי"ק

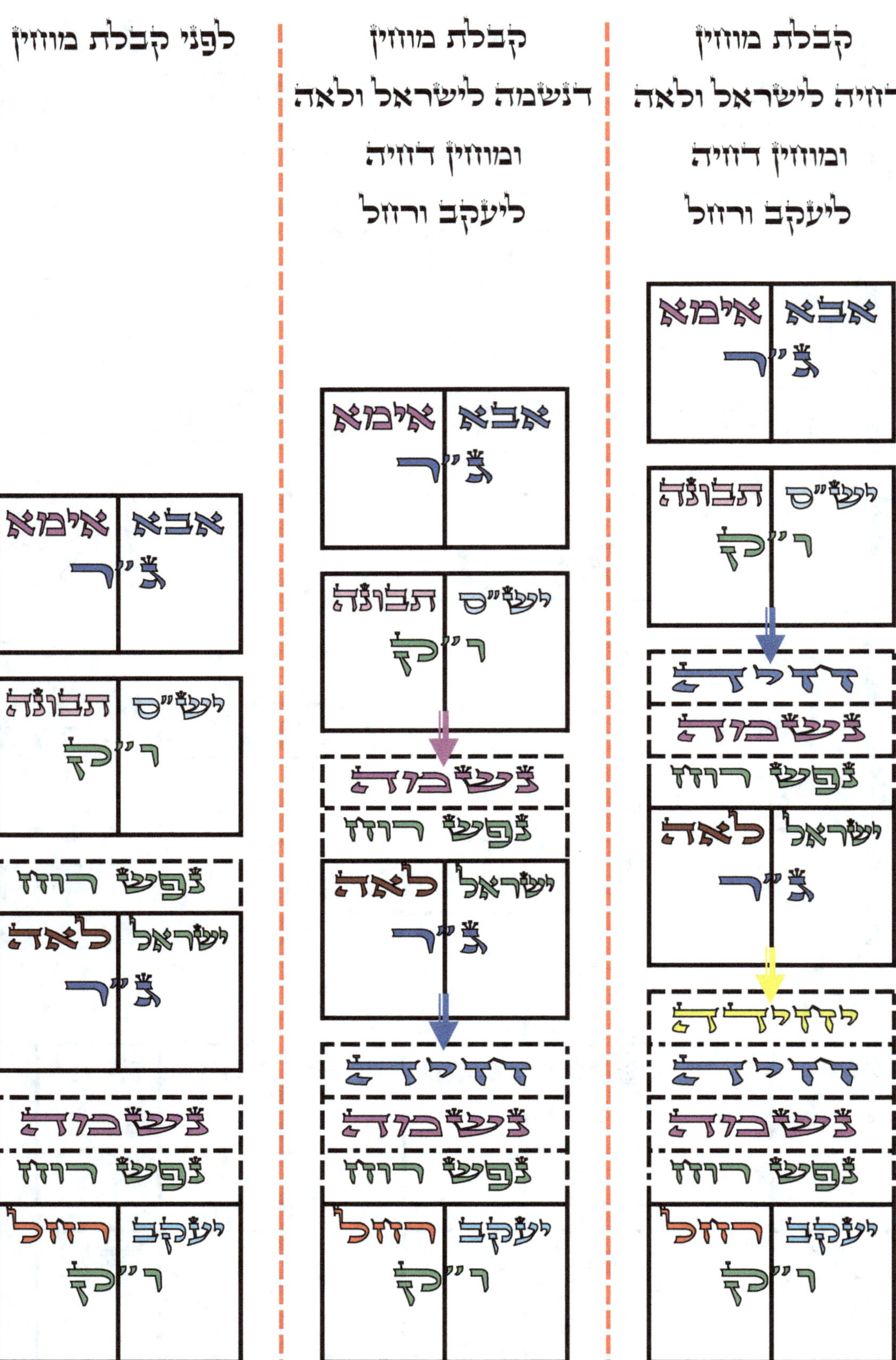
לפני קבלת מוזין
קבלת מוזין
קבלת מוזין
דחזיה לישראל ולאה
דנשמה לישראל ולאה
ומוזין דחזיה
ומוזין דחזיה
ליעקב ורחל
ליעקב ורחל
אבא אימא ג"ר
לעשיי"ם תבונה רי"ק
דיליד נשמה
נפש רו"ח
ישראל לאה ג"ר
יעקב רחל רי"ק
ידיליד
דיליד
נשמה
נפש רו"ח

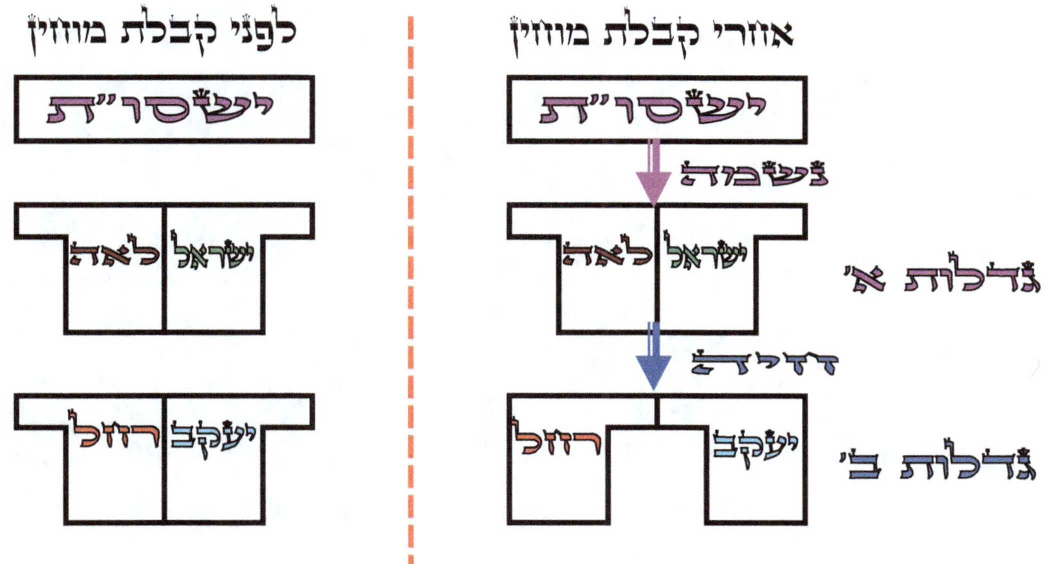

להמשיך **הו"ק** <u>דחמור דחמור</u>, והיינו מוחין דאחור דתבונה הנק' אח' דאח' <u>וחמור</u> <u>דפנים</u>, והיינו מוחין דאחור דיש"ס הנק' פנים דאח' <u>דבינה דכתר</u> וכל המוחין ההם המה דפרטות בינה דכתר דחו"ב דנה"י דתבונה **דבינה** (ובמזלה דחכמה) דנה"י דתבונה למב"ד ומג"ת דז"א דניקוד הנו'.

אֶהְיֶה אֶהְיֶה   אהיה אהיה   אהיה   אֶהְיֶה   אֶהְיֶה אֶהְיֶה

יְהֹוֶה יְהֹוֶה   יהוה יהוה   יהוה   יְהֹוֶה   יְהֹוֶה יְהֹוֶה

אֲהֱיֶה אֲהֱיֶה   אודהיודהי אודהיודהי   אודהיודהי   אֲהֱיֶה   אֲהֱיֶה אֲהֱיֶה

יְהֹוֶה יְהֹוֶה   יודהווהי יודהווהי   יודהווהי   יְהֹוֶה יְהֹוֶה

יוד ה"י דקס"א

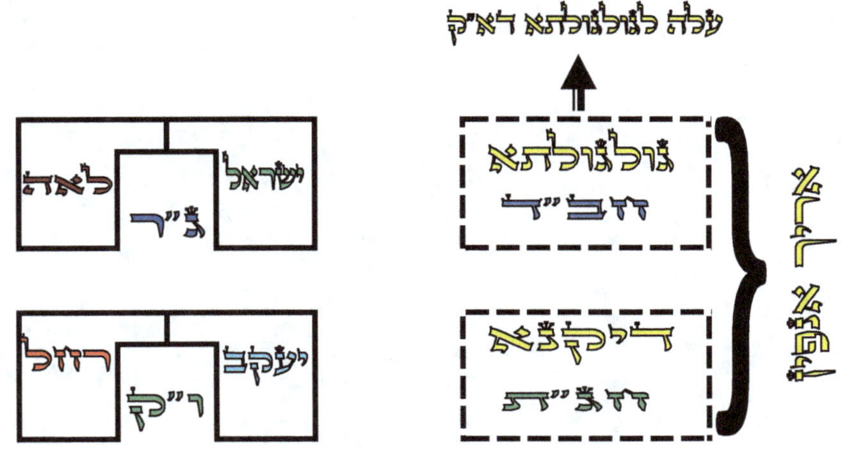